城镇化地区
公路低影响建设关键技术
研究与示范

王赵明　岳伟杰　姚　岢◎著

人民交通出版社
北京

内 容 提 要

本书基于花都至东莞高速公路，面向城镇化地区绿色公路建设关键技术的现实需求，开展城镇化地区绿色公路低影响建设关键技术研究与示范，内容包括复杂地质高边坡施工安全风险管理与动态调控技术研究、路网密集区施工安全保畅技术研究、管线密集区平衡与保护技术研究、城镇化地区高速公路噪声综合治理优化技术研究及城镇化地区高品质服务区建设关键技术研究等。

本书可作为高速公路建设、管理、设计、施工等方面从业人员的参考书。

图书在版编目（CIP）数据

城镇化地区公路低影响建设关键技术研究与示范 / 王赵明，岳伟杰，姚岢著 . — 北京：人民交通出版社股份有限公司，2025.1. — ISBN 978-7-114-19632-4

Ⅰ．U415

中国国家版本馆 CIP 数据核字第 2024XV5453 号

Chengzhenhua Diqu Gonglu Di Yingxiang Jianshe Guanjian Jishu Yanjiu yu Shifan

书　　　名：	城镇化地区公路低影响建设关键技术研究与示范
著 作 者：	王赵明　岳伟杰　姚　岢
责任编辑：	朱明周
责任校对：	龙　雪
责任印制：	张　凯
出版发行：	人民交通出版社
地　　址：	（100011）北京市朝阳区安定门外外馆斜街3号
网　　址：	http://www.ccpcl.com.cn
销售电话：	（010）85285857
总 经 销：	人民交通出版社发行部
经　　销：	各地新华书店
印　　刷：	北京印匠彩色印刷有限公司
开　　本：	787×1092　1/16
印　　张：	13.25
字　　数：	275千
版　　次：	2025年1月　第1版
印　　次：	2025年1月　第1次印刷
书　　号：	ISBN 978-7-114-19632-4
定　　价：	99.00元

（有印刷、装订质量问题的图书，由本社负责调换）

前 言

随着生态文明建设的不断推进,绿色公路基础设施需要进一步向内在质量提升、与生态环境协调和节约高效方向发展。近年来,越来越多的高速公路修建于城镇化地区,提出了对城镇化地区绿色公路建设关键技术的现实需求。

本书基于花都至东莞高速公路,开展城镇化地区绿色公路低影响建设关键技术研究与示范,内容包括复杂地质高边坡施工安全风险管理与动态调控技术研究、路网密集区施工安全保畅技术研究、管线密集区平衡与保护技术研究、城镇化地区高速公路噪声综合治理优化技术研究及城镇化地区高品质服务区建设关键技术研究等。

随着生态环保技术的发展,生态环境保护体制机制、法律法规和标准规范的进一步健全,城镇化地区绿色公路低影响建设的内涵、理论、方法和技术体系会不断丰富和完善。希望本书的研究内容能够为相关领域的发展进步提供借鉴。

在本书撰写过程中,交通运输部公路局、广东省交通运输厅以及广州市交通运输局等单位给与了大力的指导和支持,花都至东莞高速公路各土建、交通安全设施、机电工程及环保工程施工单位在实体示范工程建设中给与了积极的配合,在此一并表示感谢。

作 者
2024 年 5 月

目 录

第 1 章 引言 ······ **001**
    1.1 立项背景 ······ 001
    1.2 研究目标 ······ 003
    1.3 研究内容 ······ 004
    1.4 技术路线 ······ 005
    1.5 主要成果与创新点 ······ 006

第 2 章 项目简介 ······ **007**
    2.1 概况 ······ 007
    2.2 项目区自然地理特征 ······ 007

第 3 章 复杂地质高边坡施工安全风险管理与动态调控技术研究 ······ **010**
    3.1 高速公路边坡施工安全风险调控技术 ······ 010
    3.2 公路边坡施工安全风险评价预测研究 ······ 016
    3.3 公路边坡施工安全监控及预警技术 ······ 025
    3.4 基于实时监测数据的公路边坡施工风险辨识 ······ 045
    3.5 基于施工安全动态监控的边坡风险管控策略研究 ······ 060
    3.6 应用案例 ······ 064

第 4 章 路网密集区施工安全保畅技术研究 ······ **068**
    4.1 涉路施工安全风险辨识与评估 ······ 068
    4.2 城镇化地区涉路施工交通组织方案研究 ······ 074
    4.3 涉路施工临时交安设施施工区交通组织管理研究 ······ 085

第 5 章　管线密集区平衡与保护技术研究 　096

5.1　管线平衡工作流程研究　098
5.2　城镇化地区公路建设特殊管线迁改保护技术研究　104
5.3　公路建设管线迁改安全管理关键技术研究　107
5.4　应用案例　111

第 6 章　城镇化地区高速公路噪声综合治理优化技术研究　123

6.1　低噪声路面结构优化研究　123
6.2　既有声屏障优化提升关键技术研究　132
6.3　有源装置协同降噪技术研究　150

第 7 章　城镇化地区高品质服务区建设技术研究　158

7.1　森林主题服务区建设技术研究　158
7.2　智慧高速服务区应用技术研究　163

第 8 章　多肢复杂立交圈交通出行智慧引导技术研究　173

8.1　智能交通系统研究　173
8.2　互通标志设置研究　174
8.3　多肢复杂立交圈高精度地图制作　180
8.4　基于导航软件的多肢复杂立交圈智慧诱导服务　187
8.5　实时区域交通引导方案　189
8.6　应用效果　194

第 9 章　经济、社会、环境效益及推广应用前景　195

9.1　经济、社会、环境效益　195
9.2　推广应用前景　196

参考文献　197

第 1 章
引　言

1.1　立项背景

2018 年，我国城镇化率已达 59.58%。预计到 2035 年，我国城镇化率将超过 80%，达到发达国家同等水平。随着城镇化的快速发展，越来越多的公路基础设施将建设在城镇化地区，对公路交通基础设施建设带来新的机遇与挑战。城镇化地区公路面临着路网与管线密集、土地资源紧张、人口分布密集及沿线社会民生需求、安全保畅、用户体验要求高等复杂问题。因此，传统的公路建设安全、绿色标准将难以满足城镇化地区公路建设需求。为推进绿色公路建设，促进城镇化地区公路发展转型升级，应以质量优良为前提，围绕安全、绿色、智慧、服务指标来推动城镇化地区公路低影响建设，需要优化提升乃至重塑城镇化地区公路建设标准体系，提升品质要求。

本书围绕地处粤港澳大湾区核心区域的花都至东莞高速公路（简称"花莞高速"）项目进行了城镇化地区绿色公路低影响建设关键技术研究与示范。项目组组织了涉及产、学、研、用的 4 方科技力量，共计 40 余人的科研队伍，投入科研工作，采用理论机理分析、数据仿真模拟、模型推理构建、室内试验测试、设备装置研发及工程实践示范相结合的方法体系，历经 3 年，围绕花莞高速沿线路网密集、土地资源紧张、管线复杂密集及迁改保护难度大、环境污染管控严格、交通出行诱导复杂与城镇化地区绿色公路建设实际需求，开展了城镇化地区高速公路施工公共基础设施保护技术研究、城镇化地区高速公路综合立体噪声防控技术研究及城镇化地区高速公路绿色智能融合服务技术研究科技攻关与应用示范。广州市高速公路有限公司、交通运输部公路科学研究所及广东省交通运输规划研究中心等单位共同申报了花莞高速绿色公路建设技术研究，并入选 2019 年交通运输行业重点科技项目清单。

本项目的立项背景如下：

1) 绿色公路高品质建造挑战升级，城镇化地区低影响建设提出新要求

2019 年 2 月，党中央、国务院印发《粤港澳大湾区发展规划纲要》，针对广州提出，

充分发挥国家中心城市和综合性门户城市引领作用，全面增强国际商贸中心、综合交通枢纽功能，培育提升科技教育文化中心功能，着力建设国际大都市；提出"加强基础设施建设，畅通对外联系通道，提升内部联通水平，推动形成布局合理、功能完善、衔接顺畅、运作高效的基础设施网络，为粤港澳大湾区经济社会发展提供有力支撑"的具体要求。

2019年9月，党中央、国务院印发《交通强国建设纲要》，要求依托京津冀、长三角、粤港澳大湾区等世界级城市群，打造具有全球竞争力的国际海港枢纽、航空枢纽和邮政快递核心枢纽，建设一批全国性、区域性交通枢纽，推进综合交通枢纽一体化规划建设，提高换乘换装水平，完善集疏运体系，大力发展枢纽经济；同时加强土地、海域、无居民海岛、岸线、空域等资源节约集约利用，加强老旧设施更新利用，推广施工材料、废旧材料再生和综合利用，推进邮件快件包装绿色化、减量化，提高资源再利用和循环利用水平，推进交通资源循环利用产业发展。

为贯彻落实《关于实施绿色公路建设的指导意见》（交办公路〔2016〕93号），2018年底，广东省交通运输厅率先印发《广东省第一批绿色公路建设典型示范工程创建项目的通知》（粤交基函〔2018〕3270号），公布广东省第一批绿色公路建设典型示范工程，进一步落实广东省对于绿色公路的指导意见，推动绿色公路建设，提升公路品质。

花莞高速是广东省和广州市重点建设项目，是广州市快速路网中的重要公路。作为广东省第一批绿色公路典型示范工程，花莞高速具有城镇化地区高速公路绿色建造和高品质服务的代表意义。其路线起于广州市白云机场南出口，与机场高速太成立交相连，向东途经白云区人和镇、钟落潭镇，黄浦区中新知识城、九龙镇，增城区中新镇、永宁街、仙村镇、石滩镇，终于石滩镇，接入增莞深高速公路。花莞高速的建成，将会更好地提升白云国际机场的进出交通能力，对促进广州空港经济区、中新知识城、增城国家级经济开发区等的发展具有重要意义。

2) 城镇化地区土地资源紧张，管线分布密集，公路建设准入条件严格

我国实行严格的土地管理制度，但用地需求不断增长、土地供应紧张，土地节约集约利用已经成为我国经济健康、可持续发展的内在需要。随着国土空间规划及包括生态保护红线、国家基本保护农田等制度相继制定和印发，土地节约集约利用的重要性日益突出。不同于山区高速公路，城镇化地区公路位于土地资源紧张的城镇化地区，所引发的"路-地"矛盾越发明显。除土地资源紧张外，城镇化地区公路项目在新建、改扩建工程前期阶段，涉及大量地下管线（包括供水管线、燃气管线、电力管线、通信管线等）的迁改问题。管线的迁改和保护工作直接影响后期施工进度及整体工作效率。同时，管线迁改和保护工作属于特殊种类工作，必须采用严格的保护防护措施。此外，根据《广州市公路网规划》，至2030年广州市将形成"四环十八射十五条重要公路"的高快速路网系统以及60条干线公路、40条集散公路、79条联络线的布局方案。既有和未建高速公路基础设施网组成了粤港澳大湾区的经济动脉和物流依托载体，大交通量及满负荷交通

出行，对花莞高速上跨、下穿既有线路的施工增加了技术及组织保畅的时间、经济以及环境成本。

3) 城镇化地区噪声排放管控升级，综合立体化噪声防治技术需求迫切

《交通强国建设纲要》明确提出，严格执行国家和地方污染物控制标准及船舶排放区要求，推进船舶、港口污染防治；降低交通沿线噪声、振动，妥善处理好大型机场噪声影响；开展绿色出行行动，倡导绿色低碳出行理念。党中央、国务院2021年印发《关于深入打好污染防治攻坚战的意见》，实施噪声污染防治行动，加快解决群众关心的突出噪声问题；提出到2025年，地级及以上城市全面实现功能区声环境质量自动监测、全国声环境功能区夜间达标率达到85%的具体目标。在城镇化地区，交通噪声来源复杂。就花莞高速而言，包含机场航班噪声、轨道交通噪声、既有路网交通噪声、生活噪声以及施工噪声，需要对噪声来源进行界定，并且在原有噪声防治措施的基础上进行优化，使沿线居民满意。

4) 太成多肢互通立交条件错综复杂，交通出行安全保畅要求不断强化

花莞高速全线有16个互通立交，立交平均间距(立交中心距离)为4km，最大间距为8.1km，最小间距不足2km。其中，太成互通立交共有10个进出口，交通诱导信息量大，驾乘人员在此容易犹豫、停顿、错误判断等，存在绕路、交通事故等风险。按照80~120km/h的车速，在两个立交之间需要的行驶时间为约60~90s，平均在120~180s之间，短时间内大量的交通诱导信息容易使人产生疲劳，稍有懈怠就会错过交叉口，轻则绕路，重则在交叉口产生停车、倒车等违章违法行为，极易造成更大的交通事故隐患。因此，需要开展多肢复杂立交圈智慧诱导技术研究，不仅解决交通信息服务问题，更为交通出行提供安全保障。

1.2 研究目标

鉴于高速公路是等级最高的公路基础设施，对其开展研究，所获成果对其他等级公路具有典型示范意义，故本书基于城镇化地区绿色公路建设关键技术的现实需求，立题开展城镇化地区绿色公路低影响建设关键技术研究与示范，对城镇化地区高速公路施工公共基础设施保护技术研究、城镇化地区高速公路噪声综合治理优化技术研究及城镇化地区高速公路绿色智能融合服务技术研究3大专题、6项关键技术开展研究与示范。

城镇化地区高速公路施工公共基础设施保护技术研究面向花莞高速地形地质条件复杂和交通廊道空间资源限制等问题，开展复杂地质高边坡施工安全风险管理与动态调控技术研究、路网密集区施工安全保畅技术研究及管线密集区平衡与保护技术研究工作。城镇化地区高速公路噪声综合治理优化技术研究针对花莞高速噪声来源复杂的情况，分别从低噪声路面结构优化、既有声屏障优化提升、主动有源降噪装备研发3个方面开展立体化降噪技术体系研究。城镇化地区高速公路绿色智能融合服务技术研究，立足运营

阶段，面向交通出行服务，开展城镇化地区高品质服务区建设技术研究及多肢复杂立交圈交通出行智慧引导技术研究工作，目的是提升驾乘人员出行体验，确保交通出行安全。

本书研究旨在形成城镇化地区公路低影响建设成套技术体系，为花莞高速建设提供技术支撑，并通过实体示范工程的方式，为粤港澳大湾区城镇化地区公路绿色建造提供典型示范。

1.3 研究内容

本书的主要研究内容如下：

1) 专题一：城镇化地区高速公路施工公共基础设施保护技术研究

针对花莞高速自然地形地质条件，通过现场测试分析，采用实测分析法调查气象条件、统计高速公路边坡安全风险事故规律，研发预警平台。面向花莞高速所处交通廊道路网密集、管线分布密集的外部环境特点，开展路网密集区施工安全保畅技术及管线密集区平衡与保护技术研究，形成施工保畅组织方案和管线迁改管理工作流程等成果。本专题的主要研究内容包括：

(1) 复杂地质高边坡施工安全风险管理与动态调控技术研究。涉及高速公路边坡施工安全事故机制分析研究、高速公路边坡施工安全风险评价预测研究、高速公路边坡施工安全监控装备及预警系统开发、基于实时监测数据的公路边坡施工风险辨识、基于施工安全动态监控的边坡风险管控策略研究。

(2) 路网密集区施工安全保畅技术研究。涉及高速公路涉路施工安全风险辨识技术与评价研究、城镇化地区高速公路涉路施工交通组织方案仿真分析、花莞高速涉路施工临时交安设施技术研究与示范。

(3) 管线密集区平衡与保护技术研究。涉及管线平衡与迁改工作现状检索与特征分析、城镇化地区公路建设特殊管线迁改保护技术研究、公路建设管线迁改安全管理关键技术研究、公路建设管线平衡工作流程体系研究、花莞高速管线平衡与保护工程实践。

2) 专题二：城镇化地区高速公路噪声综合治理优化技术研究

通过既有路网交通噪声数字化采集，仿真界定噪声来源及影响分布特征，优化既有声屏障及降噪路面结构设计，研发主动有源降噪装置，形成城镇化地区高速公路协同降噪关键技术体系。本专题的主要研究内容包括低噪声路面结构优化研究、既有声屏障优化提升关键技术研究，形成低噪声路面铺装-声屏障设施优化-主动有源装置协同降噪技术。

3) 专题三：城镇化地区高速公路绿色智能融合服务技术研究

基于花莞高速运营阶段，面向交通出行服务，开展城镇化地区高品质服务区建设技术研究及多肢复杂立交圈交通出行智慧引导技术研究。通过标志标线优化、导航盲点及热点识别，优化导航策略，跟踪、评估导航效果。本专题的主要研究内容包括：

(1) 城镇化地区高品质服务区建设技术研究。涉及森林主题服务区建设技术研究、智慧高速服务区应用技术研究。

(2) 多肢复杂立交圈交通出行智慧引导技术研究。涉及花莞高速既有标志标线设置优化研究、太成互通诱导策略优化提升技术研究。

1.4 技术路线

本书采用调查研究、理论分析与数值模拟、现场试验、公式计算法、计算机模拟仿真、软件编程及工程实践等方法，基于城镇化地区绿色公路建设关键技术的现实需求，开展复杂地质高边坡施工安全风险管理与动态调控技术、路网密集区施工安全保畅技术、管线密集区平衡与保护技术、城镇化地区高速公路噪声综合治理优化技术、城镇化地区高品质服务区建设技术及多肢复杂立交圈交通出行智慧引导技术 6 项关键技术进行了深入研究。本书的技术路线见图 1-1。

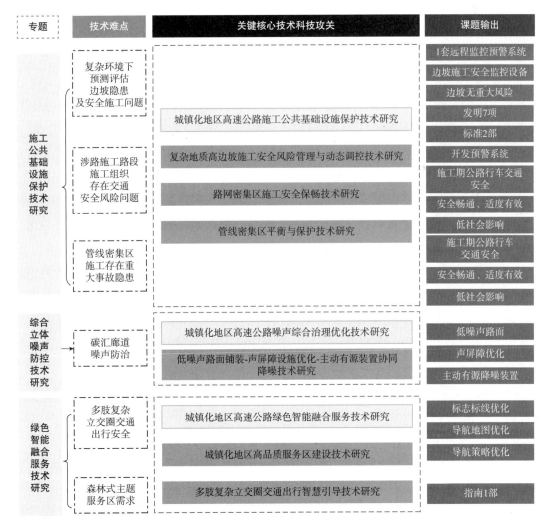

图 1-1 技术路线

1.5　主要成果与创新点

本书紧密结合花莞高速工程特点以及绿色公路创建技术需求，采用理论分析、关键技术创新、示范工程验证相结合的方法，开展城镇化地区公路低影响建设关键技术研究与示范系列科技项目，通过开展应用基础研究、集成创新和引进消化吸收再创新等措施，解决施工和营运阶段的绿色建造技术需求和工程问题，形成了以下关键技术：

①复杂地质高边坡施工安全风险管理与动态调控技术。
②路网密集区施工安全保畅技术。
③管线密集区平衡与保护技术。
④低噪声路面铺装-声屏障设施优化-主动有源装置协同降噪技术。
⑤城镇化地区高品质服务区建设技术。
⑥多肢复杂立交圈交通出行智慧引导技术。

取得了如下成果：

①建立了边坡施工安全风险评价方法及预测模型，研发了具有自检测、自恢复能力的公路边坡施工安全监控装备及预警系统。

②形成了高精度融合定位快速偏航识别技术，提出了自适应路口引导策略，实现了多肢复杂立交圈智慧引导。

③提出了高品质服务区的建设理念，建立了基于碳汇指标的森林主题服务区的建设概念、指标依据、技术措施，形成了技术指南。

④自主研发了一种新型有源声屏障，形成了集低噪声路面铺装-声屏障设施优化-主动有源装置协同的综合噪声防治技术体系，实现城镇化地区高架桥梁段有源声屏障近场空间降噪控制，达到目标降噪值。

⑤集成创新形成了城镇化地区公路低影响建设理论与技术体系，完成了花莞高速低影响建设关键技术研究与示范工程建设。

第 2 章 项目简介

2.1 概　　况

花莞高速位于广东省广州市境内，起点位于广州市白云区机场南出口，与机场高速太成立交相连，途经白云区人和镇、钟落潭镇，黄埔区中新知识城、九龙镇，增城区中新镇、永宁街、仙村镇、石滩镇，最终接入增莞深高速公路。花莞高速是广州东西交通走廊上一条重要的高速公路交通线，为缓解东西向的交通压力起到重要的作用。花莞高速是广东省和广州市重点建设项目，是广州市高快速路网中的重要公路。花莞高速路线总长为65.18km，采用100km/h设计速度、双向6车道、整体式路基宽度33.5m、桥梁宽度33m的标准，桥涵设计荷载等级采用公路—Ⅰ级，全线共设置互通立交16处、良田集中住宿区1处、中心南管养中心1处、永宁服务区1处。建成后，花莞高速将成为广州市花都、白云、萝岗、增城四个片区的中心联系通道，东莞至新白云国际机场快速交通干线道路，以及货物的快速集疏运通道。花莞高速可以增强新白云机场对东莞客货源的吸引力；能有效组织机场进出交通和支持萝岗区及增城经济开发区的快速发展。

2.2 项目区自然地理特征

2.2.1 气候条件

项目地处北回归线以南，属南亚热带季风气候，全年降水丰沛，雨季明显，日照充足，夏季炎热，冬季一般较温暖。在季风环流控制下，冬半年(9月至翌年3月)受大陆冷高压影响，吹偏北风，天气相对干燥，降水较少；夏半年(4月至8月)受海洋性气流的影响，吹偏南风，天气炎热，降水量大。根据广州市区1951—1993年的气象资料，场区年平均气温为21.9℃，极端最高气温为38.7℃，极端最低气温为0.0℃；年平均降水量为1696.5mm，历年最大降水量为2864.7mm，最大月平均降水量为288.7mm，最大日降水量为284.9mm；年平均风速为1.9m/s。由热带气旋形成的台风为项目区主要灾害性气候，由于台风伴随暴雨，对公路水毁严重。

2.2.2 水文条件

沿线平原区水网较发育，主要河流为北江水系的流溪河，以及东江水系的仙村水道、西福河和增江。受新构造运动影响，河流水系呈北西、北东向展布。路线通过的河段河面宽约100~300m，两岸河堤稳定。沿线分布多个大小不一的水库。

线路处于亚热带，气温高、湿度大，雨量充沛，区内地下水丰富，平原地区的地下水位埋藏较浅，山区地下水位埋藏变化较大，随地形起伏。广花冲积平原、丘间洼地和东江三角洲平原地下水发育，丘陵山地地下水欠发育。场地地下水类型主要有松散层孔隙水、基岩孔隙裂隙水、岩溶水、岩溶裂隙水。

2.2.3 水文条件

地下水主要为第四系松散层孔隙水、基岩裂隙水，以大气降水为主要补给方式，以蒸发为排泄途径。东莞端丘陵坡地地下水埋深较大，勘察期间未见地下水位；冲积平原地下水埋深较浅，勘察期间测得稳定地下水位埋深为0.25~3.5m，水位高程为28.34~37.38m。

根据桥位钻孔水质分析成果，桥位区地下水对混凝土结构具强~微腐蚀性，对混凝土结构中的钢筋具弱~微腐蚀性，腐蚀等级较为不均匀，化学腐蚀环境作用等级为B~E级。

2.2.4 地形地貌

项目区位于珠江三角洲东北部，沿线的地貌单元可划分为低缓丘陵和平原，平原主要为东江三角洲平原及广花冲积平原。

2.2.4.1 低缓丘陵

丘陵分布于里程K12+200~K54+000地段，其间穿插河流谷地或洼地，丘陵呈北东走向，植被较发育，高程均小于500m。本选线路段山体低矮，丘陵地形多呈波状起伏，丘顶圆缓，山坡坡度一般为15°~25°，但部分山体坡度较陡，坡度达65°~70°；丘间河流谷地或洼地地势较为平坦。

2.2.4.2 平原

广花冲积平原分布于里程K0+000~K12+200地段，地势开阔平坦，地面海拔一般为12.0~25.0m，平原中偶有残丘点缀。平原主要由流溪河冲积而成，厚度一般为5.00~25.00m，主要由淤泥、淤泥质土、砂层、砾石、黏性土等组成。

K10+900~K12+200段开阔平坦，水系较发育。本区冲积层主要由淤泥、淤泥质土、砂层、砾石、黏性土等组成。基层主要为第三系浅灰色、暗紫红色碎屑岩和石灰系钙质页岩、炭质砂岩、石灰岩，第三系碎屑岩风化夹层发育，石灰岩岩溶发育。

2.2.5 地层岩性

据区域地质资料,项目区沿线出露的地层有元古代震旦系、下第三系及第四系地层,同时局部路段分布加里东期、印支期、燕山期各期岩浆岩。沿线特殊性岩土主要有软土、高液限土、煤系地层、残积土、孤石、人工填土等(图2-1)。沿线特殊性岩土均具随机分布特点。

图 2-1 花莞高速公路地层岩性图

2.2.6 地震

地震活动由新构造运动引起。据相关地震活动研究成果,在时空分布上,广州地区属于东南沿海地震带中部,具有"外带强,内带弱"的特征,有史以来记载的最大地震震级为 4.75~5.00 级,多属中小型有感地震,无大于 6 级的灾害性强震记载。根据《中国地震动参数区划图》(GB 18306—2015),项目区地震动峰值加速度为 0.05g,地震动反应谱特征周期为 0.35s。根据《建筑抗震设计规范 (2016 年版)》(GB 50011—2010),广州市增城区路段 (K39+100~K65+180) 抗震设防烈度为Ⅵ度,设计基本地震加速度值为 0.05g[1],广州市白云区路段 (K0+000~K21+900)、萝岗区路段 (K21+900~K39+100) 抗震设防烈度为Ⅶ度,设计基本地震动加速度值为 0.10g。

2.2.7 地质构造

根据区域地质资料,线路所经区断裂构造复杂,主要分为北东、北西、东西及南北向四组,不同方向断裂组相互切割,构成线网内的块断构造体系,其中北东、北西向断裂组最为发育。路线与区内断裂走向相交或近于平行,项目区公路选线地段内发育的断裂带主要有北东向广从断裂带、北西向西塘断裂组和东西向瘦狗岭断裂,根据断裂的特征及其活动性,三个断裂自晚更新世末至全新世初期仍有活动,根据年龄,属非工程性活动断裂,对路线所处区域的稳定性影响甚微。

沿路线段新构造运动不甚强烈,地壳沉降微弱,且钻探未发现第四系地层有明显错断现象,场区基本上处于构造稳定状态,属稳定地块,适宜拟建项目的建设。

---

[1] g 代表重力加速度值。

第3章

复杂地质高边坡施工安全风险管理与动态调控技术研究

花莞高速地质条件及施工环境较复杂,施工安全风险较大。针对花莞高速建设过程中的边坡施工安全风险进行研究,开展高边坡施工安全监控,其成果不仅可直接应用于高速公路建设过程,加强路堑高边坡工程施工安全风险管理,完善专项施工方案,加强施工现场安全风险预控,确保工程建设质量,还可应用于高速公路运营阶段,确保公路管养部门随时掌握沿线边坡隐患点在运营中的安全状态。本研究对于保证高速公路边坡工程的长期安全稳定性和可行性、保证高速公路的长期有效运行、提升高速公路的运行效率等,均具有非常重要的意义,对我国公路建设技术及养护技术的进步也将起到十分积极的推动作用。

3.1 高速公路边坡施工安全风险调控技术

3.1.1 概述

控制复杂地质高边坡施工安全风险,首先要掌握边坡灾害。边坡灾害风险动态评估是对路基边坡工程中可能出现的各种灾害进行风险识别、风险估计和风险评价,并在此基础上采用各种风险管理技术,作出风险处理和决策,对风险实施有效的控制和妥善处理,期望以最小的成本获得最大的安全保障。

20世纪60年代以前,灾害研究主要限于灾害机理及预测,重点调查分析灾害形成条件与活动过程。20世纪70年代以后,随着自然灾害造成的破坏损失急剧增加,促使人类把减灾工作的重要性提高到前所未有的高度。一些发达国家首先拓宽了灾害研究领域,在继续深入研究灾害机理的同时,开始进行灾害评估工作。1970—1973年,美国对加利福尼亚州的地震、滑坡等灾害进行了风险评估。Whitlnan介绍了灾害风险评估的概念以及在岩土工程中的应用。Harden 和 Viberg 对滑坡定性风险评价作了评述，认为滑坡定性风险评价是通过对各风险因素的详细程度和复杂性等特征进行排序来进行的。Morgenstem 讨论了岩土工程风险的不确定性以及风险管理问题。我国学者也在灾害风险评估方面做了大量工作：张业成、张梁运用层次分析 (AHP) 法分析评价了中国地质灾害的危害程度，进行了全国范围的危险性区划；丁俊等人通过对西南地区城市地质灾害的调查，提出西南地区城市地质环境风险性分区评价方法，对山区城镇地质环境风险性进行了评价尝试；在公路危险性区划与风险评估研究中，2004—2007 年，中国科学院成都山地灾害与环境研究所完成的交通部西部项目"西藏公路滑坡防治及预测技术研究"和"西部公路地质灾害监测技术研究"，对公路地质灾害分层预测、分段预测的方法进行了研究，提出了公路地质灾害的预测方法，并完成西藏 G318、G317 干线公路滑坡危险度预测方法与分区、贵州三凯高速公路山地灾害危险性分区与预测研究。

20 世纪 70 年代以来，国内外的一些学者开始灾害易损性评价研究工作。自 20 世纪 80 年代以来，从不同的角度提出了多种关于易损性 (Vulnerability) 的定义。联合国 1991 年公布的易损性的定义为"在给定地区由潜在损害现象可能造成的损失程度"，为国际机构和广大学者所认同。我国学者对灾害易损性评价指标体系选取和评价方法进行了大量的尝试和探讨。罗元华所著《地质灾害风险评估方法》较为详细地介绍了我国各类地质灾害风险评估理论和方法体系，其中对易损性进行了系统的介绍，包括易损性评价的构成和内容、易损性评价类型、承灾体类型划分和地质灾害承灾体价值损失率确定等。郭跃在《灾害易损性研究的回顾与展望》一文中概述了易损性研究的历史发展过程，阐述了易损性识别和测量的一些基本理念和方法，指出了易损性分析在灾害研究和减灾防灾中的积极意义。

风险管理已经有不少较为成功的应用。我国香港已建立起了完善的边坡安全管理体系，称为"边坡安全系统"，包括降低泥石流、滑坡风险和提高公众风险意识两个方面。内地在次生山地灾害风险管理方面的工作起步稍晚一些，但已有不少学者对此予以了充分的关注。

总结近年来国内外边坡灾害风险评估的发展，取得的进展主要表现在以下几个方面：

①边坡灾害风险评估研究得到了越来越广泛的重视。随着自然灾害的频繁发生，越来越多的专家学者认识到边坡灾害风险评估对减灾的重要意义和广阔的发展前景，并且投入这方面研究的专家越来越多，促进了边坡灾害风险评估的发展。

②研究内容越来越广泛。越来越多的学科融入边坡灾害风险评估中，最突出的表现是强化了社会经济研究，除了对灾害活动强度 (危险性) 的分析定量化外，对承灾体易损性的分析也不断加强。

③研究的方法、手段越来越丰富。随着风险评估研究的发展，研究方法也不断发展，除了灾害动力学分析方法外，开始融入多种数理分析和社会经济评价方法，地质灾害风险评估不断向定量化方向发展。

本节结合统计学和力学的方法理论，对高速公路边坡施工安全典型事故进行分析，揭示施工过程中边坡事故的发生机理，明确诱发施工过程中边坡失稳的关键因素，建立施工期边坡失稳风险评价指标；在此基础上，对事故结构特征进行研究，构建基于结构特征和事故机理的边坡施工安全风险评价及预测方法，从而确定恰当的调控时机、位置及策略；最后，结合广东省交通行业相关管理制度及规定，制定花莞高速公路边坡施工安全管控流程，提升高速公路边坡施工安全的全过程风险调控能力。

3.1.2　高速公路边坡施工安全事故成因

高速公路边坡施工由于施工环境复杂、受工程地质条件和自然环境因素影响大，施工安全风险比较高。因此，施工过程中科学合理地进行动态设计和信息化施工，对于确保边坡安全十分重要。

诱发施工过程中边坡失稳的关键因素主要包括两大类：物的不安全状态和人的不安全行为。复杂地质地形条件本身就容易使边坡这个"物"处于一种不安全的状态，或者是处于危险的边缘；而如果施工活动未得到控制，而是无序施工，就会对边坡造成产生扰动，使其距离危险又更近了一步。当"物的不安全状态"与"人的不安全行为"叠加在一起，会使边坡的安全风险显著增大。只有明确高速公路施工过程中的事故类型、发生原因及发生机制，才可针对性地开展边坡施工安全风险评估，加强施工现场安全风险预控，提出应对方案和措施，对边坡工程可能发生的安全风险事件进行预防和规避。

边坡施工因地形和地质水文条件复杂、从业人员素质参差不齐等原因，风险高，易发生安全事故。从人、机、料、法、环五个方面综合分析，识别出4个可能造成人员伤害、财物损失的主要危险源：机械伤害、触电伤害、坍塌和滑坡。根据有关资料统计，上述四种成因的事故占边坡施工事故总数的85%以上。如果能采取措施减少事故发生，施工事故造成的伤亡和损失将大幅下降。

3.1.3　花莞高速边坡稳定性分析

花莞高速公路全线共有35段高边坡，边坡高度为15~65m，以土岩混合边坡为主，多为全风化~强风化混合岩边坡，一般具备碎裂岩质边坡特点，水文地质条件简单，地下水贫乏，部分边坡邻近居民区，或坡顶有高压线塔、鱼塘。

全线路堑边坡地层自上而下分别为粉质黏土、砂质黏性土、砂土状全风化~强风化混合岩、碎块状强风化花岗岩、中风化、微风化混合岩。边坡主要类型有土质边坡、土岩混合边坡、破碎岩体类土质边坡。根据《广东省花都至东莞高速公路项目路堑高边坡工程施工安全总体风险评估报告》，花莞高速沿线共有35段高边坡，其中风险等级为Ⅰ级的有0处，风险等级为Ⅱ级的有22处，风险等级为Ⅲ级(高度风险)的有13处，风险等级为Ⅳ级(极高风险)的有0处，分类情况见表3-1。

第 3 章 复杂地质高边坡施工安全风险管理与动态调控技术研究

花莞高速全线高边坡总体风险评估分类汇总表　　　　表3-1

风险等级	土质边坡	土岩混合边坡	破碎岩体类土质边坡	合计
Ⅰ级（轻度风险）	0	0	0	0
Ⅱ级（中度风险）	2	11	9	22
Ⅲ级（高度风险）	0	6	7	13
Ⅳ级（极高风险）	0	0	0	0
小计	2	17	16	35

设计采取的主要工程措施为放坡结合骨架和绿化防护，部分边坡采用桩板墙或锚固结合坡面防护。边坡坡比为1：0.75~1：1.25，分级高度为8~10m，设置平台，平台宽度一般为2m。平台多设置截水沟，后缘多设置环状截水沟。采用锚杆框架梁加固措施，锚杆为正方形布置。对欠稳定边坡，采用桩板墙或锚索框架梁加固，锚索呈正方形布置。为保护环境，对于稳定的边坡，采取植物绿化，并适当设置骨架防护。根据边坡不同岩土性质及风化程度，采用不同绿化防护形式：全~强风化、易于植被生长的岩质边坡，采用挂三维网植物防护；对于多级边坡、冲沟发育或水土流失严重的土质边坡、坡残积土较厚的土质边坡、全风化岩质边坡、特殊性岩土边坡等，采用人字形骨架结构植草防护；平台采用浆砌片石封闭。

通过资料分析、现场调研及工程类比得出，各高边坡工程施工安全的主导因素为岩土工程地质条件和边坡规模，诱发边坡灾害的因素主要为气象水文条件和人类工程活动，部分边坡受外界环境影响较大，如坡顶存在鱼塘、铁塔等。

分析认为，花莞高速边坡在施工过程中受地质条件和边坡规模的影响，风化花岗岩边坡普遍存在，主要事故类型将以坍塌和滑坡为主。

3.1.4 花莞高速风化花岗岩边坡变形失稳特点

花莞高速沿线广泛分布着花岗岩，在建设中常遇到复杂的风化花岗岩边坡安全问题。由于风化花岗岩边坡结构复杂、受外界因素影响大、变形失稳机理复杂，所以对于该类边坡的变形失稳特点的研究主要从其复杂的边坡组成条件和工程特点出发，对其常见的变形失稳形式及相关特点进行研究。

风化花岗岩边坡发生变形失稳的原因有结构面发育、人为因素影响、环境变化影响等。风化花岗岩边坡为土岩混合边坡，其变形失稳兼有土质边坡和岩质边坡的特点，其变形失稳与边坡地质条件（岩石节理面、岩层倾角和岩土特点等）、边坡设计条件（边坡坡高、边坡坡率和边坡防护措施等）、施工条件（施工工艺、施工技术和施工管理等）和环境条件（降雨、自然灾害、地震和地下水等）等有关。风化花岗岩边坡常见的变形破坏形式有沿结构面破坏、滑动破坏和坡面冲蚀破坏等。

1）沿结构面破坏

风化花岗岩边坡的变形失稳问题大都与结构面的存在有关。按成因不同，结构面可分为原生结构面、次生结构面。

母岩中的岩脉在风化作用下形成的结构面为原生结构面。花岗岩中抗风化能力强的岩脉在边坡中形成硬化层结构,抗风化能力弱的岩脉形成软弱夹层。由于水的作用,边坡中的软弱夹层发生泥化或软化作用而产生不良地质现象,造成边坡沿软弱结构面发生变形破坏。这种因原生结构面形成的软弱夹层导致的边坡问题有以下特点:边坡的变形失稳与坡高无直接联系,主要与结构面的发育程度和抗剪强度有关,同时与结构面和临空面的空间组合有关;由软弱结构面形成的滑动面一般呈薄层状,表面光滑,滑动面中多含有高岭土且其含水率较高;该类边坡的滑动多与水对软弱结构面的作用有关,但滑体的整体性较强。

次生结构面与地质构造无关,但与大气条件、土体膨胀、施工扰动及边坡临空面等外界因素有关。由于水的作用,次生结构面裂隙附近的强度降低而形成边坡的临滑面,在重力的作用下造成边坡沿次生结构面发生滑动,造成边坡的变形破坏。次生结构面引起的变形破坏有以下特点:次生结构面早期光滑、接近垂直,无明显滑动痕迹,边坡表面为拉裂变形;后期由于水的作用,在边坡裂隙附近形成滑动面,造成边坡沿滑动面发生变形;由于边坡临空面的作用,边坡中滑坡体呈迭瓦形式,滑坡体整体性较强;变形后破坏体的稳定性降低,易造成二次变形破坏。

风化花岗岩边坡中保留着地质构造作用下形成的各种构造结构面。有些构造结构面延伸距离较远,且与边坡临空面倾向相同,对边坡稳定的影响很大;有些构造结构面延伸距离较近,对边坡的整体稳定影响不大。该类边坡中,构造结构面相互组合影响边坡稳定的情形较为常见,这种相互组合的破坏形式与边坡高度无直接关系,主要同临空面与各结构面的空间组合特点以及边坡结构面的强度有关。

2) 滑动破坏

常见的风化花岗岩边坡滑动破坏有圆弧型滑动破坏、平面型滑动破坏、剪切滑动破坏和楔形滑动破坏等。圆弧型滑动破坏多见于花岗岩残积土层的厚度较大且黏性土含量较高的边坡;平面型滑动破坏常见于边坡中存在破坏面或顺向坡中存在陡倾结构面;顺向坡中,边坡的倾角小于结构面倾角或顺向坡中存在软弱结构面时,结构面下边缘存在较大的剪切力,从而易导致边坡沿结构面边缘或软弱夹层发生剪切滑动变形;在风化花岗岩边坡的岩土结构中存在相交的节理面或软弱结构面,且其交线或交面倾向于坡外,会使边坡岩土体产生楔形滑动破坏。

由于各地区的气候、地质条件存在差异,造成花岗岩的风化程度、风化层厚度和风化层的组成不同,所以在没有结构面存在的较厚均质土层中,一般发生圆弧型滑动破坏或楔形滑动破坏,土的含水率和临空面的存在对该类均质土边坡的圆弧破坏形式影响很大。在工程实践中,风化花岗岩均质土层边坡的变形失稳形式同土质边坡相似,在其稳定性评价和分析中多采用圆弧型滑动破坏的分析方法。

3) 坡面冲蚀破坏

花岗岩残积土中含有较多的粗颗粒,并且边坡的稳定性随土含水率的增加而降低。风化花岗岩边坡的上部土层极易受到坡面雨水冲刷的影响,造成坡面冲沟、水土流失甚至边坡滑塌等变形破坏。降雨及其形成的坡面径流是边坡表层土体发生冲蚀的动力来源，当降雨的强度超过其下渗的速度时，坡体表面形成的径流对坡面造成冲蚀现象，坡面径流越大，对坡面的冲蚀能力越强。在降雨作用下，风化花岗岩边坡坡面在最初为雨滴溅蚀，形成细沟后发生冲蚀，随着冲蚀深度的增加，变为浅沟冲蚀，然后冲沟不断扩大，形成冲沟冲蚀，最后可能发生局部坡体坍塌。因此，坡面冲蚀破坏的发展阶段可概括为：雨滴溅蚀→细沟冲蚀→浅沟冲蚀→深沟冲蚀→坍塌。

雨滴溅蚀：在降雨条件下，坡面的花岗岩残积土颗粒发生散落、飞溅，边坡表面的水流发生紊动现象，坡面汇集的面流增大了水对边坡表面土颗粒的冲刷作用(图3-1)。

细沟冲蚀：在边坡表面汇集的面流冲刷作用下，在边坡表面逐渐形成细小的沟槽，其宽度为1~5cm，深度为1~5cm(图3-2)。

图 3-1 雨滴溅蚀

图 3-2 细沟冲蚀

浅沟冲蚀：在线状坡面水流的冲蚀作用下，逐渐扩大形成具有一定深度和一定宽度的冲蚀沟槽。其宽度为6~25cm，深度为5~40cm(图3-3)。

深沟冲蚀：在水的冲刷作用下，浅沟在横向和纵向上进一步发展形成深沟，且汇集的水流对坡面的冲蚀作用加大。该类边坡表面的破坏属于冲蚀中较为严重的现象，有大量的水土流失。由此形成的冲沟宽25~100cm，冲沟深40~100cm(图3-4)。

图 3-3 浅沟冲蚀

图 3-4 深沟冲蚀

坍塌：深沟的沟壁在重力和水力冲蚀作用下发生掉块和小坍塌，坡体被掏蚀，沟壁崩塌，造成深沟逐渐扩大。在有球状风化花岗岩的边坡中，沟壁的崩塌可造成落石或滚石等边坡灾害，对边坡及附近的建(构)筑物及人员的安全造成威胁。

3.1.5 防止公路边坡失稳的措施

风化花岗岩边坡由风化程度不同的花岗岩风化带组成，属于土岩混合边坡。风化花岗岩边坡由花岗岩风化后堆积而成的岩石和土组成，该类边坡中相邻花岗岩风化带之间的风化程度连续变化且无明显分界面。该类边坡的施工安全影响因素多、边坡的变形失稳机理复杂，边坡岩土受施工和环境扰动影响大。

一般来讲，为减小或避免边坡失稳的可能性，要对坡体进行预加固处理。通常情况下，对完整性较好、开挖后不会出现高边坡病害的坡体，无须进行加固处理。对开挖卸荷引起病害概率较高的边坡，一般选择预加固。根据目前路基边坡病害治理工程预加固设计工作实际，预加固工作主要包括事前预加固、事中预加固。

事前预加固指在边坡病害体已经确认、受到开挖扰动之前进行。对路基边坡病害进行事前预加固，开挖后病害体破坏模式、破坏规模、影响程度等方面存在不确定性。因此，多采用工程比拟法，在详细工程地质调查分析的基础上，结合以往类似边坡病害的工程实例，对边坡病害的稳定性、破坏模式等作出评价，据此开展治理工程设计。

事中预加固即边坡已经被部分开挖，病害体已初步产生影响，此时针对边坡病害进行加工工作。事中预加固是目前高边坡病害治理工程中大量遇到的问题，也是路基边坡变形控制的主要内容。当部分开挖后，边坡出现局部变形迹象，或者边坡并未出现任何变形迹象，但完全揭露地层情况后发现坡体存在产生病害的地质条件，经稳定性检算发现不满足安全要求时，必须对坡体进行工程加固。

3.2 公路边坡施工安全风险评价预测研究

3.2.1 公路边坡施工安全风险识别方法

风险管理理论中，风险识别的方法有多种，如头脑风暴法、影响图法、情景分析法、成本分析法等。公路边坡施工安全风险识别中，较为常用的方法有流程图法、专家调查评估法、工程类比法、核查表法等。风险识别的本质上是找出存在的风险和导致风险发生的原因。从理论上讲，任何有助于发现风险的方法都可以作为风险识别的工具。

相关标准采纳的总体风险评估法包括专家调查评估法和指标体系法，这两种风险评估方法均依据已有的工程条件和风险管理经验，仅考虑客观致险因子造成的施工安全风险。专家调查评估法对于边坡施工安全风险的识别主要依据评估专家的经验，在以往的边坡施工安全事故的基础上进行风险辨识；指标体系法主要依据边坡工程的资料完整性、地质条件、建设规模、诱发因素、施工环境五个方面的边坡安全风险评估指标，通过对各指标的评分汇总，计算边坡总体安全风险评分，并评定边坡总体安全风险等级。

专家调查评估法是建立由有关专家组成的风险小组，依据专家的经验辨识拟建工程中可能发生的边坡施工安全风险，在经过反复讨论和研究后，确定施工过程中可能发生的边坡安全风险。专家调查评估法是指标体系法的辅助和补充，可对指标体系法的结果进行复核和验证，可避免单一方法的错漏和不足。公路边坡施工安全风险的专家调查评估法是从专家处获取信息，依靠专家对高边坡的认识和经验，在现场调查的基础上，根据建设规模、地质条件、工程特点、诱发因素、施工环境、资料完整性对边坡的施工安全风险作出评估和预测。

3.2.2 公路边坡施工安全风险分析方法

边坡施工安全风险可分为：影响边坡安全的风险，影响施工安全的风险。其中，影响边坡安全的风险为风险控制中的关键，影响施工安全的风险与人的行为等方面的影响有关。

影响边坡施工安全的因素有主导因素和诱发因素。主导因素为影响边坡安全的关键，其与边坡地质条件(岩石节理面、结构面倾向和倾角、岩土特点等)和边坡设计条件(坡高、坡率和边坡防护措施等)有关；诱发因素为引发边坡安全事故的原因，其主要与施工条件(施工工艺、施工顺序、施工技术和管理水平等)和环境条件(自然灾害、降雨、地震和地下水等)有关。

边坡安全风险分析主要在边坡安全风险识别的基础上对风险产生原因和可能造成的影响进行分析。对风化花岗岩边坡施工安全风险分析，应在采用相关标准推荐的风险分析方法的基础上，通过有限元软件对边坡施工安全进行分析，为边坡施工安全风险评价和安全监测提供依据。

采用系统的安全理论分析边坡安全风险中与人的行为和物的状态两个方面相关的因素。物的不安全状态主要影响的边坡稳定和施工安全，常被认为是导致边坡安全风险的主导因素，对其主要从边坡的地质条件、施工工艺、施工环境等方面的变化进行分析；人的不安全行为影响施工过程安全，可认为是造成边坡施工安全风险的诱发因素，对其主要从人的行为、管理和技术缺陷等方面进行分析。

边坡安全风险分析方法有鱼刺图法、故障树法和风险传递路径法等。

鱼刺图法又称因果分析图法。它通过带箭头的线，将风险问题与风险因素之间的关系表示出来，明确导致安全事故产生的因素类别及其相互间的从属关系，见图3-5。

风险传递路径法主要依据边坡施工特点和施工风险传递路径，对边坡施工中的安全风险可能导致的后果、造成安全风险事故的因素(主导因素和诱发因素)等进行分析。

故障树法是从边坡施工安全事故出发，按逻辑关系逐级分解事故发生的原因和条件，直至安全风险事故的基本事件，由此分析导致施工安全风险的控制性因素和条件。

对于施工安全风险，可以采用LEC法或检查表法分析一般风险，用指标体系法或风险矩阵法分析重大风险源。

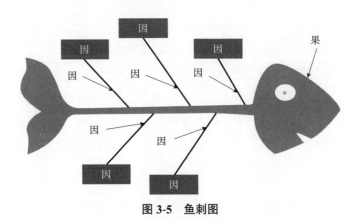

图 3-5 鱼刺图

边坡稳定计算方法有基于极限平衡理论的整体法和条分法，以及基于强度理论的有限元分析法。有限元分析法是在有限元分析软件中模拟边坡的施工过程，同时在不同施工条件下对边坡的稳定性变化特点进行分析。针对风化花岗岩边坡施工安全风险复杂特点，采用有限元软件分析施工过程中边坡安全系数、应变、应力和位移的变化情况，从而分析边坡的变形破坏形式、主要变形破坏部位、边坡安全状态变化情况、边坡安全风险关键影响因素和可能的边坡施工安全事故等。

3.2.3 公路边坡施工安全风险评价方法

在施工安全风险识别和分析的基础上，针对边坡施工安全风险发生的概率、影响程度及可能造成的损失等方面，对边坡施工安全风险进行综合评价。

边坡安全风险评估包括总体安全风险评估、专项安全风险评估以及边坡安全风险控制措施建议。总体安全风险评估和专项安全风险评估均包含施工前和施工过程两个阶段。对存在较大安全风险隐患的边坡和总体安全评估等级为Ⅳ类的边坡，应进行专项安全风险评估，制定应急预案。

3.2.3.1 致灾因子法

分析各个因素在不同事故致因中的贡献程度，首先采用专家调查法、过往事故分析法、方差分析等方法，评价各个因素在致因集中的权重，从多个致灾因子中筛选出与安全事故有关的主要因素，并对各因子进行评估，分析出各个致灾因子对事故的影响程度，确定因子重要性排序及在整个事故中的影响权重。

利用工程类比法和相关性分析法，对施工安全事故影响因素进行分类，根据各指标与事故风险之间的关联程度，可将影响因素分为四类，分别对应各因素在风险评价中的权重。其中：

①一类因子是对安全事故影响一般的因子，占 0.1 的权重。
②二类因子为对安全事故发生起到促进推动作用的主要因素，占 0.3 的权重。
③三类因子为对安全事故造成威胁的关键因子，占 0.5 的权重。
④四类因子为对安全事故造成威胁的决定性因子，占 0.7 的权重。

对应关系如表 3-2 所示。

各类致灾因子对应权重系数表 表 3-2

因子分类	一类	二类	三类	四类
权重	0.2	0.3	0.5	0.7
影响程度	一般因子	主要因子	关键因子	决定性因子

根据评价指标的分级和所占权重，建立边坡施工安全事故风险评价模型。风险因子 $R_i(i=1，2，3，4，5)$ 的取值根据各指标的具体情况以及对安全事故的影响确定，再通过重要性排序确定各指标的重要性，并计算出各指标的权重系数 γ_i，最后得出各个指标的风险评估分值 X_i，进而得出施工现场的总体风险值 F。其中：

$$X_i = \gamma_i \times R_i \tag{3-1}$$

$$F = \sum X_i \tag{3-2}$$

计算得出 F 值后，确定边坡安全风险等级。

3.2.3.2 指标体系法

指标体系法根据建设规模、地质条件、诱发因素、施工环境、资料完整性，将指标分为 5 个反映边坡风险的大类。在指标分类的基础上，提出 11 项评估指标：建设规模分为 2 项，即边坡高度和坡比；地质条件分为 3 项，即地层岩性、坡体结构、地下水；诱发因素分为 2 项，即施工季节、自然灾害影响；施工环境分为 2 项，即工程措施类型、周边环境；资料完整性分为 2 项，即地质资料和设计文件。各指标取值按照边坡施工安全总体风险评估指标体系标准表。

将各评估指标按重要性从高到低的顺序进行排序，采用权重系数对各评估指标重要性进行区分。权重系数按评估指标重要性排序确定权重取值，计算公式如下：

$$\gamma = \frac{2n - 2m - 1}{n^2} \tag{3-3}$$

式中：γ——权重系数；

n——评估指标(重要指标)项数；

m——重要性排序号，$m \leq n$。

边坡施工安全总体风险按下式确定：

$$F = \sum X_{ij} \tag{3-4}$$

$$X_{ij} = R_{ij}\gamma_{ij} \tag{3-5}$$

式中：X_{ij}——评估指标的分值，$i=1，2，3，4，5$；$j=1，2，\cdots，n$；

n——第 i 类评估指标包括的重要指标的数量。

计算得出 R 值后，对照表 3-3 确定边坡施工安全总体风险等级。

边坡施工安全总体风险分级标准　　　　　　　　　　表 3-3

风险等级	F 值
等级Ⅳ (极高风险)	$F > 60$
等级Ⅲ (高度风险)	$45 < F \leq 60$
等级Ⅱ (中度风险)	$30 < F \leq 45$
等级Ⅰ (低度风险)	$F \leq 30$

3.2.4 公路边坡施工安全风险评估指标体系

从系统工程学的角度，按照岩土性质、防护形式、可能发生的事故类型及后果，对边坡进行分类，综合分析边坡施工安全的内外部影响因素。内因是指岩质边坡本身存在的潜在风险因素，大致分为岩土类型、地质构造、地形地貌三种；外因则是引起边坡崩塌的环境因素，如地震因素、融雪降雨、地表冲刷浸泡、不合理人为因素等。据有关资料统计，突发性地质灾害中，96.6%是由自然因素引起的，而3.4%则是由人类不合理的工程活动造成的。在自然因素中，降雨是最主要的诱发因素。

统计结果表明，失稳频度能较好地体现边坡影响因素与边坡稳定性状态的关系。坡面形体、岩性及其组合、岩体结构、风化程度、开挖坡高比(即开挖坡高/自然坡高)、自然坡角与岩层倾角之差、开挖坡角与岩层倾角之差对边坡稳定性的影响显著。

通过现场调研结合资料分析，分析导致施工安全事故的致灾因素，确定导致施工期事故的最关键、最直接的致灾因子，见表3-4。

施工期事故关键致灾因子　　　　　　　　　　表 3-4

致灾因素	致灾因子
地质条件因素	包括地形地貌、岩土体类型、边坡的地质构造、边坡的坡比及高度、地下水情况等
边坡施工因素	包括原设计的水文地质、工程地质勘察数据与现场实际开挖所揭露的地质信息的符合程度、边坡爆破方式、施工场地条件、施工人员操作的熟练程度、开挖范围、开挖方式、防护形式、监控方式、施工进度要求等
外界环境因素	包括降雨、气温、湿度等气象条件，地震、泥石流等自然灾害，施工过程中所受交通干扰、强夯、打桩、爆破等周边施工动荷载，坡顶车辆、机械及人群荷载
安全管理及人员素质	施工企业资质，施工人员素质及安全管理人员配备，安全投入，机械设备配置及管理，专项施工方案、作业人员资质、文化程度与工龄等，是否有健全的安全生产检查制度且严格执行，是否根据实际需要编制相应的应急预案并定期演练等

下面介绍几种主要的致灾因子：

1) 地形条件

地形条件是事故发生的基本条件，最直接的影响表现在坡高和坡角两个方面。坡度大于45°的高陡边坡、孤立山嘴或凹形陡坡均为事故形成的有利地形。

坡面形态指边坡横向形态和剖面形态。坡面形态对边坡的稳定性有直接影响，不利形态的边坡往往在坡顶产生张应力，并导致坡顶发育张裂缝，在坡脚产生强烈的剪应力，出现剪切破坏带，极大地降低了边坡的稳定性。

地层是组成边坡的物质基础。地层岩性是影响边坡稳定的主要因素。由软岩类构成的高陡边坡，易于边坡变形破坏发育。由硬岩类构成的高陡边坡，一般较为稳定，局部受坡体裂隙的作用可形成小型滑坡、崩塌。随着岩性由硬变软，边坡的失稳频度依次升高，易发生边坡变形破坏的顺序为：极硬岩＜硬岩＜软硬互层＜软岩＜极软岩。

2) 坡度

坡度对高填方路基滑坡的发育具有非常重要的影响。原地形坡度越大，临空面发育成有效临空面的概率越大。在理论上，地形坡度越大，高填方路基发生滑坡的概率就越大。大量的统计结果表明，滑坡往往并不是发生在地形坡度最大处，而是容易发生在坡度在 20°~50° 范围内的地形上。根据统计结果，可以得到地形坡度与滑坡发生的关系，如表 3-5 所示。

不同坡度造成的灾害统计表　　　　表 3-5

坡度 (°)	15~20	20~25	25~30	30~35	35~40	40~45	＞45
灾害发生比例 (%)	1.9	19	23	25	31	6.2	3.7

3) 地下水

地下水对灾害的影响是非常显著的。大量的高填方路基滑坡灾害是由地下水的活动诱发的。地下水对灾害发生的诱导作用，主要表现在水对土体的软化和泥化作用等方面。

4) 地基土质类型

如果边坡的地形地质条件比较差，原地基处在比较软弱的地段，可能由于地基土的工程性质比较差而在外界其他因子的诱发下引起滑坡等灾害。

边坡变形破坏主要发生于残积土、全~强风化岩层中。边坡的失稳频度与风化程度有着明显的关系，随着风化程度的增加，边坡的失稳频度升高，意味着其发生边坡变形破坏的可能性越大。易发生边坡变形破坏的地基土质排序为：微风化或未风化＜中风化＜强风化＜全风化＜残积土。

5) 坡体结构

坡体结构主要反映岩体内的构造特征。根据结构面的倾向、倾角、贯通性和发育程度，对坡体的稳定性进行评价。岩体结构是指岩体中结构面和结构体的大小、形状及组合形式。岩体结构是岩体边坡破坏的控制因素之一。边坡的失稳频度与岩体结构有着明显的关系。随着岩体结构完整性的下降，边坡的失稳频度相应升高，易发生边坡变形破坏的坡体结构排序为：整体结构＜块状结构＜层状结构＜碎裂结构＜散体结构。

6) 地震影响

在地震作用下，会增大事故发生概率。地震作用还会使饱水粉细砂土产生振动液化，从而使其上覆土体像漂浮在水面上一样，容易发生滑动破坏；此外，地震作用还会增大滑体的下滑附加力，地震烈度越高，附加力就越大，所以在震中区和极震区高填方路基发生的滑坡灾害最为严重。可以用地震烈度大致判断滑坡发生的概率，地震烈度和滑坡发生概率的关系见图 3-6。

7) 降雨作用

在降雨期间，雨水会下渗到填筑土体中，从而会导致填筑土体的孔隙水压力增大，土体有效应力相应减小，土体的抗剪能力也会减弱，最终可能引发滑坡。根据大量滑坡灾害的统计资料，可以发现大多数滑坡发生在降雨期间或降雨后，并且随着降雨强度增加，滑坡的发育概率会增大(图 3-7)。

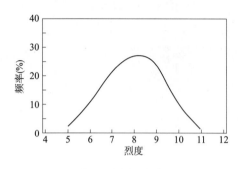

图 3-6　地震烈度和滑坡发生概率的关系

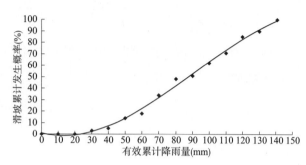

图 3-7　降雨诱发滑坡概率曲线

8) 开挖情况

在自然边坡稳定性确定的前提下，人工开挖引起的坡角和坡高变化越大，卸载作用引起的下滑力的增加量越大，人工开挖边坡相对于自然边坡的稳定系数的变化就越大，稳定性下降也越明显。在公路修建过程中，碎裂~散体结构的边坡失稳频度基本上随着开挖坡高比的增加而增大。

山区公路边坡常因为开挖而导致坡脚岩层临空，边坡的稳定性受到很大影响。所以在对其进行稳定性评价时，应特别考虑临空条件的影响。令 α=(自然坡角－岩层倾角)，β=(开挖坡角－岩层倾角)。统计结果表明：

① $\alpha<0°$ 时，没有边坡失稳；$\alpha>0°$ 时，顺倾边坡失稳频度随着 α 的增大而增加。

② $\beta<-20°$ 时，没有边坡失稳；$-20°<\beta<-10°$ 时，个别边坡失稳；$\beta>0°$ 时，顺倾边坡失稳频度随着 β 的增大而增加。

③ $-10°<\beta<0°$ 时，边坡失稳频度很高。主要是由于此类边坡岩层倾角一般较大(大于 55°)、岩性较差(页岩夹泥质粉砂岩)、岩体结构较破碎，所以顺层陡倾岩质边坡在岩性较差、岩体结构较破碎时，也易发生失稳。

9) 人员素质和安全管理水平

施工企业安全管理越完善，安全事故风险相对较小；施工人员素质越高、经验越丰富，安全事故风险就越小；安全管理人员配备越齐全，安全事故风险相对越小；安全资金、人员、设备三项投入满足规定情况越好，安全事故风险越小；机械设备配置符合合同要求且日常维护保养越到位，安全事故风险越小；专项施工方案与现场实际情况符合，能够按方案执行，并得预期效果，则事故风险小；作业人员资质、文化程度等程度越高，则事故风险越小；制定健全的安全生产检查制度且严格执行，则事故风险小；根据实际需要编制相应的应急预案并定期演练，则事故风险小；安全培训与教育、安全生产检查、施工组织与目标管理、安全技术交底、文明施工、事故隐患整改等落实得越好，则事故风险越小。评价人员可通过查文件、记录、资料以及现场询问等方式来确定相应的指标等级。

基于上述对事故安全性因素的分析，建立公路边坡施工安全风险评估指标体系。

3.2.5 公路边坡施工安全风险预测方法

LEC 评价法由于其具有简单易行的特点，得到了广泛的应用。然而 LEC 评价法过于依赖主观判断，在实际应用中存在着一定的局限性。因此，需要针对传统 LEC 评价法的局限，并根据公路边坡的实际特点，对其进行改进，以确保施工过程中的危险源能够得到有效的控制。

LEC 评价法的具体公式为：

$$D = L \times E \times C \times R \tag{3-6}$$

式中：D——危险性；

L——事故发生的可能性；

E——作业人员暴露于危险环境的频率；

C——事故可能造成的后果。

1) 事故发生的可能性

事故发生的可能性 L 值的对照表如表 3-6 所示。L 值最高分值和最低分值分别为 10 分和 3 分。评价人员可对照表 3-6 来选定相应的指标等级。

事故发生的可能性 L 与 P 值对照表　　　　表 3-6

L 值	P	L 值	P
10	$P>60$	5	$30<P \leqslant 45$
8	$45<P \leqslant 60$	3	$P \leqslant 30$

2) 作业人员暴露于危险环境的频率

在高速公路边坡施工中，人员伤亡事故的发生与作业人员暴露于危险环境中的频率有着密切的关系。作业人员暴露于评价单元的频率划分表见表 3-7。E 值最高分值和最低分值分别为 10 分和 1 分。评价人员需根据作业人员实际作业时间来选定相对应的指标等级。

作业人员暴露于评价单元的频率划分表　　　　表 3-7

E 值	作业人员暴露于危险环境的频率
10	连续暴露
8	每天工作时间暴露

续上表

E 值	作业人员暴露于危险环境的频率
5	每周一次，或偶然暴露
3	每月几次暴露
2	每年几次暴露
1	非常罕见的暴露

3) 事故可能造成的后果

参考《高速公路路堑高边坡施工安全风险评估指南(试行)》，结合人员伤亡情况和直接经济损失，确定事故可能造成的后果等级，如表3-8所示。C 值最高分值和最低分值分别为10分和3分。评价人员应根据实际工程特点和自身经验，预判评价单元发生事故时可能造成的后果，并确定相应值的大小。需要注意，当多种后果同时产生时，采用就高原则确定 C 值。

事故可能造成的后果　　　　表3-8

C 值	3	5	8	10
定性描述	一般	较大	重大	特大
人员伤亡	1≤人员死亡(含失踪)人数<2，或1≤重伤人数<9	3≤人员死亡(含失踪)人数<9，或10≤重伤人数<49	10≤人员死亡(含失踪)人数<29，或50≤重伤人数<99	人员死亡(含失踪)人数≥30，或重伤人数≥100
经济损失 z (万元)	100≤z<1000	1000≤z<5000	5000≤z<10000	z≥10000

4) 人员素质和安全管理补偿系数

各评价单元的事故发生可能性和可能造成的后果决定了危险因素的固有危险度。要得到危险度，必须考虑安全补偿系数的影响。补偿系数由人员素质补偿系数和安全管理补偿系数组成，主要参考作业人员可靠性、安全机构设置、安全生产规章制度、安全培训与教育、安全生产检查、施工组织与目标管理、安全技术交底、文明施工、事故隐患整改和应急预案等项目，根据实际确定，如表3-9所示。最高分值和最低分值分别为10分和3分。评价人员可通过查文件、记录、资料以及现场询问等方式来确定相对应的指标等级。补偿系数值的大小确定采用就高原则。

人员素质和安全管理补偿系数　　　　表3-9

R 值	人员素质和安全管理安全水平
10	(1) 作业人员资质、文化程度等很低； (2) 没有制定安全生产检查制度且未定期进行安全检查； (3) 没有根据实际需要，编制相应的应急预案； ……
8	(1) 作业人员资质、文化程度等较低； (2) 没有制定健全的安全生产检查制度且未定期进行安全检查； (3) 编制相应的应急预案，但预案不完善，且从未演练； ……

续上表

R 值	人员素质和安全管理安全水平
7	(1) 作业人员资质、文化程度等一般； (2) 制定健全的安全生产检查制度，但没有严格执行； (3) 根据实际需要，编制相应的应急预案，但从未演练； ……
5	(1) 作业人员资质、文化程度等较高； (2) 制定健全的安全生产检查制度且较严格执行； (3) 根据实际需要，编制相应的应急预案，且偶尔进行演练； ……
3	(1) 作业人员资质、文化程度等高； (2) 制定健全的安全生产检查制度且严格执行； (3) 根据实际需要，编制相应的应急预案，并定期演练； ……

5) 危险性等级的确定

将危险性 D 值分为四个等级，分别对应高度危险、显著危险、一般危险、轻度危险，见表 3-10。

危险性等级标准　　　　表 3-10

D 值	危险程度	危险等级
$D \geqslant 3000$	高度危险	Ⅳ
$1500 \leqslant D < 3000$	显著危险	Ⅲ
$500 \leqslant D < 1500$	一般危险	Ⅱ
$D < 500$	轻度危险	Ⅰ

在实际工程应用中，可根据不同的危险等级提出相应的分级控制措施。当评价单元的危险因素的危险程度为极度危险和高度危险时，可确定为重大危险源。

3.3 公路边坡施工安全监控及预警技术

3.3.1 概述

边坡从变形到失稳的整个过程，既受边坡所赋存的地质环境条件的控制作用，还受外界荷载条件、开挖方式的影响。由于工程地质环境及岩土体参数的复杂性、多变性、随机性以及监测信息不完整性，边坡施工过程中的安全预测是一项十分困难的研究课题，国内外学者进行了广泛研究，在理论和实践上都取得了很大的进展。

边坡预报研究至今已有 30 余年的历史，从国内外学者的研究成果来看，其发展过程大致可分为三个阶段：

1) 第一阶段——经验-统计学方法预报阶段

这一阶段大致为 20 世纪 60—70 年代，滑坡的预报以现象预报和经验预报为主。日本学者斋藤迪孝是这一阶段的代表人物，他于 1963 年提出一个预报滑坡的经验公式及图解，即著名的"斋藤法"，利用该模型对1970年日本的高汤山滑坡进行了成功的预报。利用滑坡的变形破坏现象和失稳的宏观前兆现象，对滑坡失稳进行推断，利用变形时间序列拟合经验模型得到变形的预报模型。边坡从变形至失稳破坏这一过程是边坡岩土体蠕动变形的过程。因此，在黏弹塑性力学基础上发展起来的、揭示岩土体变形时间效应的岩土体蠕动变形(流变)理论一直是边坡变形与失稳预测预报研究的基础。这种方法的缺陷在于需要滑坡前具有明显的变形，并且预报依靠经验，所以精度不高，仅适用于中短期预报和临滑预报。

2) 第二阶段——位移-时间统计分析预报阶段

20世纪80年代，许多学者大量引入数学方法和理论模型，如时间序列分析法、灰色理论等，用于拟合边坡的位移-时间曲线，根据所建立的模型进行外推预测。王思敬提出了边坡失稳前总变形量和位移速率的综合预报方法；张悼元等提出了采用黄金分割法进行滑坡预报；崔政权提出了梯度正弦模型；美国学者B.Voight提出了多参数预报的经验公式。此外，不少学者尝试了马尔可夫预报、模糊数学方法预报和图解法预报等多种方法。但是，这一阶段注重预报方法的探讨，而对与边坡密切相关的一些基本问题(如观测数据的分析、处理、预报时序资料的选择、干扰信息的剔除与有用信息的增强等)认识不足，对边坡变形基础研究与预报相结合方面的探讨也较少，也很少在利用上述先进理论和方法的同时，将预报参数与斜坡变形破坏和演变机制联系起来，因而大大影响了预报精度。

3) 第三阶段——综合预报模型及预报判据研究阶段

到了20世纪90年代，人们认识到位移-时间曲线外推拟合常常只能对滑坡近期趋势做出有限的预测，在众多因素(尤其是非线性因素)作用下，要准确、可靠地预报滑坡的长期行为是很困难的。在这个阶段，我国涌现了很多有创新性的研究成果，如灰色理论、模糊数学、专家系统、突变、灾变、分维、分形、混沌、协同、分岔、自组织、控制论、信息论、系统论、耗散结构、神经网络等现代数理理论的应用及其改进方法，这些都是采用跟踪预报的思想来进行研究的。但滑坡预报不仅是一种纯方法，要实现准确的预报，必须将斜坡变形破坏机制分析与定量预报相结合，必须对与滑坡密切相关的因素进行研究分析，重视对滑坡宏观前兆和宏观判据的研究，从物理现象和物理模型分析入手进行滑坡预报。

综上所述，国内外许多学者都倡导滑坡预报应该以研究地质模型和所处的地质条件为基础，将变形破坏的宏观信息与滑坡监测资料相结合，将定性判断与定量分析有机地结合起来进行滑坡的综合预报。目前，滑坡预报判据有很多类，其中位移速率研究比较突出，因为位移是边坡稳定状态最直观的反映，并且变形量测方法简单，所以它在工程实践中越来越得到重视。边坡从变形到失稳的整个过程既受边坡所赋存的地质环境条件的控制作用，还受外界荷载条件、开挖方式的影响。为了对边坡的变形演化行为做出较为准确的判断，将斜坡变形破坏的宏观信息与边坡监测资料相结合，通过边坡预警判据，将定性判断与定量分析有机地结合起来进行边坡的安全预测。

本节通过对公路边坡安全事故机理及事故特征的研究，研发公路边坡施工安全远程监控设备，并构建监控预警系统；提出基于监控数据建立公路边坡施工安全风险辨识新方法，及时有效识别事故隐患并确定风险分级；对边坡风险应对策略进行研究，通过安全监测与风险辨识，实现对边坡灾害的动态监控和调控。

3.3.2 激光无线远程监测系统简介

激光测距技术出现于20世纪60年代中期，最早在航空、航天领域中得到应用。随着激光技术和数字处理技术的发展，由于其优异的性能，逐步在测绘、工业测量、自动化控制、武器系统中得到了广泛的应用。随着激光技术的发展，激光的性能得到很大的提高，激光测距仪也变得重量轻、体积小、测距快、性能可靠、操作简单、速度快而准确，其误差仅为传统光学测距仪的五分之一到数百分之一。

传统的边坡变形监测采用的方法主要是人工采集和有线监控。人工采集方式既不经济，也不科学，需要花大量的人力、物力，而且采集的数据时效性、连续性都较差；相比人工采集，有线监控较经济，但存在很多弊端，例如需要投入较高的成本，维护工作繁重，尤其容易受架线条件的限制，传输距离受到测量环境的限制。要实现边坡监测的实时、连续、自动化、远程控制，就需要利用远程自动无线监测系统。激光无线远程监测系统具有如下特点：

①全自动化。人工采集和有线监控既耗时又耗力，对人的依赖性过强，而激光远程自动监测系统能无间断运行监测，并且实现无人化操作。

②数据采集稳定。经久耐用，稳定可靠，采集到的数据完整、连续、时效性好、准确度高。

③数据传输系统可靠。激光无线远程监测系统通过采用GPRS❶网络传输数据，为移动用户提供分组数据接入服务，用户随时可以与数据网络之间进行可靠的连接。

④模块化的划分。采用软件工程中的结构化、原型化相结合的方式，对系统进行功能解析和模块化划分，以满足不同用户的业务需求。

⑤友好的操作界面。具备友好的人机交流界面，以便现场操作人员在进行实际操作时方便、安全地实现操作。

⑥经济合理性。与基于全球定位技术、时域反射技术等的监测技术相比，设备费用、现场安装费用以及日常维护费用等方面都具有很明显的优势。

⑦系统灵活性。既能远程监测，又可以结合人工干预进行人工预测。

激光无线远程监测系统的基本框架由相位式激光测距仪、数据采集模块、数据传输模块、供电系统以及远程控制中心构成，见图3-8。

---

❶ GPRS：General Packet Radio Service，通用分组无线业务。

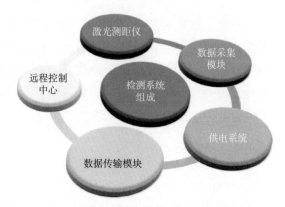

图 3-8 激光无线远程监测系统基本构成

系统的基本硬件构成如下：

1) 激光测距仪

应具有如下性能：

①在户外环境中，仍能保持很高的测量精度和可靠性。

②传感器可以加工成全密封式，方便在恶劣环境中使用。

③直流电源供电，供电范围大 (12~24V)，可使用车载电源、工业电网或直流电源供电。

④功耗稳定，耗电量极小 (在无电流报警时，功耗小于 1.5W)。

⑤最远测量范围应达 100m。

⑥可用外部触发器实现远程触发测量。

⑦实现双向数据传输以及控制开关量和模拟量输出。

⑧传感器连续测量状态下，数据返回时间间隔可自由调整。

2) 数据无线传输模块

数据无线传输模块基于 DTU[❶]，能够较好地实现智能化、自动化，可以较稳定地实现无线双向全透明数据传输，通过它可以在计算机与远端设备间或设备与设备间构建可靠的数据传输通道。该模块具有如下功能：

①无须拨号网络，一套简单的单片机设备即可与互联网交换数据。

②数据终端长期在线，即使在工作的中途由于某种原因突然掉电或重启。

③可以定时检测是否处于通信状态。如果长时间停止通信，设备将重新复位连接。

④可以抵御强电磁干扰，并且有非常强的高温散热能力。

⑤采用太阳能供电设备，可以最大限度地保证在野外环境中正常使用。

3) 数据传输

目前最成熟的数据传输方案是 GPRS，它是现阶段实现移动通信信息服务的一种较完善的技术方案，较完美地结合了移动通信技术和数据通信技术，几乎可以应用于所有中低速率的数据传输业务。本项目拟采用 GPRS 进行边坡远程监测数据传输，该方法具有

---

❶ DTU：Data Terminal Unit，译为"数据终端单元"。

网络覆盖范围广、终端实时在线、接入速度快、传输速率高等特点。

系统工作的流程是：将激光传感器的光信号(图3-9)转换成标准的电信号，将数据通过数据采集模块传送至数据传输模块，然后通过GPRS网络传输至监测中心，最后监测人员对数据进行统计、筛选与保存。

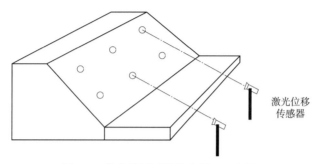

图 3-9　激光监测系统基本原理示意图

3.3.3　大量程激光测距传感器性能指标研究

针对路边坡变形监测的需求，开发适用于公路边坡表面位移监测的远距离激光监测装备及数据采集传输系统，通过对变形监测精度、数据采集频率、预警信息发出时间、监测设备稳定性等方面的广泛调研，提出激光位移监测装备及数据采集传输系统的基本性能参数及指标需求：

①精度需求：激光测距传感器测量精度应达到1.0~5.0mm，方可满足公路边坡安全监测需求。

②监测距离：激光测距传感器的测量距离在100~300m比较合适。

③监测频率：针对边坡运营、养护、管理等阶段对于不同状态的边坡数据采集频率的需求，激光测距传感器应能够满足不同的采样频率需求，根据天气情况自动动态调整采集频率，并且可根据监测需要远程控制数据采集频率。采集频率能满足每1~5min测得1组有效数据即可。

④稳定性：针对公路边坡变形监测的需要，激光测距传感器应能够实现全天候长期稳定监测。

⑤供电需求：针对边坡变形监测应用环境的需要，激光测距传感器的供电需求应能被目前的常规供电模式满足，能够在9~12.6V直流电源条件下正常工作。

⑥抗环境干扰能力：在外界光线变化、降雨、灰尘等因素影响下能够正常工作。

结合对激光测距传感器的需求和现有激光测距技术，项目组初选几款激光测距传感器，对其测距量程、测距精度、设备稳定性指标、设备价格等重要参数进行对比。发现博世激光测距传感器(图3-10)虽然需要进行二次开发才能正常使用，但是其性能稳定可靠，价格远低于其他已完成整合开发的设备，更适合于公路边坡监测。博世激光测距传感器的主要参数见表3-11。

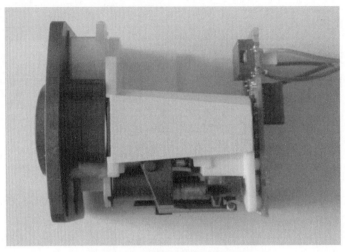

图 3-10 博世激光测距传感器

博世激光测距传感器主要参数　　　　　　　　表 3-11

测距范围	0.05~150m	激光等级	2
测距误差值	±1.0mm	供电情况	4.5~5V，直流
测量时间	<0.5s	质量	200g
最小读数	0.1mm	参考价格	约 2500 元

3.3.4 系统架构设计

基于激光测距传感器调研以及性能需求分析，确定了激光无线远程监测系统架构。

激光无线远程监测系统主要由 3 部分构成：激光测距装备，采集与传输系统，分析与预警系统。

激光测距装备以博世激光测距传感器为核心进行二次开发与结构设计，确保设备能达到 150m 的监控量程和 1mm 的重复度，以及其他监控需求。激光测距装备应具备基本的数据滤波功能，消除异常数据；与数据采集设备通过 485 总线连接，通过 485 总线供电；最多可以同时将 8 台激光测距传感器连接进入 1 台数据采集设备，进行数据上传。

采集与传输系统由 3 个部分组成：数据采集设备、数据传输设备和供电系统。数据采集设备有 8 个数据通道，可以同时接收 8 路激光测距装备的上传数据，并将接收到的数据一起打包之后通过 485 总线上传至数据传输设备。数据传输设备主要负责将数据采集设备打包上传的数据包通过透传的方式利用 GPRS 无线网络进行上传，同时接收后台的控制命令，调节数据采集设备参数。供电系统由锂电池、太阳能板和太阳能控制器组成，负责给系统提供 12V 直流电源。

分析与预警系统主要是一套后台处理软件，实现对设备上传数据的解包，并将数据存储到数据库中，为数据发布平台提供数据支撑，还为数据分析预警软件提供原始数据。

3.3.5 激光测距传感器装备研发

高精度激光测距传感器是整个公路边坡监测系统最核心的部分，是路基与边坡结构变形的主要监测设备，除须监测边坡稳定性数值外，还应与整个网络架构相匹配。激光测距传感器没有外部结构、外围工作电路及传输模块，因此，需要对激光测距传感器进行专门设计。本小节重点介绍激光测距传感器的整体设计，包括激光测距传感器整体结构、电路系统设计、嵌入式软件设计、外部结构设计、传输模块及测试数据分析。

3.3.5.1 激光测距传感器功能及结构组成

激光测距传感器处于边坡监测系统的最前端，主要负责采集每个监测点的位移情况，并且将采集的变形值实时传送到节点设备，打包发送给后台服务器进行处理。

激光测距传感器主要由微控制器、激光测距模块、数据通信模块和电源模块组成(图3-11)。微控制器的作用是通过串行通信接口进行通信，对基带信号进行编码和解码、加密和解密，实现对射频处理模块的控制和信息处理。激光测距模块的作用是测量公路边坡到观测点之间的距离值。数据通信模块的作用是在传感器微控制器和外部节点之间实现信息交互，负责监测设备与通信基站的双向通信，将传感器采集到的信息传送到节点。

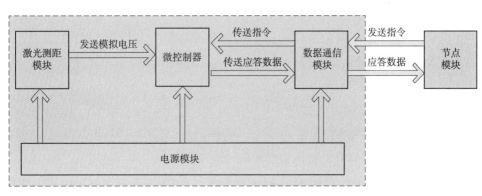

图3-11 激光测距传感器硬件功能图

3.3.5.2 数据通信模块选型

激光测距传感器使用RS485标准进行有线通信。RS485标准是双向半双工通信协议，一条总线可支持32个驱动器和32个接收器，能够满足连接多个传感器的多点通信要求。其具有以下特点：

①平衡发送、差分接收方式。发送端，电平信号被转换成差分信号输出；接收端，接收器把差分信号转换成电平信号。这种信号收发方式能有效地抑制共模干扰，从而提高信号传输的准确率。

②电气特性：用逻辑"1"和"0"表示两路信号。发送端，两线之间的电压差为2~6V时表示"1"，电压差为–2~–6V时表示"0"。接收端，接口信号电平间电压差值低于200mV时即判断为逻辑"0"，高于200mV时则判断为逻辑"1"。与RS232相比，降低了接口信号电平，有利于更好地保护芯片不被损坏。

③最高数据传输速率可达 10Mbps，理论上最大传输距离达 3km。

④有两种通信方式：二线制和四线制。四线制只允许有一个主设备，其他为从设备；二线制是真正的多点双向通信。采用这两种方式，总线上最多能连接的设备数量为 32 个。用于多个设备组网时，可以实现点到多点、多点到多点的双向通信。RS485 总线上的每个设备需要有不同的 MAC 地址❶，其避免总线冲突的办法是：在不需要通信时，设备处于接收状态；当有数据需要发送时，串口翻转为发送状态，进行数据发送。

⑤具有经济、共模范围宽、噪声抑制效果好等优点，结构简单、性能优异、组网较容易，有利于进行高速、远距离传送，常作为多点差分数据传输链路的通信平台。

最终，选用了德州仪器公司的 sn65hvd12 芯片作为 RS485 数据通信接口芯片。该芯片在 +3.3V 电源供应下工作。

3.3.5.3 硬件电路原理图和 PCB❷ 图设计

采用 EDA 专用设计工具 Altium Designer 进行电路原理图和 PCB 图设计。

STM32 系列基于专为要求高性能、低成本、低功耗的嵌入式应用专门设计的 ARM Cortex-M3 内核。按性能分成两个不同的系列：STM32F103"增强型"系列和 STM32F101"基本型"系列。"增强型"系列的时钟频率达到 72MHz，是同类产品中性能最高的；"基本型"系列的时钟频率为 36MHz，以 16 位产品的价格得到比 16 位产品大幅提升的性能，是 16 位产品用户的最佳选择。两个系列都内置 32~128K 的闪存，不同的是 SRAM 的最大容量和外设接口的组合。时钟频率为 72MHz 时，从闪存执行代码，是 32 位同类产品中功耗最低的产品，相当于 0.5mA/MHz。

接口电路主要用于数据输入输出。其中，包含 1 路串口输入输出，主要用于数据的调试及设备配置；1 路 RS485 数据输入输出，可用于设备数据与基站数据通信，同时能够控制激光传感器的电源，以降低整个系统的功耗。

在 PCB 布局中，主要考虑 RS485 通信的稳定性。位移监测设备通信采用总线型 485 挂接，因此需要用手牵手式的总线结构，避免星形连接和分叉连接，因此尽量让 485AB 输出走线较短。布线时，电源线与地线适当加粗。根据功能，考虑到经济适用，PCB 采用双面板，制作成本低。电路原理图设计和 PCB 设计分别参考原理图设计规范和 PCB 设计规范设计完成。

激光测距传感器除了需要满足必需的功能外，还需要有较高的能量利用率、较低的通信误码率，才能使得基站在野外能够长期稳定工作。

在原理图设计方面，除了设计出满足基本功能的模块，还需要设计出低能耗的电路。在电路原理方面设计中，尽可能多地利用功耗低的集成电路模块。在无法使用集成电路模块时，也尽可能选用低功耗的 MOS 管❸ 来代替功耗较大的三极管。

---

❶ MAC 地址：Media Access Control Address，译为"媒体存取控制位址"。
❷ PCB：Printed Circuit Board，译为"印刷电路板"。
❸ MOS 管：金属-氧化物半导体场效应晶体管。

在 PCB 设计方面，主要解决通信误码率的问题。为实现高速率通信、防止 PCB 板内各个相对独立的模块之间通信的干扰，采取分治方式进行 PCB 的设计。按照电路逻辑功能，把整个电路划分为相对独立、简单的功能模块，每个模块内的电路对其他模块依赖较小。各个小模块间的通信线采用等长布线的方式来匹配阻抗，增加信号的识别率。

3.3.5.4 激光测距传感器外部结构装置

激光测距传感器实物见图 3-12。在实际应用中，可以将激光测距传感器以串联的方式连接在一起，以总线的方式通信，用串联的方式供电。

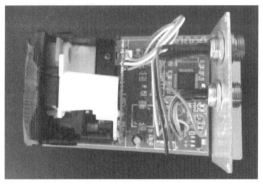

a)外部 b)内部

图 3-12 激光测距传感器

3.3.5.5 嵌入式软件设计

激光测距传感器软件程序是根据监测所需的功能以及硬件条件开发的，采用模块化的设计思想，确保程序能够稳定运行。按照需要解决问题的侧重点，可以分为三层：硬件驱动层，数据转换处理层，表现层。硬件驱动层的作用是按照驱动的相关运行协议驱动相关硬件。数据转换处理层的作用是采集相关数据，并按照既定协议解包，打包，发送，检错，出错重发。表现层主要用来展现相关数据。激光测距传感器程序流程图见图 3-13。

激光测距传感器的主要功能是采集距离数据。设备开机后，一直处于低功耗监听状态；当收来自基站的采集数据命令时，采集距离数据，根据协议发送给基站，之后再次进入低功耗监听状态。

3.3.6 高精度深部位移远程监控设备研发

高精度深部位移远程监控设备(简称"测斜仪")是路基与边坡结构变形的主要监测设备。测

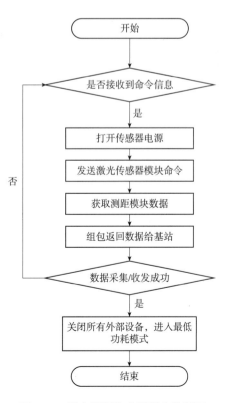

图 3-13 激光测距传感器程序流程图

斜仪除须获取监测数据，还应与整个网络架构相匹配。本小节开展测斜仪系统整体结构、电路系统、嵌入式软件、外部结构设计工作。

3.3.6.1 角度传感器模块调研

通过调研公路边坡测斜监测需求，选用基于 MEMS❶ 原理的高精度双轴倾角传感器，体积小，仅 1.2g。采用 MEMS 技术，可以在硅芯片上加工出完整的微型电子机械系统，包含微型传感器、微型机械结构、信号处理和控制电路、通信接口等于一体的微型器件，把信息系统的微型化、多功能化、智能化和可靠性水平提高到新的高度。该器件内部包含一个硅敏感微电容传感器和一个 ASIC❷，ASIC 集成 EEPROM❸ 存储器、信号放大器、模数转换器、温度传感器和 SPI❹，组成了一个完整的数字化传感器，有 ±30° 和 ±90° 两种量程。

3.3.6.2 角度传感器技术参数

选用 MEMS 传感器作为角度传感器，具有高精度、双轴倾角，其物理结构见图 3-14。

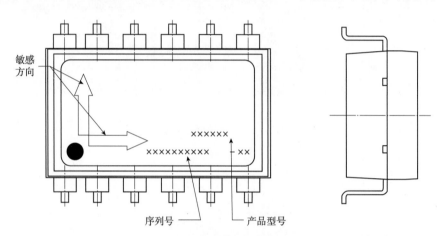

图 3-14　角度传感器物理结构图

器件采用塑料 SMD❺ 封装，DIL-12 脚，无铅回流焊接。

技术参数如下：

①双轴倾角传感器。

②测量范围为 ±30° 或者 ±90°。

③单极 5V 供电，比例电压输出。

④数字 SPI 或模拟输出。

⑤内置温度传感器。

⑥长期稳定性非常好。

⑦高分辨率，低噪声，工作温度范围宽。

---

❶ MEMS：Micro-Electro-Mechanical System，译为"微机电系统"。
❷ ASIC：Application Specific Integrated Circuit，译为"专用集成电路"。
❸ EEPROM：Electrically Erasable Programmable Read-Only Memory，译为"电可擦编程只读存储器"。
❹ SPI：Serial Peripheral Interface，译为"串行外围设备接口"。
❺ SMD：表面贴装器件。

3.3.6.3 角度传感器性能参数

角度传感器的性能参数见表 3-12,考虑到实用性和经济利益,用于边坡监测的传感器选用测量范围为 ±30° 的 D01 型传感器。

角度传感器的性能参数 表 3-12

项目	测试条件	D01 型	D02 型
测量范围	—	30(0.5g)	90(1g)
零点输出	—	$V_{dd}/2$	$V_{dd}/2$
灵敏度	室温条件	4V/g	2V/g
误差补偿	室温条件	±2mg	±4mg
温度特性	0~70℃	<5mg	<5mg
	−25~85℃	<10mg	<10mg
	−40~125℃	<15mg	<15mg
灵敏度补偿	室温条件	0.5%	0.5%
温度误差	−40~85℃	−1%~1%	−1%~1%
	−40~125℃	−2.5%~1%	−2.5%~1%
非线性	—	±2mg	±10mg
交叉轴灵敏度	室温条件	4%	4%
频响	—	8~28Hz	8~28Hz
比例误差	V_{dd}=4.75~5.25V	±2%	±2%
输出噪声	—	15μg/(Hz)$^{1/2}$	15μg/(Hz)$^{1/2}$
数据传输分辨率	FS	11Bits	11Bits
长期稳定性	温度不变	0.25mg	—

注:V_{dd} 为电源电压。FS 为 Full Scale,意为量程范围。

设计中使用的 MEMS 角度传感器测量范围为 ±30°,考虑到电压的细微变化对传感器测量精度的影响较大,因此设计电源模块对传感器供电时需要高精度稳压,这部分设计在电源部分中考虑。

3.3.6.4 角度传感器内部结构

D01 型角度传感器角度参数由相互垂直的两个方向构成,其测量方向示意图见图 3-15。

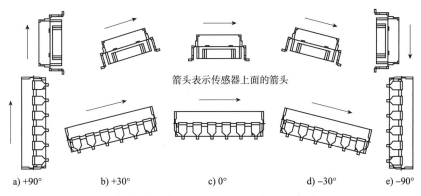

a) +90° b) +30° c) 0° d) −30° e) −90°

图 3-15 角度传感器的测量方向示意图

传感器为 12 脚，表贴封装，设计要求水平安装芯片，并注意芯片上面箭头所指方向为正方向。输出使用 SPI 接口，周期为 19 个时钟。虽然单片机具有片上 SPI 资源，但与传感器的 SPI 时序不符，因此采用软件模拟 SPI 总线读写数据。

传感器还有模拟输出接口，设计时把这两路信号引出，满足用户的使用要求。采用意法公司的高性能 STM8 单片机作为数据采集处理主处理器，它采用了高级 STM8 内核，具有 3 级流水线的哈佛结构，并在片上扩展了 SPI 等多种外设，采用单指令周期，具有 JTAG[1] 接口，可直接进行调试与编程。

3.3.6.5 提高精度措施

角度传感器非常敏感：电源的波动或是器件的振动对输出值的精度都有很大的影响；温度对输出值也有一定的影响；焊接时焊接面不平，安装在机壳内或嵌入在其他系统中时与基准面存在一定的角度，会造成测量值的零点偏差。经过实验和分析，主要通过以下方法来提高角度传感器的稳定性和可靠性。

1) 供电电路设计

供电电压不稳定可直接造成输出的比例误差，最大值可达到 2%。如果电源过载，则使传感器供电不足而造成输出波动。系统加了电源输入保护电路，防止电源输入过载。采用高精度电源，单独给传感器供电，有效地减小电源的波动对输出的影响。在设计电路板时，传感器的电源和地之间加上 10nF 的滤波电容，在模拟输出端加上 10uF 滤波电容，减小纹波，从而减小输出误差；工作在嵌入系统中时，给这一部分电路加上铁壳进行电磁屏蔽，减小其他工作电路或周围环境对其的影响。

2) 软件滤波

在单片机片内 RAM[2] 中设定一个数组，用来存储解算后的角度值。利用堆栈的原理，更新数组中的测量值，对数据进行加权求和平均后输出，这样可以减小输出波动，但输出有一定的滞后。通过试验和调试，最终满足了系统的设计要求。

3) 温度补偿

角度传感器的输出值受温度影响。它的内部带有温度传感器，在大多数情况下不需要进行温度补偿。当传感器工作在极限温度附近时，可由 MCU[3] 根据其内温进行补偿。

4) 模拟量输出

角度传感器还带有模拟量输出，其精度要比 SPI 输出的 11Bit 模数转换结果的精度高。可以用 12Bit 或 16Bit 的模数转换芯片测量得到电压后，再进行计算，得到更高的测量精度。

5) 零点校正

焊接或安装角度传感器时，不可避免地会有一定的倾斜角度，从而造成零点误差。

---

[1] JTAG：Joint Test Action Group，译为"联合测试工作组"。

[2] RAM：Random Access Memory，译为"随机存取存储器"。

[3] MCU：Micro Controller Unit，译为"微控制单元"。

角度传感器安装、固定好后,应在三维转台上进行标定,测出它沿两个方向的零点误差值,作为一个常数存入闪存芯片中。MCU 将得到的测量值减去零点误差后再输出,可消除零点误差引起的测量误差。

3.3.6.6 数据通信模块选型

角度传感器使用 RS485 有线通信方式。RS485 标准是双向半双工通信协议,一条总线可支持 32 个驱动器和 32 个接收器,能够满足连接多个传感器的多点通信要求。其特点见第 3.3.5.2 节。

3.3.6.7 电源模块选型

电源模块主要负责给其他部分供电。由于传感器对电压的稳定性要求很高,所以电源模块需要加入一个 REF195-5 稳压芯片,将输入电压稳定在 5V,以确保传感器的精度。

3.3.7 高精度固定测斜设备研发

高精度固定测斜设备研发主要开展了微控制器模块、角度传感器模块、数据通信模块和电源模块等方面的研发工作。

3.3.7.1 测斜仪硬件电路功能及结构组成

测斜仪处于边坡监测系统的最前端,主要负责采集每个监测点的偏移情况,并且将采集的变形值实时传送到节点设备,打包发送给后台服务器进行处理。按照功能不同,可分为用于表层位移监测的测斜仪和用于深部位移监测的测斜仪。两种设备的组成和基本原理相同,根据所处的不同位置发挥不同的作用。

测斜仪主要由微控制器、角度传感器模块、数据通信模块和电源模块组成。其中,微控制器的作用是通过串行通信接口进行通信,对基带信号进行编码和解码、加密和解密,实现对射频处理模块的控制和信息处理;角度传感器模块的作用是检测角度变化并且输出模拟电压;数据通信模块的作用是在传感器微控制器和外部节点之间实现信息交互,将角度传感器采集到的信息传送到节点。测斜仪的组成框图见图 3-16。

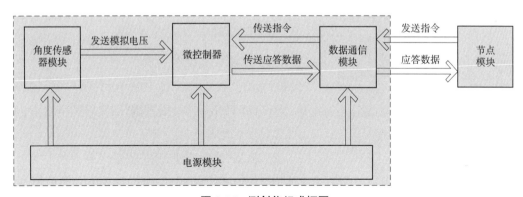

图 3-16 测斜仪组成框图

1) 微控制器简介

为了满足系统的低功耗设计要求,采用 STM8L152C6T6 控制器。这是意法半导体公司推出的首个基于 STM8 内核的超低功耗 8 位微控制器系列产品。因为采用了独有的超低泄漏电流工艺和优化架构，STM8L 系列集高性能和超低功耗于一身，为开发完整的超低功耗产品平台铺平了道路。STM8L152C6T6 控制器的优势在于：

①超低功耗 130nm 工艺，速度快，电源功耗低，超低漏电流。

②超低电源设计：通过关闭未用的外设或闪存的时钟，减少运行和等待模式的电流功耗。

③ 1μA 的硬件实时时钟和唤醒单元。

④具有 4 种低功耗模式，适合以超低频率运行、连续监控的应用。

⑤高级、灵活的时钟系统 (多个内部和外部时钟源)，根据应用需要，在运行时切换调整频率时钟源。

⑥直接存储器访问：外设专用，独立于内核；可关闭闪存和中央处理器而保持外设不停止。

⑦安全的复位系统。

⑧快速从最低功耗模式唤醒，静态和动态电源模式快速切换。

2) 角度传感器模块

角度传感器的采集精度为 12 位。为了提高角度传感器的采集精度，在外围电路中另外加了一块 24 位的模数转换芯片。角度传感器的电路原理图见图 3-17。

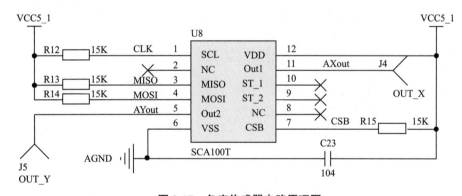

图 3-17　角度传感器电路原理图

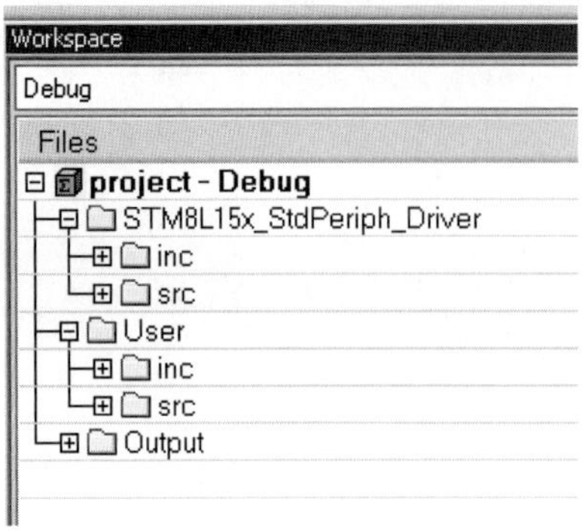

3.3.7.2　嵌入式软件设计

本系统的所有控制功能是 STM8L 单片机完成的，采用 IARFORSTM8 v1.3C 语言编程。

1) 微控制器模块

系统的主要代码结构见图 3-18。

其中，STM8L15x_StdPeriph_Driver 文件夹里面主要是 STM8L 的库文件，inc 文件夹里面是头文件，src 文件夹里面是 C 文件，即系统文件；User 文件夹里面是用户自己添加的功能，功能代码都在 src 文件夹，inc

图 3-18　主要代码结构图

文件夹里面是系统的头文件。

本系统内，STM8L 单片机需要完成的功能主要有：

①完成对数据的采集以及格式转换。

②对采集到的数据进行校正。

③完成与上端的数据通信。

④完成一些基础的上位机配置功能。

⑤通过直接读取传感器输出的数字信号，经过公式转换为需要的角度值和温度。

2) 系统控制主程序设计

本系统的主程序启动后，首先进行初始化工作，然后等待指令，通过不同的指令来执行不同的任务。这些任务主要是获取和校正角度数据，对角度数据进行分析，得出分析结果。主程序设计流程图如图 3-19 所示。

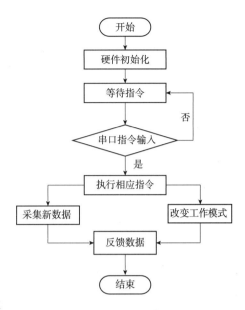

图 3-19 主程序设计流程图

主程序可以分为三部分：第一部分是硬件系统的初始化，第二部分是执行收到的指令，第三部分是反馈数据。

第一部分：首先进行 STM8L 微处理器、RS485 通信模块、角度传感器芯片、模数转换模块的初始化。当执行采集角度参数的指令时，在获得角度参数后需要进行温度补偿。

第二部分：根据不同的指令，执行不同的操作。使用列举法实现每一种指令操作。

第三部分：将第二部分获得的数据返回值反馈给计算机终端。

本系统共有 6 种工作模式，接收的指令不同，所执行的系统操作也不同，程序设计流程图见图 3-20。

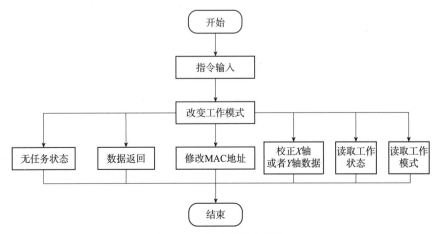

图 3-20 程序设计流程图

3) 角度参数采集程序设计

角度传感器在角度参数采集的过程中，要对采集的初始数据进行进一步修正处理，其中涉及温度补偿等操作，之后将数据进行组包然后发送。

设计流程图见图3-21。

4) 模数转换模块程序设计

模数转换模块的程序设计思路分为两部分：第一部分是 ADS1255 芯片的初始化，第二部分是通过模数转换模块获取角度参数。

设计流程图见图3-22。

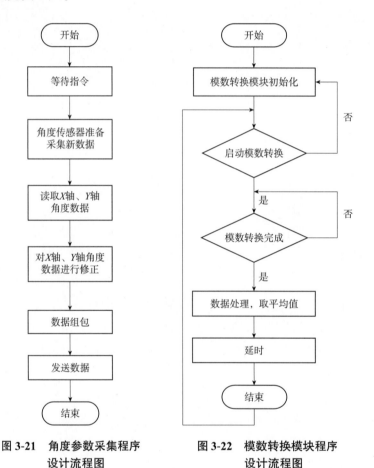

图 3-21　角度参数采集程序设计流程图　　图 3-22　模数转换模块程序设计流程图

该程序首先完成模数转换模块各引脚的初始化，再对传感器传送来的数据进行模数转换处理。第一部分为 ADS1255 芯片的初始化，第二部分是通过模数转换模块获取角度参数。

3.3.7.3　外部结构设计

通过调研公路边坡监测需求，测斜仪的外部结构设计需要结合边坡的特征，考虑方便、适用、准确、可靠、坚固、耐用、防水等要求。设计的测斜仪结构如图3-23所示。

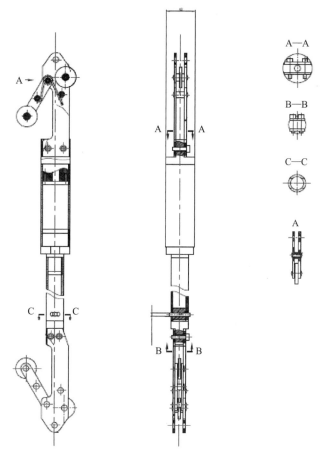

图 3-23　测斜仪外部结构设计图

3.3.8　边坡安全预警系统

边坡安全预警系统主要完成前端监测数据的接收、解析、储存，并且向前端设备发布控制命令、报警信息，其主要需求是稳定性，确保前端、后端的数据通道畅通。基于此，采用 C# 语言进行软件开发。C# 语言是最流行的开发语言之一，具有先进的语法体系、强大的周边资源以及本身的稳定性，完全满足对系统的开发需求。

边坡安全预警系统的主要功能有数据接收、显示最新传感器状态、数据解包、数据分析、告知相关人员、远程升级等模块。

1) 数据接收

开放服务器指定端口，使前端设备能够通过此端口连接服务器，并通过约定的协议向服务器传输现场监测数据。

2) 显示最新传感器状态

使服务器管理人员能够方便、快捷地查看当前所有监测点的所有传感器的最新状态，以及监测人员、电话号码等基本信息，并以不同的颜色区分传感器的状态，从而使管理人员掌握传感器的状态，见图 3-24。

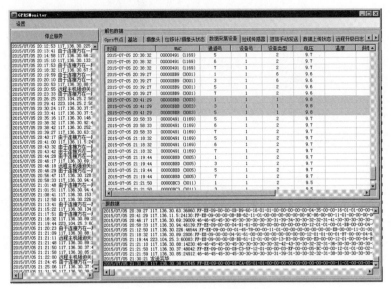

图 3-24　传感器状态显示界面

3) 数据解包

使用约定的通信协议提取前端传回的最新监测数据，为下一步的数据分析提供有效基础。

4) 数据分析

对解包后的有效监测数据依次进行以下处理：减初值（将最新监测数据减去传感器的初值得到变化值）、数据有效性判断（过滤掉超出设备监测量程的数据）、阈值判断（对得到的变化值与事先设定好的增量阈值和总阈值进行比较，如果超过阈值，则通过报警机制告知相关人员）、接入数据分析算法（按照分析算法的计算流程，对新进数据进行数据分析，判断当前稳定性情况）。

5) 告知相关人员

如果发现处理后的数据存在异常，将通过电话语音、短信、APP消息推送三种方式告知相关人员。可以指定一个时间段，每天定时将最新的传感器状态以短信形式告知相关人员，以便相关人员第一时间知晓异常监测情况。

6) 远程升级

考虑到前端监测设备软件的后期维护需求，所有设备都内置了远程升级模块。后期进行前端设备软件维护时，只需要将最新的固件升级文件放于服务器指定路径下，并对前端设备发送远程升级命令，即可远程升级。

3.3.9　数据展示发布平台

数据展示发布平台基于 B/S[1] 架构，负责将各种数据、信息生动形象地展示于使用者

---

[1] B/S：Browser/Server，译为"浏览器 / 服务器模式"。

面前。数据展示发布平台需要有足够的可扩展性和灵活性。数据展示发布平台的开发基于 ASP 语言 +Visual Studio 2013，具有简洁、灵活、易扩展、快捷等特点，完全满足数据展示发布平台的开发需求。

数据展示发布平台主要有以下几个功能需求：用户能够在该系统中查看监测点的最新状况及历史数据趋势；能够以多种形式进行数据查询；管理员可以通过此系统对传感器的初值、阈值等参数进行设置，并对用户、监测点、传感器进行分配、创建等管理工作；具备良好的用户使用界面，便于用户操作使用。管理员和普通用户的功能见图 3-25。

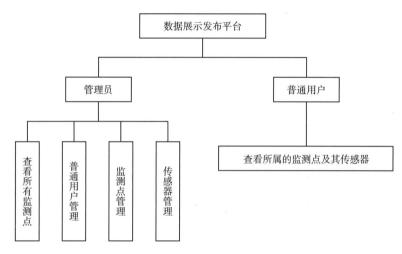

图 3-25　数据展示发布平台功能图

管理员用户可以对普通用户进行基本信息修改、权限分配、密码重置、状态审核、删除等操作。从"管理"下拉菜单选择管理员所属单位，即可进入对普通用户的管理界面，如图 3-26 所示。新监测点的配置流程见图 3-27。

图 3-26　用户信息管理

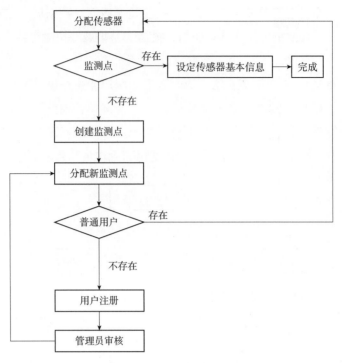

图 3-27 新监测点配置流程

以数据展示发布平台为基础,建立了一个数据网站(http://www.cloudeyes.cn/),见图 3-28。考虑到兼容性问题,建议使用 Internet Explorer 9 及以上版本或其他浏览器打开这一网站,以保证显示效果。

图 3-28 登录界面

用户可根据需要查看数据及曲线(图 3-29),可通过摄像头查看现场边坡实时状态。选择相同类型的监测传感器即可生成监测曲线。可选择查询的日期范围。可以将监测数据以 Excel 文件形式导出。可以在地图上形象地显示监测点的大致位置及状态,绿色代表未超过设定阈值,红色代表超过设定阈值。

第 3 章 复杂地质高边坡施工安全风险管理与动态调控技术研究

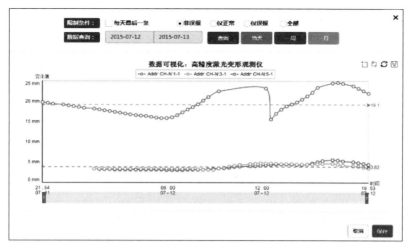

图 3-29 数据展示

3.4 基于实时监测数据的公路边坡施工风险辨识

3.4.1 概述

当前，公路的路基病害屡见不鲜，导致安全事故，造成了人员伤亡和财产损失，引起不良社会影响。其中，高路堤和高边坡失稳滑动造成的灾害最多，也最为严重。通过监测和预警，可准确把握高路堤和高边坡的状态，准确判断其未来发展趋势，方便预警及应急处理。

边坡监测按照监测对象可分为四大类：位移监测、物理场监测、地下水监测和外部诱发因素监测。这四大类监测又可分为若干小类，每类监测采取的方法、手段不同，使用的仪器不同，获取的参数也不同。位移监测包括地面绝对位移监测、地面相对位移监测、深部位移监测。

地面绝对位移监测是最基本的常规监测方法，应用大地测量法来测得崩滑体测点在不同时刻的三维坐标，从而得出测点的位移量、位移方向与位移速率。主要使用经纬仪、水准仪、红外测距仪、激光仪、全站仪和高精度 GPS❶ 等。利用多期遥感数据或 DEM❷ 数据可对滑坡、泥石流等灾害体进行监测，还可利用 InSAR❸ 技术进行大面积的滑坡监测。2006 年起，中国地质调查局与加拿大地质调查局合作，在四川西部的甲居寨滑坡进行了 InSAR 和 GPS 的联合监测，GPS 提供连续的水平位移监测，InSAR 提供每月一次的垂直位移监测，取得了良好的监测效果。视频监测是近期发展的一种滑坡监测技术，可以通过定点照相或录像，监测滑坡、崩塌、泥石流的整体或局部变化情况，其原理是通过数字图像处理方法识别标志点，从而自动识别视频数据中的灾害体并判断规模。

---

❶ GPS：Global Positioning System，译为"全球定位系统"。
❷ DEM：Digital Elevation Model，译为"数字高程模型"。
❸ InSAR：译为"合成孔径雷达干涉测量"。

地面相对位移监测是量测崩滑体变形部位点与点之间相对位移变化的一种监测方法。主要对裂缝等重点部位的张开、闭合、下沉、抬升、错动等进行监测，是位移监测的重要内容之一。常用的监测仪器有振弦位移计、电阻式位移计、裂缝计、变位计、收敛计、大量程位移计等。使用三维激光扫描仪进行滑坡体表面监测，与GPS、全站仪等数据相结合，能达到很高的精度；特别是在滑坡急剧变形阶段，过大的变形会破坏各种监测设施，在这种情况下采用三维激光扫描测量来快速建立滑坡监测系统，可以满足临滑预报要求。

深部位移监测是在滑坡等变形体上钻孔并穿过滑带至稳定段，定向放入专用测斜管，用水泥砂浆(适于岩体钻孔)或砂土石(适于松散堆积体钻孔)回填管孔间环状间隙，固结测斜管，放入钻孔倾斜仪，以孔底为零位移点，向上按一定间隔测量钻孔内各深度点相对于孔底的位移量。常用的监测仪器有钻孔倾斜仪、钻孔多点位移计等。

位移是边坡监测的关键参数，通过监测边坡位移，可实时、动态掌握边坡的稳定性变化。但目前市场上的监测设备所取得的位移监测数据仅用于参考，还需要依靠理论计算获得边坡的稳定状态，对监测数据的利用率较低，且只能单一反映边坡各部位、各结构物自身的状态。如何利用监测数据准确地判断边坡的安全状态、总体反映施工期边坡安全的整体情况，是目前备受关注的问题。

3.4.2 土质边坡监测数据分析

3.4.2.1 计算模型

本节以坡高为15m、坡比为1:1的均质土坡为例进行分析。该边坡坡面为直线型。为了获取边坡变形破坏过程中的实时位移数据，研究边坡的变形发展规律，特在边坡表面及浅层设置一系列监测点。计算模型基本尺寸及监测点布置如图3-30所示。

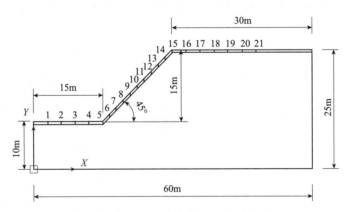

图3-30 计算模型基本尺寸及监测点布置

3.4.2.2 监测点布置情况

在坡脚按间距3m布置5个测点，在坡面等间距均布10个测点，在坡顶按间距3m布置6个测点，共确定21个点位(从坡脚至坡顶依次编号)。在各个点位下0.5m深度增设一个监测点，即全坡共布置42个监测点。

3.4.2.3 设计工况

为了研究不同的边坡形态下，在边坡变形发展过程中位移与边坡稳定安全系数之间的关系，改变坡高 H(15m、20m、30m、40m)、坡比 (1∶0.5、1∶0.75、1∶1.0、1∶1.25、1∶1.5)，共设计 20 个工况。

3.4.2.4 计算参数

采用非关联流动法则的摩尔-库仑模型模拟土体，土体力学参数见表 3-13。

边坡土体力学参数　　　　表 3-13

重度 (kN/m³)	黏聚力 (kPa)	内摩擦角 (°)	弹性模量 (MPa)	泊松比	抗拉强度 (kPa)	剪胀角 (°)
20	42	17	82	0.36	21	20

基于 FLAC3D 的命令驱动模式自行编写命令流文件控制软件运行，实现"人为折减"，即按照一定的步长不断调整折减系数进行求解。折减过程按照自编的折减程序，从边坡稳定安全系数 F_s=1.0 开始计算，然后以 ΔF_s=0.1 递增，每次求解后记录各个监测点的位移数据，并保存该步的计算结果，直至计算不收敛时停止。查看模型此时的状态、特征部位位移是否突变、塑性区是否贯通；否则，从计算不收敛的上一步调整计算步长为 ΔF_s=0.01 继续计算，以获得更加精确的结果。

1) 土质边坡失稳变形特征

研究表明，均质土坡在变形发展过程中，不同位置处的位移变化规律有所差异。有的位置对变形较为敏感，位移变化量较大，在分析研究时应当重点把握；而有的位置在边坡整个变形发展过程中的位移变化不明显，分析时可以适当减少工作量。对前文提到的不同工况下的计算模型的结果进行整理，分析均质边坡的空间变形状态与稳定性的关系。

当边坡安全系数在 1.100~1.021 之间时，边坡位移没有发生明显的突变，不同安全系数下不同位置处总位移变化形式基本一致。其中，测点 1～测点 4 的位移变化很小，测点 5 处位移已经有明显的增长，测点 6 的总位移一直处于最大位置，测点 6～测点 13 的总位移呈递减趋势，测点 13～测点 17 的总位移变化很接近，测点 17 之后各点总位移依次递减。

当边坡安全系数在 1.100~1.021 之间时，边坡表面不同位置位移增量变化较一致，当边坡安全系数等于 1.010 时，边坡位移出现明显的突变。总位移增量的变化趋势与总位移的变化基本一致，其中，测点 1～测点 4 几乎不变，测点 5 处位移增量明显增大，测点 6 的总位移增量最大，测点 6～测点 13 的总位移增量呈递减趋势，表明边坡下部位移增加更加明显，测点 13～测点 17 的总位移增量保持一致，测点 17 之后各点总位移增量依次递减。应当注意的是，当边坡安全系数等于 1.010 时，边坡位移增量出现两个峰值，一个在测点 6 处，一个在测点 17 处，经分析不难得出，这两处分别为边坡的滑动面剪出口和滑动面后缘拉裂处。当边坡进入破坏阶段后，边坡表面不同位置各测点位移开始出现明显的突变。测点 6～测点 18 的位移突变较为明显，表明边坡破坏时形成贯通滑动面，滑体沿滑面发生滑动。

2) 监测参数变化特征分析方法

(1) X 方向位移随边坡稳定安全系数的变化特征

发现各监测点的 X 方向位移变化趋势基本一致，坡底测点 1~测点 4 的位移变化很小，可认为基本无影响；在坡脚的测点 5 处急剧增大，到测点 6 处达到最大，然后沿坡面向上依次减小，直至坡顶，表明坡体下部变形更明显；测点 15~测点 17 位移又有增加，到测点 18 以后又递减，表明测点 17 处为滑面后缘位置，测点 18 在滑面以外。

(2) Z 方向位移随边坡稳定安全系数的变化

对比分析发现：各点位移均随边坡稳定安全系数的增大而减小，测点 1~测点 6 的 Z 向位移始终为正值(竖直向上)，表明坡底及坡脚附近隆起，其中测点 1~测点 4 的位移变化很小，坡脚处测点 5、测点 6 的位移变化很大；当坡高较低时，测点 7 的位移也为正，随着坡高的增加，其位移向负向发展；测点 8 以后各点位移均为负值(竖直向下)，竖向位移沿坡面向上逐渐增大，到测点 16 处达到最大，此后又逐渐减小。

(3) 浅层监测点倾斜角变化特征

边坡体在变形发展过程中，边坡表面及浅层的位移变化比较明显，也易于获得。根据边坡变形的具体特点，考虑通过浅层监测点位移倾斜角的变化，来反映边坡的滑动变形状况。

按照前文提到的监测点布置情况，根据数值计算结果，得到的各个监测点的位移倾斜角，见表 3-14。

各监测点位移倾斜角 (H=40m，坡比 1∶1) (单位：°) 表 3-14

测点序号	折减系数								
	0.70	0.80	0.81	0.82	0.83	0.84	0.85	0.86	0.87
1	-7.30×10^{-4}	-1.20×10^{-3}	-1.28×10^{-3}	-1.38×10^{-3}	-1.55×10^{-3}	-1.78×10^{-3}	-2.05×10^{-3}	-2.41×10^{-3}	-4.23×10^{-3}
2	-1.80×10^{-3}	-3.15×10^{-3}	-3.34×10^{-3}	-3.59×10^{-3}	-3.98×10^{-3}	-4.49×10^{-3}	-5.11×10^{-3}	-5.90×10^{-3}	-2.07×10^{-2}
3	-3.28×10^{-3}	-6.48×10^{-3}	-6.94×10^{-3}	-7.54×10^{-3}	-8.34×10^{-3}	-9.64×10^{-3}	-1.15×10^{-2}	-1.52×10^{-2}	-4.43×10^{-1}
4	-1.06×10^{-2}	-4.40×10^{-2}	-5.21×10^{-2}	-6.42×10^{-2}	-8.34×10^{-2}	-1.15×10^{-1}	-1.61×10^{-1}	-2.37×10^{-1}	-3.67×10^{0}
5	-2.11×10^{-1}	-5.53×10^{-1}	-6.93×10^{-1}	-8.81×10^{-1}	-1.13×10^{0}	-1.46×10^{0}	-1.88×10^{0}	-2.56×10^{0}	-2.26×10^{1}
6	1.68×10^{-2}	2.39×10^{-2}	3.20×10^{-2}	4.78×10^{-2}	6.63×10^{-2}	9.11×10^{-2}	1.26×10^{-1}	1.90×10^{-1}	3.10×10^{0}
7	7.29×10^{-3}	4.40×10^{-2}	5.24×10^{-2}	6.26×10^{-2}	7.58×10^{-2}	9.35×10^{-2}	1.16×10^{-1}	1.53×10^{-1}	2.00×10^{0}
8	4.65×10^{-3}	3.22×10^{-2}	4.25×10^{-2}	5.30×10^{-2}	6.58×10^{-2}	8.15×10^{-2}	1.02×10^{-1}	1.31×10^{-1}	1.69×10^{0}
9	2.84×10^{-3}	1.76×10^{-2}	2.68×10^{-2}	3.74×10^{-2}	5.00×10^{-2}	6.50×10^{-2}	8.44×10^{-2}	1.13×10^{-1}	1.59×10^{0}
10	1.78×10^{-3}	1.54×10^{-2}	2.52×10^{-2}	3.66×10^{-2}	4.96×10^{-2}	6.50×10^{-2}	8.29×10^{-2}	1.09×10^{-1}	1.54×10^{0}
11	1.09×10^{-3}	1.75×10^{-2}	2.74×10^{-2}	3.90×10^{-2}	5.33×10^{-2}	6.98×10^{-2}	8.78×10^{-2}	1.13×10^{-1}	1.49×10^{0}
12	5.97×10^{-4}	1.75×10^{-2}	2.68×10^{-2}	3.84×10^{-2}	5.34×10^{-2}	7.21×10^{-2}	9.17×10^{-2}	1.19×10^{-1}	1.48×10^{0}
13	2.52×10^{-4}	1.27×10^{-2}	1.90×10^{-2}	2.86×10^{-2}	4.23×10^{-2}	6.20×10^{-2}	8.41×10^{-2}	1.14×10^{-1}	1.47×10^{0}

续上表

测点序号	折减系数								
	0.70	0.80	0.81	0.82	0.83	0.84	0.85	0.86	0.87
14	3.89×10^{-5}	5.31×10^{-3}	7.11×10^{-3}	1.04×10^{-2}	1.71×10^{-2}	3.15×10^{-2}	5.29×10^{-2}	8.51×10^{-2}	1.44×10^{0}
15	-2.25×10^{-4}	1.04×10^{-3}	1.38×10^{-4}	-9.40×10^{-4}	-1.22×10^{-3}	3.21×10^{-3}	1.47×10^{-2}	3.96×10^{-2}	1.36×10^{0}
16	-2.83×10^{-4}	-9.71×10^{-5}	-1.89×10^{-3}	-4.46×10^{-3}	-7.09×10^{-3}	-7.22×10^{-3}	-1.83×10^{-3}	1.59×10^{-2}	1.25×10^{0}
17	-2.90×10^{-4}	-2.55×10^{-3}	-5.81×10^{-3}	-1.08×10^{-2}	-1.84×10^{-2}	-2.89×10^{-2}	-3.98×10^{-2}	-4.76×10^{-2}	-1.81×10^{-1}
18	-2.71×10^{-4}	-4.71×10^{-3}	-8.97×10^{-3}	-1.55×10^{-2}	-2.63×10^{-2}	-4.46×10^{-2}	-7.30×10^{-2}	-1.35×10^{-1}	-4.03×10^{0}
19	-1.76×10^{-4}	-6.09×10^{-3}	-1.05×10^{-2}	-1.73×10^{-2}	-2.81×10^{-2}	-4.69×10^{-2}	-7.57×10^{-2}	-1.49×10^{-1}	-5.50×10^{0}
20	-1.02×10^{-4}	-6.44×10^{-3}	-1.06×10^{-2}	-1.65×10^{-2}	-2.56×10^{-2}	-4.04×10^{-2}	-6.03×10^{-2}	-1.03×10^{-1}	-4.12×10^{0}
21	-6.42×10^{-5}	-5.95×10^{-3}	-9.38×10^{-3}	-1.41×10^{-2}	-2.08×10^{-2}	-3.12×10^{-2}	-4.39×10^{-2}	-6.26×10^{-2}	-8.60×10^{-1}

1号~3号监测点位移矢量角变化很小，表明其位于滑体以外；4号监测点、5号监测点位于坡脚，是转动最明显的位置，且始终保持反向旋转特征，表明该处为滑面的反弯点(此处为滑面剪出口)，滑动面在此处具圆弧形外形；坡面上6号~14号监测点，由下至上旋转角度依次减小，表明滑体下部变形更明显，坡体具有牵引破坏的特征；15号监测点、16号监测点位于坡顶，这两点刚开始呈反向旋转而后又向正向发展，这主要是由于变形初期受下部土体牵引而变形，到坡体破坏发展到一定程度时开始随滑体一起滑动；17号~21号监测点均呈反向旋转且角度依次减小，表明这些点均在滑动体以外，受坡顶外侧土体牵引变形，且距离越远，影响越小。

3) 监测参数与边坡稳定安全系数的关系

(1) 位移-边坡稳定安全系数公式拟合

在边坡工程实践中，位移变化是最容易得到的数据。可通过一定的监测手段获得边坡的变形情况，进而评价边坡的稳定状态。基于前文所得的研究成果，采用1stOpt软件提供的拟合公式自动搜索功能，以位移数据为自变量，边坡安全系数为因变量，拟合一个通用公式。设其基本形式为：

$$F_s = f(x, p_1, p_2, p_3, \cdots) \tag{3-7}$$

式中： F_s——边坡安全系数；

x——边坡位移值；

$p_1, p_2, p_3, \cdots$——函数待定系数。

以计算模型($H=40$m，坡比为1:1)为例，对各个监测点的位移-边坡稳定安全系数数据进行拟合搜索。1stOpt会搜寻与数据匹配最好的公式，并按相关系数由大到小的顺序给出公式列表。根据前文的分析结果可知，均质土坡潜在滑动面以外土体位移变形较为明显，即坡脚稍上部位至坡顶后缘拉裂区域应作为监测布点的重要位置。对边坡6号~18号监测点分别进行拟合公式搜索。其中，6号监测点的X方向位移公式拟合搜索结果如

图 3-31 所示。在操作界面的结果显示栏，按拟合公式相关系数由大到小的顺序给出了公式列表，右侧给出了拟合曲线的结果。当选中左侧的某个公式时，窗口下方即显示该公式对应的计算方法、相关系数、均方差和待定参数等具体信息。

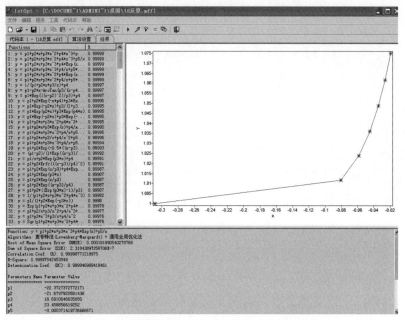

图 3-31　6 号监测点的 X 方向位移公式拟合搜索结果

对 6 号~18 号监测点的搜索结果进行统计对比分析，得出对各点的拟合结果均较合理的公式为：

$$y = p_1 + p_2 x + p_3 x^3 + p_4 \exp(x) + \frac{p_5}{x} \tag{3-8}$$

此公式的拟合相关系数在 0.9999 以上，因此可将其作为位移-边坡稳定安全系数关系的通用公式。各监测点在通用公式下的拟合结果如表 3-15 所示。

6 号~18 号监测点在通用公式下的拟合结果　　　　表 3-15

监测点序号	待定系数					相关系数
	p_1	p_2	p_3	p_4	p_5	
6	−22.3727	−21.6798	18.6911	23.4589	−0.00037	0.999988
7	−29.5333	−28.6268	28.9102	30.6169	−0.00021	0.999981
8	−38.6125	−37.4696	43.4960	39.6942	−0.00013	0.999959
9	−49.1786	−47.7973	62.7531	50.2575	−0.00011	0.999982
10	−59.9631	−58.4069	85.9976	61.0373	−0.00011	0.999966
11	−81.2467	−79.3454	134.1950	82.3171	−0.00010	0.999963
12	−118.1580	−115.7710	230.1970	119.2240	-8.37×10^{-5}	0.999955
13	−195.1080	−191.8490	455.7260	196.1710	-6.30×10^{-5}	0.999928

续上表

监测点序号	待定系数					相关系数
	p_1	p_2	p_3	p_4	p_5	
14	−363.7430	−358.6700	1006.0600	364.8100	-4.09×10^{-5}	0.999910
15	−453.9960	−447.8980	1367.1400	455.0700	-2.90×10^{-5}	0.999960
16	−404.4350	−398.8210	1194.0400	405.5100	-3.19×10^{-5}	0.999942
17	−361.2540	−356.1060	1028.6800	362.3200	-3.54×10^{-5}	0.999935
18	−358.2990	−353.2630	1011.7000	359.3700	-3.83×10^{-5}	0.999936

(2) 倾斜角-边坡稳定安全系数公式拟合

边坡体变形发展过程中，边坡表面及浅层的位移变化比较明显，也易于获得。根据前文对位移-边坡稳定安全系数数据进行拟合的方法，对浅层监测点倾斜角与安全系数的关系进行拟合。分析倾斜角数据，发现除坡面上各点变化较一致以外，其他区域变化跳跃性较强(正负交替)。为了使研究更具针对性、便于分析，这里仅对坡面上各点进行拟合。对坡面上各点的拟合搜索结果进行统计对比发现，对各点的拟合结果最理想的公式为：

$$y = p_1 + p_2 x + p_3 x^2 + \frac{p_4 x}{\ln x} + \frac{p_5}{x} \tag{3-9}$$

该公式的相关系数在 0.9997 以上，因此可将其作为倾斜角-边坡稳定安全系数关系的通用公式。各监测点在通用公式下的拟合结果表 3-16 所示。

坡面上各监测点倾斜角在通用公式下的拟合结果　　表 3-16

监测点序号	待定系数					相关系数
	p_1	p_2	p_3	p_4	p_5	
6	1.0722	−0.2391	7.5129	2.5132	0.00052	0.999768
7	1.0553	0.3084	11.8570	4.7600	0.00221	0.999988
8	1.0935	2.5215	33.9090	15.5250	0.00035	0.999959
9	1.0528	6.0446	56.3100	27.9790	0.00036	0.999966
10	1.0547	5.6377	52.4395	26.2150	0.00028	0.999966
11	1.0688	2.0644	25.7212	12.1510	0.00026	0.999954
12	1.0701	−0.1443	8.2159	3.0509	0.00032	0.999954
13	1.0502	0.7396	12.8930	5.7803	0.00039	0.999978
14	1.0234	1.2858	14.7595	7.0226	0.00027	0.999967

(3) 位移、倾斜角-边坡稳定安全系数公式拟合

边坡体变形发展过程中，边坡表面及浅层的位移变化比较明显，也易于获得。通过浅层监测点位移、倾斜角的变化，可以分析边坡的滑动变形状况，但仍然只是停留在定性分析的层面，无法得到定量对应关系。

前文表明，位移与边坡稳定安全系数公式、倾斜角与边坡稳定安全系数公式的拟合效果都比较好，然而都只是考虑了单一因素与边坡稳定安全系数的关系，并不能全面地反映位移与边坡稳定安全系数间的真实关系。

根据对位移-边坡稳定安全系数数据进行公式拟合的方法，对浅层监测点位移、倾斜角与边坡稳定安全系数的关系进行拟合。分析倾斜角数据发现，除坡面上各点变化较一致以外，其他区域的变化跳跃性较大（正负交替）。为了使研究更具针对性、便于分析，这里仅对坡面上各点进行拟合。其中，6号监测点的倾斜角公式拟合搜索结果如图3-32所示。在操作界面左侧的结果显示栏，按相关系数由大到小的顺序给出了拟合公式列表，右侧给出了拟合曲线。当选中左侧的某个公式时，窗口下方即显示该公式对应的计算方法、相关系数、均方差和待定参数等具体信息。

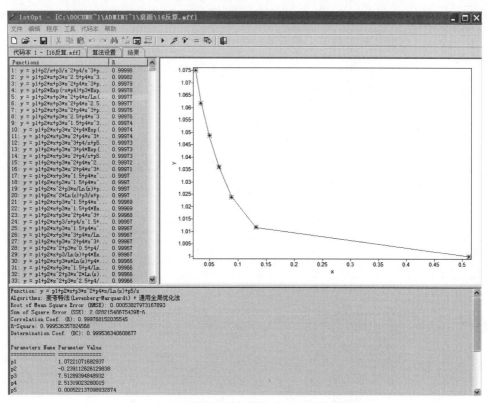

图3-32 6号监测点的倾斜角公式拟合搜索结果

1stOpt提供的拟合公式自动搜索功能也可以应用于三维数据，以位移、倾斜角作为自变量，以边坡稳定安全系数为因变量，同时考虑位移和倾斜角对安全系数的影响，进行拟合搜索。对坡面上各点的拟合搜索结果进行统计对比发现，对各个点的拟合结果最理想的公式是：

$$z = p_1 + p_2 x + p_3 x^2 + p_4 y + p_5 y^2 + p_6 y^3 \tag{3-10}$$

该公式的相关系数在0.9999以上。因此，可将其作为位移、倾斜角-边坡稳定安全系数关系的通用公式。各监测点在通用公式下的拟合结果如表3-17所示。

坡面上各监测点在通用公式下的拟合结果 表 3-17

监测点序号	待定系数						相关系数
	p_1	p_2	p_3	p_4	p_5	p_6	
6	1.1252	0.4906	−4.3209	3.74540	34.3500	46.2965	0.999915
7	1.3763	−11.8430	41.5980	−11.0396	−59.2090	52.0314	0.999966
8	1.1071	−0.5244	−30.7890	−0.9403	80.7230	111.3040	0.999959
9	1.1102	−2.1301	31.2194	0.4952	−53.6470	−65.4400	0.999996
10	1.1079	−0.9569	23.1670	3.4559	−15.9310	17.5280	0.999989
11	1.1130	0.0782	22.8240	8.9960	40.0140	220.8500	0.9999998
12	1.1087	0.6129	18.4290	13.4200	121.5380	576.1600	0.999996
13	1.1001	2.4053	9.0450	21.8950	334.1910	1648.1400	0.999994
14	1.0953	2.3248	−43.6670	16.4250	700.6550	3836.4100	0.9999996

3.4.3 顺层岩质边坡监测数据分析

3.4.3.1 计算模型

按照数值计算模型尺寸的要求、边界影响范围，并且考虑数值计算复杂程度，基本模型如图 3-33 所示。基本模型的坡率为 1∶1。其他模型与基本模型相比，仅坡率不同，尺寸比例相同。

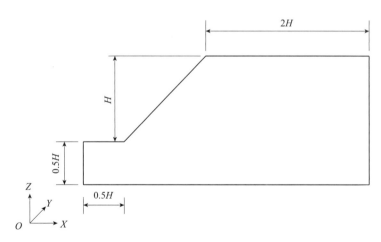

图 3-33 计算模型基本尺寸

3.4.3.2 设计工况

改变坡高 H(10m、20m、30m、40m)、坡率 V(1.0、1.5、2.0、2.5)、岩层倾角 α(20°、25°、30°、35°、40°、45°、50°、55°、60°、65°)。按照表 3-18 中的 132 种工况建立数值计算模型。下文用"坡高-坡率-岩层倾角"的格式表示模型，如计算模型"10-1.0-20"表示坡高为 10m、坡率为 1.0∶1、岩层倾角为 20°的模型。

顺层岩质边坡数值计算模型工况   表3-18

坡高(m)	坡率(坡角)	岩层倾角									
		20°	25°	30°	35°	40°	45°	50°	55°	60°	65°
10	1(45°)	√	√	√	√	√	√				
	1.5(56°)	√	√	√	√	√	√	√	√		
	2(63°)	√	√	√	√	√	√	√	√	√	
	2.5(68°)	√	√	√	√	√	√	√	√	√	√
20	1(45°)	√	√	√	√	√	√				
	1.5(56°)	√	√	√	√	√	√	√	√		
	2(63°)	√	√	√	√	√	√	√	√	√	
	2.5(68°)	√	√	√	√	√	√	√	√	√	√
30	1(45°)	√	√	√	√	√	√				
	1.5(56°)	√	√	√	√	√	√	√	√		
	2(63°)	√	√	√	√	√	√	√	√	√	
	2.5(68°)	√	√	√	√	√	√	√	√	√	√
40	1(45°)	√	√	√	√	√	√				
	1.5(56°)	√	√	√	√	√	√	√	√		
	2(63°)	√	√	√	√	√	√	√	√	√	
	2.5(68°)	√	√	√	√	√	√	√	√	√	√

注：√表示计算工况。

3.4.3.3 监测点布置

在模型中布置监测点。将坡底5等分，将坡面10等分，将坡顶10等分，在坡体表面设置24个位移监测点(1号~24号监测点)，在坡体表面0.5m以下深度设置24个监测点(25号~48号测点)，如图3-34所示。

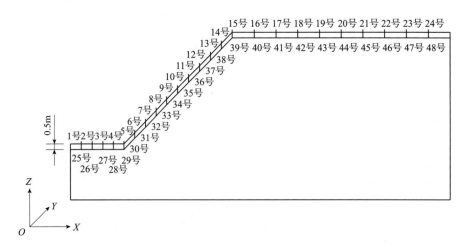

图3-34　计算模型位移监测点

3.4.3.4 计算参数

顺层岩质边坡数值计算选用 FLAC3D 内置的遍布节理本构模型。该模型需要定义以下参数：结构体(岩层)内聚力、内摩擦角、抗拉强度、剪胀角，结构面(岩层面)内聚力、内摩擦角、抗拉强度、剪胀角以及体积模量、剪切模量、重度，结构面法向量。

数值计算模型的具体参数取值如表 3-19 所示。

顺层岩质边坡数值计算模型参数　　　　　表 3-19

岩体	内聚力	内摩擦角	剪胀角	抗拉强度	体积模量	剪切模量	重度
岩层	1MPa	55°	20°	20kPa	1.5GPa	0.6GPa	24.5kN/m³
岩层面	100kPa	35°	15°	10kPa	1.5GPa	0.6GPa	24.5kN/m³

模拟过程中，记录边坡在强度折减系数变化过程中强度折减系数与对应的各位移监测点的水平方向(X方向)和竖直方向(Z方向)的位移，再根据计算得到的位移云图、位移矢量图、剪应变增量云图、塑性区云图等，分析边坡的稳定性。

在 FLAC3D 中，采用强度折减法进行数值计算。当强度折减系数为 7.3 的时候，数值计算不再收敛，计算结束。在数值计算不收敛判据下，"10-1-20"边坡精确的边坡稳定安全系数应该介于 7.2~7.3。出于安全考虑，可认为该边坡在数值计算不收敛判据下的边坡稳定安全系数为 7.2。

3.4.3.5 顺层边坡失稳变形特征分析方法

1) 典型破坏过程分析

分析数值计算的位移云图、剪应变增量云图、塑性区等，按照失稳破坏时边坡位移的分布方式、滑体的形态、滑面的形状和位置，可以将顺层岩质边坡的典型破坏模式分为三种。

以典型的滑移拉裂破坏模式为例。顺层岩质边坡破坏时，滑体沿折线形滑面(滑面是指滑带范围内各岩层间剪应变增量或相对错动位移最大的面，下同)向下向前做整体滑移。以工况"30-2-20"为例，变形和滑面状况可以从水平方向位移云图[图 3-35a)]和剪应变增量云图[图 3-35b)]看出。

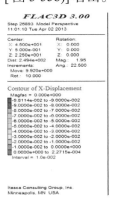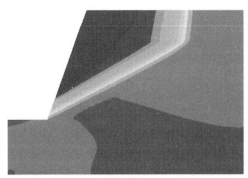

a) 水平方向位移云图

图　3-35

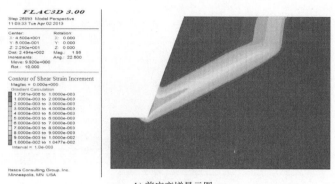

b) 剪应变增量云图

图 3-35　滑移拉裂破坏模式应力应变云图（计算结果截图）

滑移拉裂破坏模式的边坡失稳过程，从应力应变状态角度可以概括如下：随着坡体强度的降低，坡脚附近应力集中(坡率越大，应力集中现象越明显)，该区域岩体最大主应力相对较大，最小主应力相对较小，根据摩尔-库伦屈服准则，该区域很容易剪切屈服，形成剪切塑性区，塑性区逐渐由边坡前部向后部发展；与此同时，边坡后缘拉伸屈服，形成拉伸塑性区，拉伸塑性区由上向下发展；当拉伸塑性区与从坡体前部发展上来的剪切塑性区相交时，滑带范围内的剪应变增量的增速加快；内部应力继续调整，当处于屈服状态岩体的最大剪应力的破裂角基本与岩层面切向一致、拉伸塑性区的岩体被拉裂时，滑体与滑带范围内岩体的剪应变增量急剧增大，边坡突然失稳破坏。随边坡安全系数的降低，塑性区变化过程如图 3-36 所示。

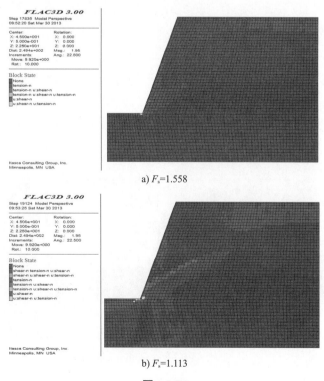

a) $F_s=1.558$

b) $F_s=1.113$

图　3-36

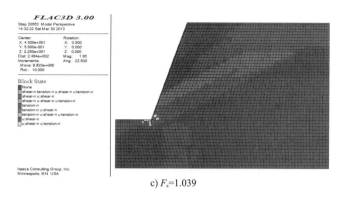

c) $F_s=1.039$

图 3-36 滑移拉裂破坏模式塑性区变化过程（计算结果截图）

宏观上的表现可以概括为：滑体前部岩层间相互错动，形成与岩层切向一致的平直的剪切带；在滑体的拖拽力作用下，滑体后缘岩体拉裂并逐渐与滑床岩体脱离，形成接近竖直的拉裂带；当岩层面切向的平直剪切带与竖向拉裂带相交时，形成贯通的滑带；滑带与滑体范围内的位移急剧增加，边坡失稳破坏，具有一定的突发性。

2) 表面偏转角演化规律分析

研究顺层岩质边坡破坏过程中，坡体表面监测点与坡体表面以下 0.5m 处监测点之间的位移偏转角，分析不同破坏模式下边坡破坏时发生的位移形式。

设边坡表面测点 A 坐标为 (x, y)，表面以下 0.5m 处监测点 B 坐标为 $(x, y-0.5)$，边坡破坏时表面监测点 A 移动到 A'，A' 坐标为 $(x+x_1, y+y_1)$，监测点 B 移动到 B'，坐标为 $(x+x_2, y-0.5+y_2)$，顺时针偏转时为正值，逆时针偏转时为负值，见图 3-37。

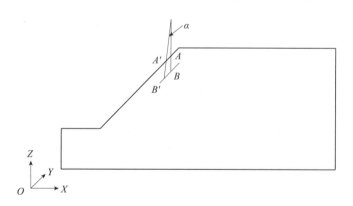

图 3-37 顺层岩质边坡浅层位移偏转角

则该点的偏转角为：

$$\alpha = \arctan \frac{x_2 - x_1}{y_2 - y_1 - 0.5} \tag{3-11}$$

以工况"30-2-20"为例，分析典型滑移拉裂破坏模式下的边坡失稳过程。按上述公式计算边坡浅层位移偏转角，结果如表 3-20 所示。将表 3-20 的数据绘制成曲线图，观察浅层位移偏转角随着监测点空间位置变化的趋势，工况"30-2-20"的结果如图 3-38 所示。

典型滑移拉裂破坏模式浅层位移偏转角　　　　　表3-20

监测点	1号	2号	3号	4号	5号	6号	7号	8号
偏转角 (rad)	-2.73×10^{-8}	-5.43×10^{-8}	7.30×10^{-9}	1.15×10^{-6}	-3.36×10^{-5}	1.79×10^{-5}	-6.18×10^{-7}	-6.70×10^{-7}
偏转角 (°)	-1.57×10^{-6}	-3.11×10^{-6}	4.18×10^{-7}	6.59×10^{-5}	-1.93×10^{-3}	1.03×10^{-3}	-3.54×10^{-5}	-3.84×10^{-5}
监测点	9号	10号	11号	12号	13号	14号	15号	16号
偏转角 (rad)	-5.84×10^{-7}	-6.50×10^{-7}	-4.72×10^{-7}	-5.88×10^{-7}	-4.88×10^{-7}	-3.34×10^{-7}	-2.28×10^{-7}	-1.26×10^{-7}
偏转角 (°)	-3.35×10^{-5}	-3.73×10^{-5}	-2.71×10^{-5}	-3.37×10^{-5}	-2.80×10^{-5}	-1.91×10^{-5}	-1.31×10^{-5}	-7.22×10^{-6}
监测点	17号	18号	19号	20号	21号	22号	23号	24号
偏转角 (rad)	1.62×10^{-7}	2.98×10^{-7}	-9.00×10^{-8}	-1.31×10^{-6}	-1.35×10^{-6}	-1.28×10^{-6}	-8.20×10^{-7}	-4.14×10^{-7}
偏转角 (°)	9.29×10^{-6}	1.71×10^{-5}	-5.16×10^{-6}	-7.52×10^{-5}	-7.73×10^{-5}	-7.33×10^{-5}	-4.70×10^{-5}	-2.37×10^{-5}

分析图3-38，顺层岩质边坡发生典型滑移拉裂破坏模式时，在坡体的滑体部分(8号~19号监测点之间区域)，浅层只发生平动，不发生转动。在滑带位置(5号~8号监测点区域)、拉裂带位置(20号~22号监测点区域)，会发生轻微的偏转，偏转角度不超过1°，因此边坡破坏时主要发生平动，未见明显的转动。

3) 位移监测变化特征分析

为了研究顺层岩质边坡失稳破坏时坡体表面不同位置处的位移分布情况。取三种典型破坏模式的工况，分析对比失稳破坏前的坡体表面不同位置处位移的分布情况，对比水平位移、竖向位移、总位移，取总位移为 $S_T = -\sqrt{S_X^2 + S_Z^2}$。以典型滑移拉裂破坏模式下的工况"30-2-20"为例，1号~24号监测点的三种位移在边坡失稳时的分布情况如图3-39所示。

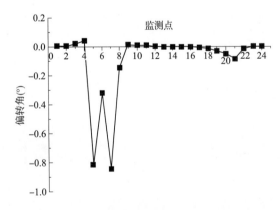

图3-38　典型滑移拉裂破坏模式浅层位移偏转角

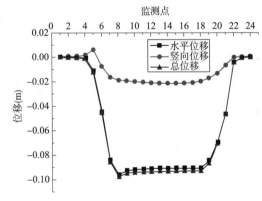

图3-39　典型滑移拉裂破坏模式位移分布

1号~4号监测点的三种位移几乎为零，说明顺层岩质边坡失稳破坏时，坡底处于稳定状态。5 号 ~8 号监测点的三种位移出现近似线性增长的趋势，三种位移在 8 号监测点达到最大，说明在坡面上，岩体的位移呈现出由坡底向坡顶逐渐增加的趋势，该部分的岩体有较大的相对层间错动位移，可认为该区域是顺层岩质边坡的滑带范围。其中，5 号监测点的竖向位移为很小的正值，说明在坡脚附近有很小的隆起。6 号与 7 号监测点之间增量最大的两个相邻点之间的区域，可视为顺层岩质边坡的剪出口位置。7 号 ~19 号监测点的三个方向的位移基本一致，说明在变形的终期，该部分的岩体呈整体滑移的态势。19 号 ~22 号监测点的三个方向的位移呈近似线性减小的趋势，近于由最大值减小到几乎为零。说明这部分岩体在变形的终期存在一个渐变的区域，可能是由于该区域产生了比较明显的层间相对错动位移，可认为该区域是顺层岩质边坡的后缘拉裂带。其中，增量最大的两个监测点之间的位置可认为是顺层岩质边坡的后缘裂隙位置。22 号 ~ 24 号监测点的位移几乎为零，说明顺层岩质边坡失稳破坏时拉裂隙后部的岩体处于稳定状态。在边坡监测中，对高边坡的相对位移差应当取较大值，建议取值为 30%~40%，此时边坡稳定安全系数一般在 1.1~1.05 之间。

对于典型的顺层滑移破坏模式，在边坡失稳过程中，从加速变形阶段到破坏阶段的一致性变化较小；当边坡整体变形，即滑体位移的相对位移差为 10% 时，边坡稳定安全系数一般在 1.2~1.1 之间，边坡较高时取小值，边坡较低时取大值。变形过程中，整体变形区域不断缩小。当整体变形区域范围不再缩小时，边坡濒临破坏。

对于典型的压溃破坏模式，在边坡失稳过程中，从加速变形阶段到破坏阶段的一致性变化较小；当边坡整体变形，即滑体的相对位移为 10% 时，边坡稳定安全系数一般在 1.03~1.01 之间，此时边坡稳定性已经非常差。对于典型压溃破坏模式，应当主要根据边坡坡脚附近的弯曲和隆起进行判断。

针对计算工况结果的分析、总结，给出了典型破坏模式下整体位移一致性与边坡稳定安全系数建议值，如表 3-21 所示。

典型破坏模式整体位移一致性与边坡稳定安全系数建议值 表 3-21

破坏模式	滑移拉裂	顺层滑移	压溃
滑体相对位移差	15%	10%	10%
边坡稳定安全系数范围	1.12~1.02	1.2~1.1	1.03~1.01

注：对于 10~40m 边坡，坡高较大时取小值，坡高较小时取大值。

对比顺层岩质边坡的空间位移分布形态变化，分析边坡所处的变形阶段，对边坡的稳定性进行评价，当边坡进入破坏阶段时，应当发出预警。同时，应当结合关键点的位移变化过程曲线，综合分析、判断顺层岩质边坡的稳定性。

综上所述，应当根据关键点位移状态、位移空间分布状态、地表变形特征，结合整体变形较一致时边坡稳定安全系数的范围，综合分析、判断边坡的变形趋势，评价边坡的稳定性。

3.5 基于施工安全动态监控的边坡风险管控策略研究

3.5.1 概述

边坡安全风险随时间和空间发生变化。影响边坡安全的因素有边坡设计条件、地质条件以及环境条件等。在边坡稳定性的评价中，单指标法可评价边坡的局部稳定性，多指标法可评价边坡整体稳定性。边坡稳定性评价方法有综合指标评价法、有限元分析法、基于专家打分的数值模拟评价法、基于神经网络反演的数值模拟法、基于科拓理论和灰色系统理论的边坡评价法、基于属性识别理论的边坡评价法等。

综合指标评价法是一种最常用且最简单的边坡稳定性评价方法。在监测前分析边坡稳定性的基础上，依据边坡安全监测数据的收敛情况进行定量评价。这种方法对于边坡整体稳定性的评价较为简便，但指标邻近两个相邻级别界限时难以判断，并且对边坡监测中的风险控制不利。

有限元分析法依据有限元分析软件建立边坡模型，通过强度折减法计算边坡安全稳定系数和边坡应力应变集中区域，评价边坡的稳定性。这种方法对边坡整体和局部稳定性的评价和分析较为直接和简便，但缺少动态分析和评价的能力，不利于边坡安全监测中的动态评价和风险动态控制。

基于专家打分的数值模拟评价法、基于神经网络反演的数值模拟法、基于科拓理论和灰色系统理论的边坡评价法均是综合的评价方法，但基于专家打分的数值模拟评价法的主观性较强；基于神经网络反演的数值模拟法计算复杂且需要较多的样本，计算量较大；基于科拓理论和灰色系统理论的边坡评价法中考虑的因素较多，对于各分析因素的权重分配较为麻烦，故其评价过程中指标较模糊，评价结果难以反映真实情况。

上述边坡稳定性评价方法在确定评价因素时，均没有考虑到最直观地反映边坡技术状况的因素——边坡的变形和位移，同时其他评价指标均无法反映边坡稳定性随时间的变化情况。基于属性识别理论的边坡评价法，主要依据边坡安全监测中获取的监测数据，通过技术状况评价模型对边坡稳定性进行评价。该评价模型的主要数据来源为边坡安全监测中获取的变形数据，评价模型的权重是依据边坡变形情况动态变化的，该评价方法考虑了同一指标在不同状态下对边坡稳定性的不同影响。本节采用属性识别理论建立基于安全监测的边坡稳定性评价模型。

3.5.2 属性识别理论

3.5.2.1 属性集和属性测度空间

设全体研究对象 x_i 为 X，X 中元素的某类属性称为 F，则 X 称为对象空间，F 称为属性空间。F 中的任意情况为一个属性集 C，若 X 中某一元素 x 满足 $x \in C$，则表示 x 具有

C 属性，可用 $\mu_x(C)$ 表示 x 具有属性 C 的程度，$\mu_x(C)$ 称为属性测度，其取值范围一般为 $[0, 1]$。

设 F 为 X 中某类属性空间，C_1，C_{12}，⋯，C_K 为属性空间中的 K 个属性集，若 $(C_1$，C_2，⋯，$C_K)$ 满足：

$$F = \bigcup_{i=1}^{K} C_i, C_i \cap C_j = \varnothing \tag{3-12}$$

称 $(C_1$，C_2，⋯，$C_K)$ 为属性空间 F 的分割，若 $C_1 > C_2 > \cdots > C_K$ 或 $C_1 < C_2 < \cdots < C_K$ 则称 $(C_1$，C_2，⋯，$C_K)$ 为属性空间 F 的有序分割。

3.5.2.2 属性识别准则

x 的属性测度为 $\mu_x(C)$，对象空间 X 中的某一测量值 x_{ij} 的属性测度为 $\mu_{xi}(C_j)$，简记为 $\mu_{ij}(i=1, 2, \cdots, n ; j=1, 2, \cdots, k)$。

设评价对象 X 中有属性指标 $l_i(i=1, 2, \cdots, n)$，其中 l_i 由 $(x_{i1}, x_{i2}, \cdots, x_{iK})$ 组成，在对象空间内，针对某一属性指标进行考量 $l_i(i=1, 2, \cdots, n)$ 中，由 k 个属性测度 $\mu_{ij}(j=1, 2, \cdots, k)$ 组成的综合属性测度 $\mu_x(C_j)(j=1, 2, \cdots, k)$，简记为 μ_j。

$$\mu_j = \mu_x(C_j) = \sum_{i=1}^{n}(w_i \times \mu_{ij}) \tag{3-13}$$

式中：w_i——属性权系数。

属性识别准则有最小代价准则、最大属性测度法准则、置信度准则和评分准则 4 种。下面介绍置信度准则和评分准则。

1) 置信度准则

假设 $(C_1$，C_2，⋯，$C_K)$ 为属性空间 F 中的一个有序分割类，γ 为置信度。

当存在 $C_1 > C_2 > \cdots > C_K$ 时，

$$k_0 = \min\left\{k : \sum_{i=1}^{k} \mu_x(C_i) \geq \gamma, 1 \leq k \leq K\right\} \tag{3-14}$$

当存在 $C_1 < C_2 < \cdots < C_K$ 时，

$$k_0 = \max\left\{k : \sum_{i=1}^{k} \mu_x(C_i) \geq \gamma, 1 \leq k \leq K\right\} \tag{3-15}$$

式中：γ——置信度，其取值范围一般为 $(0.5, 1)$，经验上取值一般介于 0.6~0.7 之间。

由上可知，l_i 属于 C_{k0} 类别。例如：当上式中 $k_0=1$ 时，则认为对象空间中属性指标 l_i 为风险等级Ⅰ（正常）。置信度准则是从强弱的角度考虑，越强的部分应占有越大的比例。

2) 评分准则

在置信度准则的评价中，虽然对于各属性指标有强弱的划分，但是同级别的属性指标的强弱则无法比较，故采用评分法界定属性集之间的强弱关系。一般认为，强属性集的评分比弱属性集的评分高。

假设属性集 C_i 的评分为 n_i，当存在 $C_1 > C_2 > \cdots > C_K$ 时，有 $n_1 > n_2 > \cdots > n_K$；当存在 $C_1 < C_2 < \cdots < C_K$ 时，有 $n_1 < n_2 < \cdots < n_K$。则有对应属性指标 l_i 的分数：

$$Q_x = \sum_{i=1}^{K}[n_i \times \mu_x(C_i)] \tag{3-16}$$

评分准则规定：若存在 $Q_{x1} > Q_{x2}$，则认为属性指标 l_1 比属性指标 l_2 强，记为 $l_1 > l_2$。

3.5.3 基于安全监测的边坡风险调控

在前文对边坡稳定性评价研究的基础上，对边坡施工安全监测中出现的风险以及后期监测中潜在的边坡安全风险采取风险控制措施，以消灭或减小边坡安全风险的影响，保证边坡的安全。

风险控制方法有四类：风险的规避、风险的转移、风险的保留和风险的减轻。基于前文对边坡稳定性评价的研究，采取属性识别理论评价模型对边坡稳定性进行评价，据此对边坡采取不同的风险控制对策和风险调控措施，最后依据监测对风险调控后的边坡稳定性进行评价。因此，边坡安全监测中，边坡风险调控措施主要在于调整边坡监测方案、调整边坡设计方案、调整边坡施工方案和调整边坡养护方案(图3-40)。

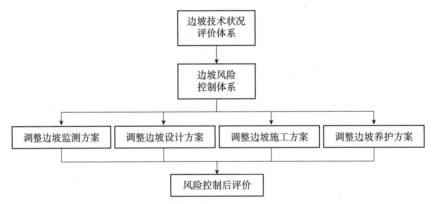

图 3-40 边坡施工安全风险调控和后评价

等级为 I 类(正常)的边坡，技术状况很好，边坡防护结构不存在变形风险，排水措施正常、无隐患，无明显病害。对这类边坡，做好边坡日常巡查工作，对边坡中已存在裂缝的发展情况进行测量跟踪，对局部坡体的稳定性进行分析评价，避免因监测中的漏洞造成损失。

等级为 II 类(基本正常)的边坡，技术状况一般，边坡的防护措施结构较稳定。对于该类边坡，应在 I 类边坡风险控制措施的基础上，做好边坡风险预防控制：

①对变形监测中出现较大变化的测点进行跟踪控制，结合现场情况对边坡中有变形风险的部位进行现场确认，避免因现场施工或突发情况对边坡变形监测产生异常影响。视情况增加辅助变形监测设施以确定变形部位和变形情况。

②在边坡施工中应做好防护措施，避免对边坡整体稳定性产生影响，同时避免对边坡变形监测设备的产生影响。在对边坡稳定性或监测设备有较大影响的施工前，应提前与监测单位进行沟通，并采取相关预防性防护措施，避免对边坡变形监测误判，同时防止边坡因变形而风险增大。

③在以上基础上，还应做好边坡在施工阶段和运营阶段的预防性养护工作，降低边坡风险。

等级为Ⅲ类(轻度异常)的边坡，综合技术状况较差，边坡防护措施的结构稳定状况较差；从边坡整体稳定性角度来看，这类边坡中已经产生了轻微的异常变形，且变形有进一步增长的趋势。因此，在此类边坡的风险控制中，除应采取Ⅰ类和Ⅱ类边坡的控制措施外，还应对边坡中产生较大变形的部位加强监测，对局部较大变形处进行修补或加固，以使得边坡变形趋势得以稳定：

①对边坡变形监测中出现较大变形的部位进行现场调查，对变形监测点中有较大变形的点位进行实时跟踪分析和评价，对边坡变形监测中产生轻度异常的部位增加监测设备和监测频率，加强人工巡查中对于边坡表面变形情况、边坡截排水设施变形情况以及边坡防护设施变形情况的跟踪和分析。

②在施工中，注意施工方式对边坡稳定性的影响，对边坡中局部不稳定的坡体及时进行加固和修复，对边坡中不稳定坡体施加临时支护措施，对边坡中防护设施的局部变形进行修复。施工过程中应注意监测坡体的变形情况，避免坡体发生突变造成施工事故。开挖后的边坡应及时防护，避免边坡局部坡体发生突变影响边坡整体稳定性，同时避免边坡开挖面受到环境影响而造成边坡稳定性的降低。

③设计人员应结合实际条件对边坡的稳定性进行重新验算，结合验算结果和实际监测情况对边坡变形监测中不稳定的坡体增加加固措施或对该部分土体进行挖除。做好边坡施工阶段基于变形监测的动态设计。

④在施工阶段和运营阶段的边坡养护中，关注该类边坡中的不稳定部位的变形发展情况，同时做好边坡中坡面绿化防护和边坡截排水设施的养护工作。

等级为Ⅳ类(重度异常)的边坡，综合技术状况非常差，边坡防护措施的结构稳定状况非常差，从边坡的整体稳定性来看，边坡中存在较大异常变形，并且边坡的表面变形、开裂严重，边坡中的防护结构也出现贯穿性裂缝，潜在滑动面存在随时滑动的可能，边坡有整体失稳的趋势，存在局部崩塌或滚石现象。该类边坡的风险控制，应从边坡综合技术状况入手，对边坡中产生较大变形的测点进行分析，确定边坡变形中的关键部位：

①在确保安全的前提下，除采取Ⅲ类边坡的控制措施外，还应对边坡中的变形、开裂区域增设变形监测设施，进行实时监控，对变形趋势进行动态分析和评价；对边坡中产生开裂的边坡防护措施进行跟踪监测，对防护结构的稳定性进行动态评价。通过人工巡查对边坡坡体的变形情况、防护结构的变形情况以及边坡截排水设施的变形情况进行现场调查分析和评价。通过变形监测确定边坡中的局部变形较大部位，进行专项检测和

评估，以确定边坡的加固方案。

②施工过程中，应在保证安全的前提下，对边坡的坡脚压载，对坡顶削坡，对边坡进行加固处理，并对边坡的防护设施和截排水设施进行修复和加固处理。施工中制定相应的应急抢险救援方案，以及边坡的加固方案。

③依据边坡变形监测数据和评价结果，以及对边坡的专项风险检测和评估，对不稳定边坡进行安全验算、数值模拟分析、加固设计。设计中，边坡的安全加固应有足够的富余度，对边坡的加固效果进行数值模拟分析和评价，以保障边坡加固方案的有效性。当边坡的加固处理不足以实现边坡稳定或不经济时，可以调整设计方案，避免边坡出现二次变形破坏。

④在边坡施工和运营阶段的边坡养护过程中，应重点关注边坡的变形情况，对边坡的截排水设施、防护和加固设施以及边坡坡面绿化等进行重点养护，同时重点关注运营期间变形监测获得的边坡变形趋势。

3.6 应用案例

以花莞高速为依托，结合公路边坡施工安全风险调控技术以及远程监控预警系统的研究，开展施工期边坡安全风险辨识、分级新方法与安全调控技术的工程示范。根据"合理、高效、准确、及时"的原则，针对不同安全风险等级的路基边坡，采取"人工巡查+人工监控+自动监控"的综合手段开展边坡安全监控工作。

对JC-JK01合同段内16处边坡开展了自动监控和人工巡查，其中有Ⅱ类边坡9处、Ⅲ类边坡7处。主要对边坡的地表位移、深部位移、结构物倾斜状态及降雨量等参数进行监测，并依据监测数据实时评估边坡安全状态，再根据区域气象变化和边坡施工进度及时调整监控方案和监控频率，动态修正设计方案，指导施工，保障施工人员和设备的安全，满足信息化施工的需要，保证施工期间邻近建筑及人员安全。各段边坡的基本情况及监控方法见表3-22。

JC-JK01合同段高边坡基本情况及监控方法 表3-22

序号	标段	起止里程	左右	高度(m)	长度(m)	施工安全风险评估等级	监控方法
1	SG04	K12+480~K12+560	右	18	80	Ⅲ	自动监控+人工巡查
2		K12+880~K13+090	右	65	210	Ⅲ	人工监控
3		金盆立交DK1+020~DK1+120	左	15	100	Ⅲ	人工监控
4		金盆立交DK1+160~DK1+330	右	38	170	Ⅱ	人工监控
5	SG05	K13+100~K13+260	右	46	160	Ⅲ	自动监控+人工巡查
6		K14+210~K14+440	右	31	230	Ⅱ	人工监控

续上表

序号	标段	起止里程	左右	高度(m)	长度(m)	施工安全风险评估等级	监控方法
7	SG05	K14+240~K14+480	左	30	240	Ⅱ	人工监控
8		K14+860~K14+995	右	53	125	Ⅲ	人工监控
9		K15+730~K15+860	右	38	130	Ⅱ	人工监控
10		K16+480~K16+600	右	31	120	Ⅱ	人工监控
11		良田立交 CK0+100~CK0+420	右	45	320	Ⅱ	人工监控
12		K16+860~K17+035	右	35	175	Ⅱ	人工监控
13		K17+270~K17+460	右	38	190	Ⅱ	人工监控
14	SG06	知识城东立交 AK0+122~AK0+218	右	18	60	Ⅲ	人工监控
15	SG07	K20+720~K20+880	左	35	160	Ⅲ	自动监控+人工巡查
16		K21+110~K21+220	右	32	110	Ⅱ	人工监控

边坡变形与稳定监控以变形监控为重点，在监控对象表面、内部不同位置布设位移测点，监控边坡的位移变形情况，实时监控其稳定情况。设置地下水位观测点，观测边坡水位变化情况。在降雨对边坡稳定性影响较大的路段，布置雨量观测点。本监测项目以边坡表面位移监控、边坡内部水平与垂直位移监控及应力监控为主(图 3-41、图 3-42)。

图 3-41 结构物测斜仪和地表裂缝监测仪

图 3-42 地表裂缝监测仪安装

自对边坡 K20+880~K21+080 段开展自动监控以来，监测数据可实时反映边坡的变形动态。在 2017 年 11 月 1 日—12 月 15 日，边坡正处于放坡开挖施工中，监控地区持续大风及暴雨天气对边坡造成不利影响。由图 3-43a) 可知，测点 2-2、测点 2-6 和测点 2-7 的监测数据表明边坡表面无明显变形。由图 3-43b) 可知，在降雨作用下，深部位移变形出现明显增大趋势，在 X 轴正方向 (倾向坡外) 及 Y 轴正方向 (倾向边坡左侧) 均产生了位移，且坡体深部位移发展比表面位移和坡表土体倾斜明显，表明在降雨和施工扰动的作用下，边坡内部产生了倾向公路的变形趋势。

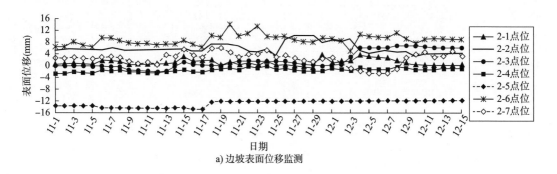

a) 边坡表面位移监测

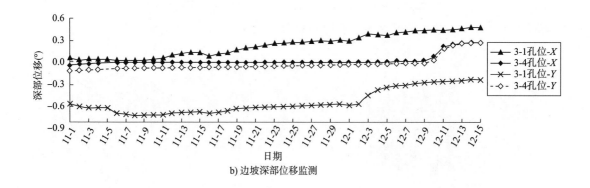

b) 边坡深部位移监测

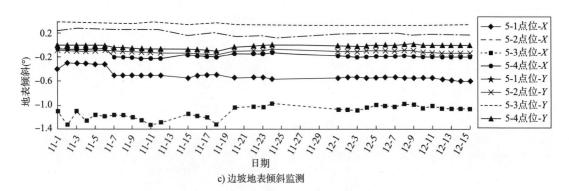

c) 边坡地表倾斜监测

图 3-43 K20+880~K21+080 边坡变形监测曲线

第 3 章 复杂地质高边坡施工安全风险管理与动态调控技术研究

复杂地质高边坡施工安全风险管理与动态调控技术为花莞高速提供了最优的高边坡治理方案。自主研发了具有自检测、自恢复能力的公路边坡施工安全监控装备及预警系统，解决了复杂环境下评估边坡隐患及预测边坡安全施工性等问题。对 16 处高度风险的边坡开展了专项风险评估和自动化监测，并对施工进行动态调控，有效防止了边坡失稳、坍塌等灾害的发生，确保了边坡施工安全，节约工程造价 13% 左右，约 1120 万元。

第 4 章
路网密集区施工安全保畅技术研究

国内外针对路网安全风险评估进行了研究，获取了一些研究成果。但是针对涉路施工路段的安全风险评估方法不多。涉路施工中，除了施工风险，还存在交通安全风险。城镇化地区涉路施工路段，受到交通的影响，实际条件下的通行能力是影响路段安全通畅的重要因素，但目前的基本通行能力计算模型并没有考虑该影响因素对通行能力的折减；国内外关于临时交通安全设施技术的研究均有一定的针对性，不同的项目有针对性的解决方案。本章主要基于花莞高速处于路网密集区的特点，针对涉路施工安全风险评估、城镇化地区涉路施工交通组织方案和临时交安设施技术开展研究，旨在保障路网密集区涉路施工路段安全畅通且措施适度有效。

4.1 涉路施工安全风险辨识与评估

4.1.1 概述

国外的交通安全风险评估技术研究与应用起步较早，取得了一系列的研究成果，其中部分代表性成果已转化为所在国家的标准或指南，例如美国联邦公路局的 *Highway Safety Manual*(2010)、日本的《交通事故分析指南》等，上述成果在国际道路评估组织 (iRAP) 于全球 70 多个国家推行的路网风险评估应用项目中得到应用并不断完善。目前，国外公路安全风险评估的研究主要集中于交通冲突分析和评估模型、交通事故预测模型和道路保护分值 (Road Protection Score) 计算模型等。

iRAP 是面向路网的交通安全风险评估技术的主要推动者。根据路网风险评估经验及对风险概念的理解，把路网风险评估定义为：从道路基础设施提供的平均交通运行安全水平角度，量化测评路网各组成部分的交通事故发生情况及损失的可能程度，对风险水平进行分级，并基于评估结果制定最优化的安全完善策略，量化未来安全效果。该技术包括事故指标路网评估和道路基础设施条件风险评估两部分，既考虑了实际事故后果，又结合了道路基础设施条件。

iRAP 正在多个国家推广其路网交通安全风险评估与改善模型、改善技术、效果评估技术、软件与实施办法。自 2006 年以来，由 iRAP 实施的路网风险评估工作遍布 70 多个国家。在欧盟、澳大利亚、新西兰、美国等，风险评估已经成为安全管理部门进行全路网隐患判别、安全保障工程资金计划编制、措施效果分析的重要工具。如新西兰负责路网风险评估的 KiwiRAP 项目由新西兰交通运输部和警察机构联合开展，并且新西兰政府已经把风险评估成果引入交通安全政策和战略制定程序，并确定要把重要的国家道路提高到四星级的安全水平。在美国，通过示范项目证明了路网风险评估可以有效支持现有的交通安全管理系统，正在成为道路管理部门的安全决策工具，并支持咨询单位的咨询和研究等工作。奥地利、英国、斯洛文尼亚等国应用路网风险评估技术进行道路安全性跟踪与分析工作，从而评估安全措施的有效性。在孟加拉国，亚洲发展银行项目邀请 iRAP 进行了超过 1000km 道路的风险评估工作，并作为进行亚洲发展银行贷款项目的安全依据。

由于各个国家之间存在差异，iRAP 在各国实施的过程往往各有特色。特别是在发展中国家，iRAP 在数据的采集和使用、评价路段的交通特点以及改善措施方面需要根据所在国家的特点进行研究与修订，iRAP 提供的安全改善工具也在不断更新完善之中。

交通安全风险评估技术可弥补事故预测模型中影响因素单一化的缺点，将影响交通安全的各个因素纳入风险评估系统中综合考虑。我国于 2000 年左右将风险理论引入道路交通。近年来，我国在路网风险评估和管理方面已进行了诸多尝试，并取得了一定成果。以交通运输部公路科学研究所为主的联合课题组在交通运输部西部交通科技建设项目"西部地区公路交通安全评价"和"《公路交通安全手册》研究"中，对于公路交通安全评价技术进行了相对系统的研究，为交通安全风险评估奠定了基础。

为了开展面向路网的交通安全风险评估工作，在 2009 年开始的"十一五国家科技支撑计划"之"山区公路网安全保障技术体系研究与示范工程"项目中，交通运输部公路科学研究所集成开发了山区公路网安全风险评估信息采集系统设备，提出了基于事故的风险评估模型和基于道路交通设施特征的山区公路网风险评估模型，该模型结合了"国际道路风险评估程序"的风险评估模型和符合我国国情与公路交通安全特点的模型和方法，在此基础上研发了"公路网交通安全风险评估软件系统"，为开展路网风险评估提供实用工具。自 2007 年以来，交通运输部公路科学研究所与 iRAP 合作，开展了中国路网风险评估 (ChinaRAP) 研究和应用工作，目前已实施了 10 多项国内外路网风险评估项目。

目前，我国交通安全风险评估的研究主要集中于二、三级双车道公路，近几年逐步研究了高速公路的交通安全风险评估模型。对指导公路的安全改造提供了有力的支撑，但主要针对普通等级公路，针对高速公路的交通安全风险评估仍然较少。因此，通过编制细则，规范和指导高速公路的交通安全风险评估是十分必要的。

本节基于已有的交通安全风险评估技术，选择适用于花莞高速的评价方法，开展涉路施工安全风险辨识与评估，主要包括安全风险识别、安全评价方法及单元划分、项目路安全风险评估和安全防护措施四个方面的内容。

①安全风险识别。安全风险主要包括交通安全和作业安全两方面。从上述两方面分析涉路施工的安全影响因素，对因素出现的概率及影响程度进行分析后，识别出主要的安全风险。

②安全评价方法及单元划分。基于国内现有的交通安全风险评估方法，通过对比分析其适用条件及优缺点后，选择适用于花莞高速的评价方法，确定与评价方法相适应的评价单元划分方法。

③基于风险评价方法和评价单元划分方法，针对花莞高速开展施工安全风险总体评估，并以总体安全风险评估结论为基础，针对桩基施工、基坑开挖、墩柱施工和箱梁吊装等施工过程进行专项评估。

④分析花莞高速安全风险，提出针对性的施工安全防护措施，提升花莞高速的安全防护水平。

4.1.2 施工安全风险评价方法

随着公路建设的纵深发展和交通网络的日趋完善，城市道路、地方公路、铁路以及各种管线跨越公路的建设项目逐渐增多。跨越式涉路行为主要指公路、铁路及各类管线从公路及公路结构物上部架空通过的建设工程。在已通车公路上建设跨越式涉路工程，会影响原有公路的路基稳定性、公路排水系统，易破坏公路景观、形成视线屏障，易产生交通拥挤和事故，跨线桥设计不合理会导致该路段成为交通事故黑点，跨越结构若倒塌、坠落、剥落、污损则会对公路和交通运营造成不良影响。

4.1.2.1 作业条件危险性评价法

作业条件危险性评价法简称为 LEC 法，是由美国安全专家 K. J. Graham 和 G. F. Kinney 提出的。它是在研究具有潜在危险环境中的施工中存在的危险性的基础上，融合危险环境产生的危害及发生的可能性，通过量化计算得出可能产生的事故危险性的一种评估方法。

对于一个具有潜在危险性的作业条件，LEC 法在判断其危险性的时候，将作业时产生的危险性作为因变量 (D)，主要考虑的因素有以下三个方面：事故或危险事件发生的可能性 L(likelihood)；暴露于危险环境的情况 E(exposure)；事故发生时可能产生的后果 C(consequence)。在进行危险评估时，对所评价的项目"打分"，根据相关工程经验，对 3 个自变量根据情况的不同赋予相应的分数值 (表 4-1 ~ 表 4-3)，然后根据公式计算出其危险性的分数值，再将得出的分数值与危险程度等级表进行核对，查出其危险程度等级。LEC 法在很多行业、领域都有所应用，不同行业的参数取值不一样，对计算结果的评判标准也不同。

第 4 章 路网密集区施工安全保畅技术研究

事故或危险事件发生可能性分值 表 4-1

分值	事故或危险情况发生可能性	分值	事故或危险情况发生可能性
10	完全会被预料到	0.5	可以设想，但高度不可能
6	相当可能	0.2	极不可能
3	不经常，但可能	0.1	实际上不可能
1	完全意外，极少可能		

暴露于潜在危险环境的分值 表 4-2

分值	出现于危险环境的情况	分值	出现于危险环境的情况
10	连续暴露于潜在危险环境	2	每月暴露一次
6	逐日在工作时间内暴露	1	每年几次出现在潜在危险环境
3	每周一次或偶然地暴露	0.5	非常罕见地暴露

发生事故或危险事件可能结果的分值 表 4-3

分值	可能结果	分值	可能结果
100	大灾难，许多人死亡	7	严重，严重伤害
40	灾难，数人死亡	3	重大，致残
15	非常严重，一人死亡	1	引人注目，需要救护

按下式计算 D：

$$D = L \times E \times C \tag{4-1}$$

计算出 D 值之后，按表 4-4 确定风险的级别。

危险性分值 表 4-4

分值	危险程度
$D > 320$	极其危险，不能继续作业
$160 < D \leq 320$	高度危险，需要立即整改
$70 < D \leq 160$	非常危险，加强防患
$20 < D \leq 70$	可能危险，需要注意
$D \leq 20$	稍有危险，或许可以接受

根据危险程度划分，D 值越大，则作业危险性就越大，需要采取相应的防护措施，甚至改变作业方案。通过 LEC 法可以对有可能产生的工程隐患进行逐项计算，判断其危险性。但实际工程中，需要分析的安全项目较多，需将逐项的安全分析统一到对工程整体可行性的研究上。本节采用的量化理论以 LEC 法为基础，计算每项安全项的得分后，通过最后总得分及个别分项分数判断安全性。在进行逐项计算时，除考虑项目的危险程度外，还需考虑经济损失、社会影响等。本计算理论采用扣分制，初始得分为 100 分，逐项进行安全计算；若存在安全隐患，则根据隐患的危害程度扣除相应的分数，最后通过总得分判断项目的可行性。在逐项计算时，设定单项分数扣分在 5 分以内，个别安全

要求较高、事故社会影响较大的可额外增加 1~2 分的附加安全分。

①总体施工方案：对于跨线桥梁等规模相对较大、占用公路时间较长、施工时安全隐患较大的工程，需对施工总体方案进行评价。总体方案对施工期间的安全性以及公路的运营安全有着关键影响，所以建议其赋分值取高值，并根据工程规模适当增加一定的附加分值。

②关键工艺：跨越及穿越结构的整体稳定性除了在设计方面需满足要求外，在施工阶段应严格按照规定施工，避免由于施工措施不合理造成结构物达不到设计要求从而产生安全隐患。比如桥梁的桩基施工、上部结构现浇或吊装等会影响结构的使用寿命，这些可以被称为关键工艺。对于关键工艺而言，其重要性应不低于设计环节关于安全性的赋分值，建议取 5 分。

③临时支撑结构：临时支撑在施工阶段需长期暴露在环境中，且一般临时支撑体系安全系数相对较低，发生事故的概率也较高；如果发生事故，产生的经济损失、人员伤亡以及社会影响均较大。建议在评估时取 5 分。

④其他附属构件或不影响结构安全的项目评价：对于可能发生，但不会造成整体结构失稳的项目，由于后果 C 值偏小，在评价时可根据发生事故的可能性进行赋值，分数宜控制在 3~4 分。

⑤地下其他管线保护措施：若施工前不对地下管线进行核查，在施工时极有可能会碰到原有管线。下埋管线种类很多，包括电力线路、给排水管道、输油输气管道等，一旦遭到损坏，后果都比较严重。另外，按照相关法律法规，跨越或穿越公路工程在进行路政行政审批时，必须同时提供相关管线产权单位的同意协议书，属于决定能否通过审批的必备材料，所以本项赋值建议取高值，定为 5 分。

⑥区域内交通组织方案：在新建工程施工过程中，有时不可避免地会占用原有公路，如果交通组织不合理，会造成交通拥堵甚至交通事故。根据 LEC 法，其事故发生可能性及暴露于环境的情况较为明显，L、E 值较大，但其造成的后果一般相对于工程事故而言较小，C 值一般不大，所以在赋值时一般考虑为 4 分；对于交通量相当大的高等级公路，交通拥堵会造成较大经济损失、社会影响且较大增加交通事故发生可能性的情况下，可将赋值分数适当提高。

⑦施工安全保障措施：在施工工艺日益成熟的当下，大部分事故的原因是操作不符合规定，所以施工安全保障措施应作为安全环节中重要的一部分。施工安全保障措施包括施工期的操作安全要求以及相关保障措施，应贯穿整个施工期间。对施工安全保障措施应予以足够重视，在赋值上建议采用较高分。

4.1.2.2 安全检查表法

安全检查表 (SCL) 是为检查某一系统的安全状态而事先拟好的安全问题清单。为了系统发现施工作业区、工序或者机械、设备、装置以及安全组织管理的各项活动和各工序操作过程中的不安全因素，确定安全检查的对象，事先对安全检查对象加以剖析，查出危险源和不安全因素，确定安全检查项目和标准，将检查项目按顺序排成序列，编制成表，以便进行检查，避免疏漏。按照安全检查表的应用范围，可分为设计用安全检查表、企业安全检查表、施工区安全检查表、管理及岗位安全检查表和专业性安全检查表等类型。

设计用安全检查表是在一项工程设计开始之前向设计人员提供该工程所有安全要求及有关安全标准的问题清单，可避免因设计失误而使系统留下隐患，导致事故发生。

4.1.2.3 预先危险性分析法

预先危险性分析，又称初步危险分析，主要用于对危险物质和装置的主要工艺等进行分析。在分析系统危险性时，为了衡量危险性的大小及其对系统的破坏性影响程度，可以将各类危险性划分为4个等级，见表4-5。

预先危险性等级划分表　　　　　　　　　　　　　　　表4-5

级别	危险程度	可能导致的后果
Ⅰ	安全的	不会造成人员伤亡及系统损坏
Ⅱ	临界的	处于事故的边缘状态，暂时不至于造成人员伤亡、系统损坏或降低系统性能，但应予以排除或采取控制措施
Ⅲ	危险的	会造成人员伤亡和系统损坏，要立即采取防范对策措施
Ⅳ	灾难性的	造成人员重大伤亡及系统严重破坏的灾难性事故，必须予以果断排除并进行重点防范

施工期的危险源辨识应根据施工单位提供的施工组织方案和应急预案等，对需要提前或同步实施的施工期间人员安全保障措施、施工期间公路安全保障措施及交通保障措施的可靠性与可行性进行评价，并提出对涉路工程方案的原则要求。公路涉路工程危险源辨识手段有：

(1) 资料收集

工程项目的相关资料(如受影响公路施工图、竣工图资料、涉路工程设计图、施工组织设计、开工报告及技术方案)中有关于地质、环境、水文、电路、施工重点控制、安全施工的布置等信息，这些信息里包含大量的危险源辨识信息。这些资料可以为危险源辨识清单的初始制作提供基础资料。

(2) 现场情况观察

在涉路工程施工过程中，可以通过观察施工现场状况、安全设施设置情况、作业人员状态等，发现危险源。

(3) 类似案例信息搜集

充分利用各种信息资源，收集类似案例和文献。

(4) 访谈

通过与从事类似工程工作多年、有着丰富经验的专业人员进行交流沟通，了解工作过程中可能出现的危险，获得了该项工作的危险源的相关信息。

(5) 安全检查表

施工过程中，运用已经编制好的安全检查表定期对施工进行全面而系统的安全检查。

(6) 工艺流程分析

对施工工艺按照施工工序及流程进行单元划分，然后识别出容易出现的偏差和危害，从而间接获得该施工工艺的危险源信息。

(7) 岗位分析

主要是对岗位的责任范围、具体职责和处理方案进行分析。

4.1.2.4 基于层次分析法的多级模糊综合评价方法

层次分析法将定性分析和定量分析有效结合，不仅能保证模型的系统性和合理性，而且能让决策人员充分运用其有价值的经验和判断能力，从而为多准则或无结构特性的复杂决策问题提供一种简便的综合决策分析方法。

综合应用层次分析法和模糊综合评判方法，主要是将评价指标体系分成递阶层次结构，运用层次分析法确定各指标的权重，然后分层次进行模糊综合评判，最后得出综合评价结果。评价流程见图 4-1。

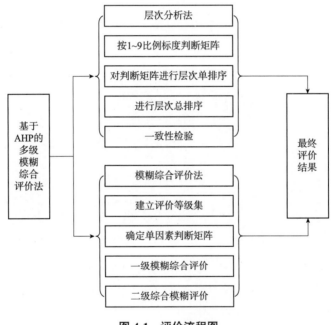

图 4-1 评价流程图

4.2 城镇化地区涉路施工交通组织方案研究

4.2.1 概述

有效的施工区交通组织是由一系列连续的措施、方法、手段构成的。具体实施中，应寻求安全、成本、时间和道路使用者利益之间的均衡。道路建设和养护期间，确保公众及时获知施工区及周边道路交通信息十分重要，一方面可方便出行者规划合理的出行

第 4 章 路网密集区施工安全保畅技术研究

方案，提高公众满意度；另一方面，可降低与施工区环境相关的安全隐患。美国一项研究报告指出，施工区公告牌对出行者满意度的贡献最大，其次是网站信息发布，而电视、广播的作用不大。研究指出：解决施工区安全问题的关键是减少机动车和工作人员间的相互作用，即解决好施工区与非施工区界面的交互影响问题，而具体对策、方法的落实又是围绕施工区交通管理进行的。施工区交通管理并不是附加于施工、养护作业之外的单独项目，也不是新的概念；它包含一整套方法，根本目的是使人和货物安全有效地通过运输走廊，施工区交通管理的核心理念仍是运输系统的机动性和安全性。车辆延误与安全联系紧密，通过降低道路使用者在施工区环境中的暴露风险，可减少与施工区相关的各类事故，还能给道路工作人员和检查巡视人员提供更加安全的工作环境。因此，成功的施工区交通管理取决于能否尽可能减少因车辆、道路使用者和施工区环境相互作用而带来的不利影响。

施工交通组织包括施工组织和交通组织，两者相互关联、相互制约、密不可分。韩熠和李杰两人总结以往养护工程和改扩建工程的施工组织方案，将道路施工分为全封闭施工、半幅封闭施工、全幅区分车型分流施工、半幅区分车型分流施工、开放式施工和组合式施工 6 种情况；交通分流分为路网分流、平行道路分流和施工便道分流 3 种；交通行为管制则包括限速通行、限时通行和分道行驶 3 种。确定了最小施工路段间隔宜大于 5km，半幅封闭施工路段长度宜取 4km，通行车辆限速应控制在 60km/h 以内。从宏观上对高速公路改扩建工程施工交通组织进行了详细阐述，其结果对高速公路改扩建及养护工程的交通组织和施工组织有一定的指导和借鉴作用；不足之处在于没有微观模型作为理论基础，同时缺乏量化数据作为依据。

河北道路工程检测有限公司的肖健以实例介绍了路面养护中常见的几种交通流组织方式 [不改变交通流方向，封闭部分车道施工；改变交通流方向，单向封闭施工，对向双向通行；改变交通流方向，单向 (或双向) 封闭施工，绕行其他线路通行] 及其特点，并说明了交通安全设施的设置与转移，封闭路段的长度以及突发事件的应急处理措施。文章结合国内两个成功的实例阐述了施工路段的不同交通组织方式特点，分析较为透彻，具有一定的导向性。但在说明交通安全设施的设置与转移时缺乏直观性，对于封闭路段长度的设计缺乏理论依据。

宋学文将交通组织划分为点、线、面 3 个层次。面层的交通组织优化，即基于公路网布局的交通组织优化，包括改扩建期交通量预测、交通分流方法的选择、交通流组织方案的效果评价等。线层的交通组织优化，即基于基本路段的交通流组织优化，重点关注施工组织方案和施工区优化布局等。点层的交通组织优化，即基于施工关键点的交通流组织，主要是根据桥梁、立交、服务区、收费站等不同的扩建特点，给出相应交通流组织方案。

本节的研究内容主要包括互通施工对既有道路通行能力影响分析、影响区域道路通行能力计算方法研究、施工控制区空间布局研究和项目路交通组织方案研究四个方面。

①互通施工对既有道路通行能力的影响因素包括交通方面的大型车比例，道路方面的路段纵坡、车道数、封闭车道数、车道宽度、工作区布局等，施工区方面的作业区长度、作业强度、作业区的位置、施工作业的时间，环境方面的光照度、天气情况等；驾驶人方面的驾驶员熟悉程度等。经调研分析后，从施工区有无施工作业、光照度(白天与夜间)、左侧封闭与右侧封闭、四车道与六车道封闭形式、重型车的驶入率及限速等方面分析影响因素对通行能力的影响。

②基于已有的理论模型和统计模型，结合花莞高速的实际情况，通过仿真分析建立施工区通行能力计算模型，得到影响区域道路通行能力计算方法。

③施工控制区空间布局需要兼顾通行能力和交通安全方面的要求，综合考虑道路养护作业空间、施工区控制车速和车辆组成等交通流特性参数、施工机械设备作业范围、施工工艺、施工人员、道路环境等因素，在速度控制策略研究成果的基础上，分多种典型情况，确定公路施工其他控制区的参数。

④花莞高速交通组织方案研究，基于项目路处于路网密集区的特点，开展对研究成果的实践应用。

4.2.2 路网流量预测

以道路网络规划方案为依据，利用交通规划软件，通过传统四阶段预测模型及OD[❶]反推模型对研究区域内道路进行交通流量和流向的预测。

4.2.2.1 交通小区划分

将交通疏解影响范围划分为7个交通小区，其中包括内部小区3个、外部小区4个。

4.2.2.2 预测模型的选择

采用TransCAD交通规划模型。该模型属于策略性具体化的交通模型，利用传统的四阶段法进行交通具体分析和评估，适用于规划和测试大范围的战略性及策略性交通规划方案、道路网络的改变等方案，主要面向道路交通规划，由一套既互相独立又互相协调的计算机模块(组)构成。它以确定的出行矩阵及道路网络，计算不同的出行路线及每段道路的车流量、饱和度和行车速度等数据指标。

1) 出行发生和吸引模型

居民出行生成预测分为居民出行发生预测和居民出行吸引预测两部分，其目的是通过建立小区居民出行发生量和吸引量同小区土地利用、社会经济特征等变量之间的定量关系，推算规划年各交通小区的居民出行发生量、吸引量。居民出行生成预测常用的方法有类型分析法、回归分析法及增长率法。本书采用回归预测模型计算交通小区出行发生量和吸引量，公式如下：

---

❶ OD：Origin-Destination，即"起止点"。

第 4 章　路网密集区施工安全保畅技术研究

$$G_i = a\,\mathrm{pop}_i + B \tag{4-2}$$

$$A_i = c\,\mathrm{pop}_i + \sum_k b_k \times \mathrm{emp}_{jk} \tag{4-3}$$

式中：G_i——交通小区 i 的出行发生量；

A_i——交通小区 i 的出行吸引量；

B——常数；

a、b_k、c——偏回归系数；

pop_i——交通小区 i 的人口数；

emp_{jk}——交通小区 j 的第 k 类就业岗位数。

2) 出行分布预测模型

交通分布预测是将预测的各分区出行发生量、吸引量转化为未来交通小区之间的出行交换量的过程。预测方法大体分为三类：增长率法、重力模型法、概率模型法。居民出行和市内货运是城市交通的主体，会受到各种因素 (如交通吸引、阻抗等) 的影响。因此，应采用能反映交通分布与各种相关因素之间关系的模型。本次规划选用双重力模型进行交通分布预测，公式为：

$$T_{ij} = a_i b_j G_i A_j f(t_{ij}) \tag{4-4}$$

式中：T_{ij}——交通小区 i 到交通小区 j 的出行分布量；

G_i——交通小区 i 的出行发生量；

A_j——交通小区 j 的出行吸引量；

$f(t_{ij})$——交通小区 i 到交通小区 j 的交通阻抗函数；

a_i、b_j——分别为行、列平衡调整系数。

交通阻抗函数 $f(t_{ij})$ 采用以下形式：

$$f(t_{ij}) = C_{ij}^{X_1} \mathrm{e}^{X_2 C_{ij}} \tag{4-5}$$

式中：C_{ij}——交通小区 i 到交通小区 j 的交通阻抗；

X_1、X_2——待定系数，其初始值由现状出行分布得出。

3) 交通分配预测模型

交通分配是指将各交通小区之间的出行分布量分配到交通网络的各条边上去的过程。通过交通分配，可以得到未来路网上各条路段的流量和负荷度，可以检验交通规划的合理性。交通阻抗的确定是进行交通分配的关键步骤之一。影响交通阻抗的因素很多，其中最主要的是时间因素。常用下述模型描述车辆在道路上的运行时间：

$$t_a(q_a) = t_a(0)\left[1 + \alpha\left(\frac{q_a}{e_a}\right)^\beta\right] \tag{4-6}$$

式中：e_a——路段 a 的交通容量；

$t_a(0)$——道路上的车辆平均自由走行时间；

α、β——待定参数，与道路交通环境、行车条件、管理手段等因素相关。

本预测中，取 $\alpha=0.15$，$\beta=4$。本预测拟采用用户最优平衡分配模型进行交通分配。

4)OD 反推模型

在模型软件中，运用增广用户平衡配流的优化模型及求解算法，通过路段流量估计 OD 矩阵。由于该方法的再生迭代只用到路段流量，无须计算和存储路径流量，因此适用于城市交通网的 OD 需求估计问题。对路段交通量的测定，要求尽可能地覆盖路网的主要连接路段和交通分区之间以及对外出入口。这种 OD 反推模型的关键部分可以用下列运筹学领域的数学规划问题来描述：

$$\min z(V,T) = \sum_a \int_0^{V_a} T_a(\omega) d\omega - \sum_{r,s} U(r,s) T(r,s)$$
$$s.t. \sum_{k \to 1} T_k(r,s) = T(r,s), \forall(r,s) \tag{4-7}$$
$$T_k(r,s) \geq 0, \forall k(r,s)$$

式中：V——路段交通量；

T——出行 OD 量集；

a——路段号；

V_a——a 路段上的交通量；

$U(r, s)$——OD 点对 (r, s) 的观测出行时间；

$T(r, s)$——OD 点对 (r, s) 的 OD 量；

$T_k(r, s)$——分配在连接 OD 点对 (r, s) 的第 k 条路段的 OD 量。

上述模型不能获得唯一的 OD 矩阵。在 TransCAD 的用户平衡模型中，增加了一些约束和假设，构造一个通用的函数：

$$F[T(r,s),R(k)] = \sum_{i,j}[S(i,j)]^2 + R(k)\sum_{r,s}\{\min[0,T(r,s)]\}^2 \tag{4-8}$$

式中：k——迭代次数；

$R(k)$——第 k 次迭代的惩罚因子。

迭代时，取 $0<R(1)<R(2)<R(3)$。惩罚函数中的第一项为原数学规划问题的目标函数，第二项为惩罚项目，通过惩罚函数的约束来对推算模型进行求解。

4.2.3 施工期间交通组织方案实施性分析

4.2.3.1 通行能力分析

施工第一阶段：限速 60km/h，双向六车道，两个方向的通行能力均为 4800veh/h。

施工第二、三阶段：北往南方向限速 60km/h，三车道通行能力为 4800veh/h；南往北限速60km/h，两车道通行能力为3200veh/h。

施工第四阶段：北往南方向限速60km/h，两车道通行能力为4800veh/h；南往北限速60km/h，两车道通行能力为3200veh/h。

施工第五阶段：限速80km/h，双向六车道，两个方向的通行能力均为5400veh/h。

4.2.3.2 延误分析

1) 排队长度计算

采用车流波动理论公式：

$$V_w = (Q_1 - Q_2)/(K_1 - K_2) \tag{4-9}$$

式中：V_w——波速，负值表明方向与原车流流向相反；

Q_1——原路段交通流量；

Q_2——车道数变化后路段通行能力；

K_1——原路段交通密度；

K_2——车道数变化后路段交通密度。

2) 堵塞时间计算

高峰过去后，排队即开始消散，但堵塞仍要持续一段时间。因此，堵塞时间应为排队形成时间(即高峰期持续时间)与排队时间之和。

4.2.3.3 实例

现状京港澳高速高峰期断面交通流量为6364pcu/h，其中，南往北交通流量3573pcu/h，北往南交通流量2791pcu/h。

1) 施工区南往北方向延误分析(以第二、三、四施工阶段为主)

施工区间限速60km/h，南往北双车道通行能力为3200veh/h。通过计算，波速为15.54km/h，即路段将出现迫使排队的反向波。此时，在瓶颈过渡段内的车辆被迫后涌，开始排队，出现堵塞。

考虑晚高峰为17:00—18:00，高峰期持续1h，排队长度将长达2.1km，路段将堵塞。

经现场观测调查统计，现状南往北方向非高峰期断面交通流量为504veh/h。经计算，堵塞时间将持续约1.6h。

2) 施工区北往南方向延误分析

施工区间北往南三车道通行，限速60km/h，通行能力为4800veh/h。通过计算，波速为35.25km/h，即路段不易发生排队现象。限速60km/h，路段饱和度为0.58，交通运行基本上处于稳定状态。

启用临时便道后，南往北双车道通行，限速60km/h，排队长度将长达2.1km，堵塞时间将持续约1.6h。北往南三车道通行，限速60km/h，路段不易发生排队现象，路段饱和度为0.58，交通运行基本上还处于稳定状态。

交通流量预测见表4-6。

施工期间晚高峰小时预测断面流量及运行情况一览表　　　　　表 4-6

施工阶段	方向	流量 (pcu/h)	饱和度	断面合计流量 (pcu/h)	断面饱和度
第一阶段	南往北	3090	0.64	5969	0.62
	北往南	2441	0.51		
第二阶段	南往北	2787	0.87	5305	0.66
	北往南	2518	0.52		
第三阶段	南往北	2787	0.87	5305	0.66
	北往南	2518	0.52		
第四阶段	南往北	2787	0.87	4898	0.61
	北往南	2111	0.44		
第五阶段	南往北	3389	0.63	5865	0.54
	北往南	2476	0.46		

在施工期间采取相关措施以及外围引导点、分流点措施后 (表 4-7)，预测南往北车流利用临时便道的两车道通行后，交通流量下降 22%，即南往北为 2787pcu/h，路段饱和度达 0.87，处于四级服务水平，交通量还没有超过道路最大通行能力，在高峰期内可以接受。

施工作业及疏解情况一览表　　　　　表 4-7

施工阶段	用时 (d)	施工内容	交通疏解情况
第一阶段	120	A、B、C、D 匝道桥京港澳高速公路边坡及超车道位置，安装钢箱梁临时支墩；主线桥 46 号墩、匝道桥各墩以及京港澳高速公路边坡位置桩基、承台和墩柱等项目施工；京港澳高速公路中央分隔带管线、护栏和绿化拆除；京港澳高速公路东侧辅道修建	围闭中央分隔带及京港澳高速公路北行和南行超车道。限速 60km/h
第二阶段	10	A、B、C、D 匝道钢箱梁靠近京港澳高速公路东侧边坡位置块段安装 (从东向西共分三节段，本阶段为第一节段的安装)	围闭中央分隔带及京港澳高速公路北往南超车道，南往北方向全封闭，北行交通通过临时便道通行。限速 60km/h
第三阶段	7	A、B、C、D 匝道钢箱梁京港澳高速公路中分带墩位置块段 (第二节段) 安装；京港澳高速公路北行方向主线桥预制 T 梁架设及附属工程施工	围闭中央分隔带及京港澳高速公路北往南超车道；南往北方向全封闭，北行交通通过临时便道通行。北往南限速 60km/h，南往北限速 60km/h
第四阶段	8	A、B、C、D 匝道钢箱梁靠近京港澳高速公路西侧边坡位置块段 (第三节段) 安装；京港澳高速公路南行方向主线桥预制 T 梁架设及附属工程施工；京港澳高速公路中央分隔带管线、护栏、绿化恢复	围闭中央分隔带及京港澳高速公路；北往南方向全封闭，南行交通借道对向车行道，北行交通通过临时便道通行。限速 60km/h
第五阶段	60	A、C、D、E 匝道与京港澳高速公路路基拼接；A、D、E 匝道京港澳高速公路边坡其余项目施工	围闭京港澳高速公路施工段内双侧应急车道。限速 80km/h

高速公路通常是所在区域道路网中的主要通道，由于其交通流量较大，占道施工过程将对周边道路网络和整个公路网络系统产生较大的影响。交通组织的核心就是进行交通的重分布，使得整个时间段内交通流在路网上运行更加平衡，而交通分流正是以路网交通重新整合为目的，所以交通分流是交通组织方案中的宏观方案部分，是交通组织方

案的重要内容和手段。为尽可能地减小占道施工对高速公路正常通行的影响，也为了保证施工能顺利按期按质按量完成，基于以上分流原则，外围引导分流方案以区域路网诱导分流为主，必要时辅以路段强制分流。外围引导分流方案可根据实际的交通情况进行动态调整。为缓解施工期间车辆进出片区的交通压力，本次外围引导分流方案分3个层次进行布点，见表4-8。

外围引导分流方案　　　　　　　　　　　　　　　表4-8

层次	布置原则
外围诱导点布点图	诱导点建议设置在区域高速路网内进入互通立交枢纽的路段上，并通过广东省路网电子信息屏与媒体宣传发布施工路段信息，提示过境车辆绕行
外围分流点	分流点以强制性交通疏导为主，必要时辅以管制定向转换，实现对关键节点、路段的方向转换交通流的控制
外围管制点	在节假日及交通异常事件情况下，在施工段前后的互通立交入口、收费站等采用强制性交通管制措施，强制疏导主线和关键交通转换节点的车辆，达到控制项目路段交通流量的目的

通过路网分流和局部路段交通组织，金盆互通立交路段的交通运行达到了以下效果：

(1) 施工期间路段交通流量有所下降。

由于施工前对施工情况进行宣传，根据京港澳高速公路相关路段的施工情况，及对经由钟落潭收费站、太和收费站交通出行的情况进行综合考虑，施工期间交通流量下降。

(2) 第一施工阶段保证了一定的道路通行能力，路段交通运行良好。

施工期间限速60km/h，道路通行能力有所下降，施工路段饱和度有所增加，路段晚高峰断面饱和度为0.64，处于三级服务水平，交通运行基本上处于稳定状态。

(3) 第二～第四施工阶段期间，利用临时便道通行路段，加强外围分流措施，缓解了南往北方向的交通堵塞。

通过延误分析，启用临时便道后，南往北双车道通行，限速60km/h，排队长度将长达2.1km，堵塞时间将持续约1.6h；北往南三车道通行，限速60km/h，路段不易发生排队现象，但路段饱和度为0.58，处于三级服务水平，交通运行基本上处于稳定状态。在南往北方向，加强外围诱导点、分流点管理力度，加强宣传力度，通过分流能够有效缓解施工路段交通压力。

(4) 第二～第四施工阶段实施相关引导措施后，道路交通流量虽有所下降，但交通运行状态稳定有序。

施工期间车道数减少，道路通行能力有所下降，导致施工路段饱和度有所增加。实施相关引导措施后，预测第二～第四施工阶段，路段晚高峰南往北交通流量下降22%，路段饱和度达0.87，均处于四级服务水平，交通量还没有超过道路最大通行能力，在高峰期内可以让人接受。由于三个施工阶段持续25d(第二阶段持续10d，第三阶段持续7d，第四阶段持续8d)，需要加强对相关施工情况及绕行路线的宣传，并增设相关的施工期间安全措施(限速提示、标志牌、标线等)。

4.2.4 应用案例

基于涉路施工通行能力和施工控制区布局等研究，按照不同的互通行驶和路段情况，采用不同的交通组织方案进行交通疏导，以保障施工路段的通行效率及交通安全。例如金盆互通和沙浦立交采用新建辅道的方式（图4-2），新浦互通采用封闭半幅车道的方式，太成互通和仙村互通则采取阶段性全封闭的交通组织方式。

下文中以金盆互通立交为例来分析交通组织方案。

花莞高速在K12+197.403处与京港澳高速公路相交，设置金盆互通立交，本互通的设置主要是解决花莞高速与京港澳高速公路之间交通的快速转换。本立交主线设计范围为K10+900~K13+095，交叉桩号为K12+197.403。立交中两相交道路夹角约为63.5°。花莞高速金盆互通立交平面图见图4-3。

图4-2 沙浦立交新建辅道缓解交通

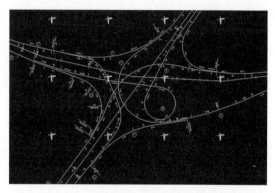

图4-3 花莞高速金盆互通立交平面图

金盆互通立交为枢纽型立交，采用混合式全互通方案。该立交分为四层：京港澳高速为现状路，位于第一层；C、D匝道为第二层；花莞高速主线、B匝道上跨京港澳高速公路，位于第三层；A匝道最高，位于第四层。四条左转匝道中，除B匝道因交通量最小而采用环形匝道外，其他左转匝道均采用半定向形式。

对周围路网交通量进行分析，见表4-9~表4-13。

京港澳高速公路（太和立交—钟落潭收费站）交通量统计表（单位：辆/d）　　表4-9

日期	1类车	2类车	3类车	4类车	5类车	其他车	合计
2018-01-07	42712	1862	4959	1144	10046	196	60919
2018-01-08	42124	1979	5231	1192	10682	208	61416
2018-01-09	44125	1865	5072	1221	11191	209	63683
2018-01-10	43994	1907	5424	1246	10863	240	63674
2018-01-11	51332	1960	5448	1365	10948	188	71241
2018-01-12	53613	1720	5249	1169	10617	132	72500
2018-01-13	52158	1380	4476	1060	10273	133	69480
合计	330058	12673	35859	8397	74620	1306	462913

京港澳高速公路(太和立交—钟落潭收费站)清明节假期期间
交通量统计表(单位:辆/d)　　　　　　　表4-10

日期	1类车	2类车	3类车	4类车	5类车	其他车	合计
2018-04-05	53827	749	3418	751	6434	2089	67268
2018-04-06	52742	1028	3797	814	6477	77	64935
2018-04-07	53785	1192	4790	845	6863	218	67693
合计	160354	2969	12005	2410	19774	2384	199896

京港澳高速公路(太和立交—钟落潭收费站)劳动节假期期间
交通量统计表(单位:辆/d)　　　　　　　表4-11

日期	1类车	2类车	3类车	4类车	5类车	其他车	合计
2018-04-29	53524	1313	4507	1028	8224	61	68657
2018-04-30	55701	982	3645	888	6487	1	67704
2018-05-01	56357	722	3882	662	5242	352	67217
合计	165582	3017	12034	2578	19953	414	203578

京港澳高速公路(太和立交—钟落潭收费站)端午节假期期间
交通量统计表(单位:辆/d)　　　　　　　表4-12

日期	1类车	2类车	3类车	4类车	5类车	其他车	合计
2018-06-16	65396	1491	5039	1121	8438	140	81625
2018-06-17	60971	1083	3872	968	7208	128	74230
2018-06-18	70058	795	3620	790	5586	170	81019
合计	196425	3369	12531	2879	21232	438	236874

京港澳高速公路(太和立交—钟落潭收费站)国庆节假期期间
交通量统计表(单位:辆/d)　　　　　　　表4-13

日期	1类车	2类车	3类车	4类车	5类车	其他车	合计
2018-10-01	64899	626	3787	722	5785	335	76154
2018-10-02	62944	754	3113	704	5511	163	73189
2018-10-03	62530	956	3447	668	5911	120	73632
2018-10-04	62587	1116	4021	723	6846	87	75380
2018-10-05	60786	1099	4445	873	7541	1323	76067
2018-10-06	51907	1210	4804	853	7274	43	66091
2018-10-07	47143	1143	5762	802	7446	59	62355
合计	412796	6904	29379	5345	46314	2130	502868

可以看出,非节假日时期,高峰日流量基本集中于星期五、星期六。高峰日流量为72500辆/d。节假日比平日交通流量大,其中端午节、国庆节假期交通量较大,2018年端午节假期最高峰流量达81625辆/d;2018年国庆节假期最高峰流量达76154辆/d,且前5d流量值相近。

根据收集到的资料,研究范围内相关公路站点24h交通量分布情况见图4-4、图4-5。

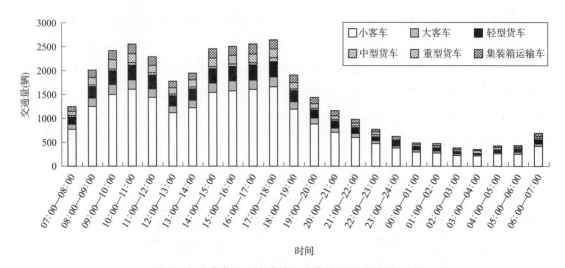

图 4-4 京港澳高速公路钟落潭收费站 24h 交通量分布图

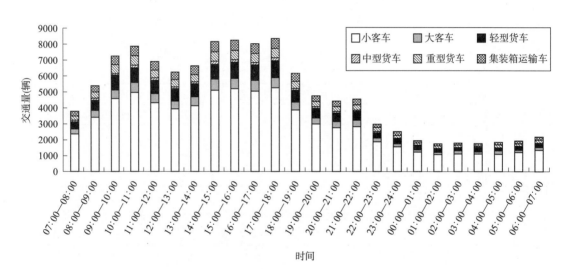

图 4-5 京港澳高速公路太和收费站 24h 交通量分布图

可以看出，各站点的高峰时段较为明显，高峰小时交通量主要集中在傍晚的 17：00—18：00；白天其余时段交通量小时分布较为均匀，夜间交通量相对较小。小客车交通流量占比约为三分之二。由于机场高速公路 (花山互通立交—三元里收费站路段) 每日 7：00—22：00 禁止 5t 以上货车通行，广清高速公路和京港澳高速公路的货车比例较高。

根据已收集资料以及高峰期现场观测 (调查时间：2018 年 12 月 13 日)，整理数据后，得到施工段内断面交通流量 (表 4-14)。

京港澳高速公路施工段高峰期 (17：00—18：00) 断面交通流量表　　表 4-14

方向	流量 (pcu/h)	饱和度	断面合计流量 (pcu/h)	断面饱和度
南往北	3573	0.60	6364	0.54
北往南	2791	0.48		

具有方向性的设计小时交通量＝年平均日交通量 × 高峰小时交通量占日交通量的比例 × 在高峰小时内的总交通量中高峰方向所占的比例。经换算，京港澳高速公路施工路段高峰小时交通流量约为 78853 辆/d，与已收集到的近期日均交通量基本一致。京港澳高速公路施工段现状断面交通流量为 6364pcu/h，断面饱和度为 0.54，还具有很大的通行潜力，交通运行有很高的稳定性；其中，南往北交通流量饱和度为 0.60，处于三级服务水平（表 4-15），北往南交通流量饱和度为 0.48，处于二级服务水平。

道路饱和度和服务水平基本标准　　　　表 4-15

服务水平	饱和度 V/C	运作描述
一级	$V/C \leqslant 0.35$	交通运行有很强的稳定性，并且对干扰的敏感度不高
二级	$0.35 < V/C \leqslant 0.55$	具有很大的通行潜力，交通运行有很高的稳定性
三级	$0.55 < V/C \leqslant 0.75$	交通运行基本上处于稳定状态
四级	$0.75 < V/C \leqslant 0.9$	交通量还没有超过道路最大通行能力，在高峰期内还可接受
五级	$0.9 < V/C \leqslant 1.0$	交通量达到了道路最大通行能力，交通运行对于干扰很敏感，并很容易出现塞车
六级	$V/C > 1.0$	交通流处于不稳定状态，经常出现由交通量过大引起的塞车

4.3　涉路施工临时交安设施施工区交通组织管理研究

4.3.1　概述

欧美发达国家高速公路的建设起步较早，高速公路网络已基本建成，且对高速公路施工路段的交通组织与通行能力已经进行了较多研究。如美国的《公路与城市道路即可设计政策》、日本的《高速公路设计要领》和《乡区公路设计指南》及加拿大的 *Utility Policy Manual*。美国许多州发布了相应的技术手册，对涉路工程的交通安全、施工与防护技术要求有明确的规定。

我国颁布了有关道路交通作业安全标志、道路交通标志和标线的标准，一些城市还从自身情况出发，制订了一些施工作业区管理手册和规程。例如：北京市公安局公安交通管理局于 2005 年组织编写了《北京市占道作业交通安全设施设置技术要求》，对许可程序、管理范围、职责分工等进行了规范，提出包括"交通影响最小原则"等交通组织基本原则，对缓解交通拥堵、保障安全畅通起到了巨大作用。上海市市政工程管理处于 2006 年组织编写了《城市道路养护维修作业安全技术规程》，对占道施工区域的交通组织进行了系统的阐述，该规程实施后极大地保障了交通安全畅通。但是，关于高速公路改扩建施工期间交通组织方面的研究比较散乱，还没有形成完整的系统。国内相关学者以及单位的研究停留在施工作业区某一特定功能方面，缺少对施工组织及安全保通技术的系统研究。

本小节研究速度控制措施与应用效果、永临结合应用技术、施工区车速检测及安全预警系统、其他临时交安设施等。主要内容如下：

①控制运行速度尤其重要。利用实地采集到的数据，分析研究公路施工作业区中限速标志、视错觉减速标线、警告标志、旗手、旗手与限速标志并用、摄像头标志限速措施的减速效果，得到科学合理的限速措施。

②基于施工作业区的安全需求，将车速检测设施、可变信息标志和作业区安全预警系统集成应用，研究施工区车速检测及安全预警系统，通过车速控制和信息诱导提高驾驶人的警觉性，提升行车安全水平，并可在发生不安全状况时通过作业区安全预警系统及时告知作业人员躲避危险，以保障作业人员的安全。

③综合考虑临时隔离设施、交通标线的功能需求、永临结合设施循环利用等因素，分析永临结合的适用性、有效性，形成应用技术成果，为以后同类项目中的永临结合提供参考。

4.3.2 限速措施

车辆通过施工作业区的速度过快是导致施工作业区事故发生并加剧事故严重程度的重要原因，采取科学合理的限速措施控制施工作业区车辆运行速度尤其重要。限制施工作业区车辆行驶速度，对保障公路改扩建工程施工作业安全有着重要的意义，是防止事故的重要措施，也是消除施工作业区交通堵塞、提高通行能力的重要措施。

限制速度的选择一般考虑以下原则：

①限制速度不能超过施工作业区的最大安全速度。施工作业区的最大安全速度同施工作业区行人活动、施工类型和进展情况以及道路的情况有关，冲撞事故发生越多、越频繁，限制速度应越低。

②限制速度应考虑实际通行的大多数车辆的运行速度情况，不能过低。

③限制速度宜统一，并能给驾驶员应对突发事件和响应交通控制设施、人员的指示提供反应时间。

施工作业区的限速措施包括限速标志、视错觉减速标线、旗手、警车(交通警察)、车道变窄、临时振动带、速度监控显示屏、雷达报警器、视觉限速标线等。

1) 限速标志

限速标志(图4-6)是我国应用最普遍的车速控制措施。但研究表明，大多数驾驶员在驶过交通标志0.5~1km后便会忘记交通标志，所以限速标志需要连续设置才能起到好的效果。对通过施工路段的驾驶员进行调查发现，绝大多数驾驶员看到限速标志后会减速，但是还有约30%的车辆速度比限制速度快。

2) 视错觉减速标线

利用错觉效应，使驾驶员在较远处出现"路面上有立体障碍物"的错觉，从而降低车速。视错觉减速标线(图4-7)主要用于转弯路段及事故高发路段。

图 4-6　限速标志

图 4-7　视错觉减速标线

3) 旗手

旗手 (图 4-8) 是施工作业区常用的限速措施。试验表明，旗手的作用比交通标志更大。旗手还能起到疏导交通的作用。旗手必须具备相当的智力，反应灵活机警，健康状况良好，视力听力俱佳，服装整洁得体，具有责任感，具有指挥交通的经验。

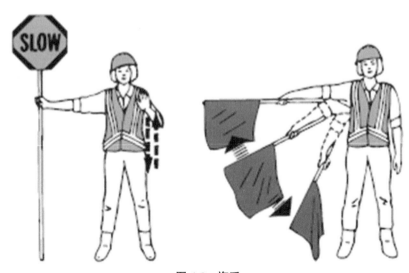

图 4-8　旗手

4) 警车 (交通警察)

利用警车 (交通警察) 控制施工作业区车辆速度是最有效的方法之一。根据警车工作方式,可分为动态方式和静态方式。动态方式指警车在施工作业区范围内巡逻;静态方式指警车停驻在施工作业区路旁。

5) 车道变窄

车道变窄属于改变道路条件进行限速的方法。可以通过将施工作业区的车道宽度变窄而控制车辆速度。车道变窄通过使用多种渠化设施(如锥形交通路标、防撞桶和混凝土护栏等)来实现。然而,采用车道变窄进行速度控制也存在一些缺点,比如较窄的车道难以为侧向运动或驾驶员的操作提供足够的空间,驾驶员可能会加大车头间距来弥补侧向净空的损失,这会降低施工作业区的通行能力,可能导致对交通流的干扰,增加事故发生的概率,会使一些事故类型(如刮擦)随之增多。有研究表明,车道变窄会使施工期间的事故率上升17.6%,而正常车道宽度的施工作业区事故率仅上升6.6%。因此,采用车道变窄进行速度控制时要相对慎重,特别是对于大型货车比例较高的路段。车道变窄一般用于长期的养护维修作业;对于短期施工,由于设施的安置和维护需要耗费大量的人力,一般不宜采用。

6) 临时振动带

临时振动带可以是能黏附在路面上的橡胶条,也可以是减速垄,如图4-9所示。临时振动带的减速效果取决于振动带的类型及在不同交通和天气条件下的性能。

图4-9 临时振动带

7) 速度监控显示屏(动态速度显示标志)

通过雷达测速,然后把测得的速度显示在速度监控显示屏上。采用这种措施时,一般假定一旦驾驶员知道车速过快,会将车速降到可接受的水平。

4.3.3 限速措施应用效果研究

已有的对限速措施效果研究较多,结果表明上述方法都能降低车辆的速度,效果有所差异,但对限速策略的研究还比较欠缺,尤其是在限速措施的效果评价方面,目前还停留在定性的层次上,限速措施的实施缺乏数据支持和理论依据。

本小节利用实地采集到的数据,对公路施工作业区中的限速标志、视错觉减速标线、警告标志、旗手、旗手与限速标志并用、摄像头标志限速措施的减速效果进行评价。

限速标志的效果试验是在高速公路施工作业区上进行的,分为限速 80km/h、60km/h 和 40km/h 三种情况。其他限速措施的效果试验是在一级公路的施工作业区内进行的。

4.3.3.1 数据采集

选择天气晴好、非周末、道路平顺的条件采集数据。交通流数据采集设备是 NC200 便携式交通流采集仪和 MetroCount 气压管式交通流采集仪。此外,利用高精度 GPS 定位仪对整个施工作业区段内的车辆速度进行了记录,并对车辆的运行状态进行了录像观测,重点对上游过渡区和缓冲区内的车辆加减速和车道变换情况进行了记录。数据采集仪器如图 4-10 所示。

a) NC200便携式交通流采集仪布设现场

b) MetroCount气压管式交通流采集仪布设现场

c) GPS定位仪及录像记录观测

图 4-10 数据采集仪器及现场调查

以四车道的高速公路基本养护作业区布置形式为例,说明交通流数据观测方案,如图 4-11～图 4-13 所示。双车道公路的方案与此类似(仪器布置断面基本相同)。施工作业区如果较长(超过 2km),可以考虑在工作区上游和中游各布设一个断面。

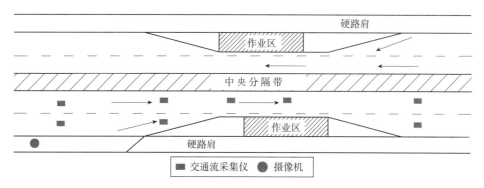

图 4-11 外侧车道封闭数据采集方案

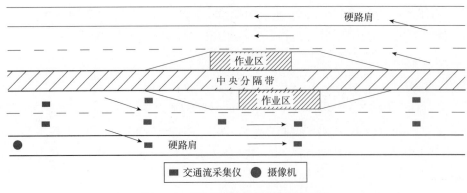

图 4-12 内侧车道封闭数据采集方案

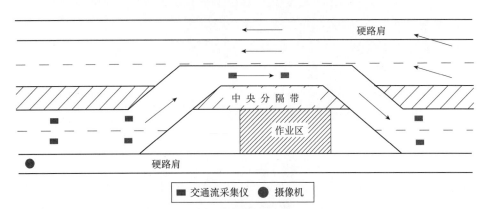

图 4-13 半幅封闭半幅双向通行数据采集方案

实际上，施工作业区形式众多，但基本都是以上几种形式的变换，都具有施工作业区的基本组成部分，区别在于封闭的车道数量(或开放的车道数量)不同、施工段落长度、各施工段间距不同、对向交通的分隔形式不同、施工强度不同。在实际的调研中，可以根据具体的情况，适当调整仪器和设备的布置。

4.3.3.2 仿真参数标定

采用实测数据分析、模拟软件仿真评价及理论推导分析相结合的研究模式。采用VISSIM仿真软件进行公路施工作业区交通运行的模拟分析。VISSIM能够实现各种不同等级公路施工作业区在不同车道封闭形式下的交通仿真，仿真结果见图4-14。在施工作业区的不同断面布设相应的虚拟车辆检测器，根据检测器记录的流量、速度、车型比例、排队长度等交通流数据来评判不同方案的优劣。

在使用之前应对仿真软件进行参数标定，过程见图4-15。首先，用未做任何标定的模型进行公路施工作业区的仿真，输入参数是相同的施工作业区形式、布局、上游的流量、交通组成以及速度分布，对比施工作业区下游的仿真输出结果和实际施工作业区下游的数据(主要是速度指标)，看是否一致；如果一致，则认为对仿真模型无须进行任何参数的调整和标定，即能满足实验的要求，可以直接用来进行仿真模拟，对结果进行分析。在这里，一致的标准为平均速度差小于10%。

图 4-14 仿真图示

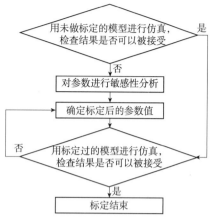

图 4-15 参数标定流程

4.3.3.3 限速措施效果对比分析

对警告标志("前方施工区,减速慢行")、视错觉减速标线、旗手、限速标志等多种限速措施的效果进行了对比。分析表明,在限速措施存在的条件下,下游速度比上游速度有了不同程度的降低;此外,除视错觉减速标线情况的速度波动增大外,速度分布总体呈变均匀趋势。统计不同限速措施条件下的上、下游速度,如表 4-16 所示。

不同限速措施条件下的上、下游速度统计   表 4-16

限速措施	小型车速度 (km/h)	大型车速度 (km/h)	速度平均值 (km/h)	平速度降低值 (km/h),降低百分比 (%)	标准差 (km/h)
无限速措施(上游速度)	78.2	64.3	72.5	—	19.5
警告标志	76.4	63.6	71.2	1.3、1.8%	16.5
视错觉减速标线	70.6	58.8	65.7	6.8、9.4%	20.9
旗手	72.5	62.7	68.4	4.1、5.7%	15.3
限速标志	69.5	62.3	66.5	6.8、9.4%	13.1
旗手与限速标志并用	68.8	61.6	65.7	7.8、10.8%	12.6
摄像头标志	62.6	59.5	61.2	11.3、15.6%	9.4

可以看出:设置警告标志情况下,下游平均速度为 71.2km/h,比上游降低了 1.3km/h,速度标准差为 16.5km/h,比上游降低了 3km/h;视错觉减速标线情况下,下游速度比上游降低了 6.8km/h,速度标准差为 20.9km/h,比上游还略有增加,问卷调查发现部分驾驶员在看到视错觉减速标线时误以为遇到障碍物,容易快速制动,造成速度波动大;旗手、限速标志、旗手与限速标志并用限速措施分别使得平均速度降低了 4.1km/h、6.8km/h、7.8km/h,速度标准差分别降低了 4.2km/h、6.4km/h、6.9km/h;摄像头标志使平均速度降低幅度达到了 11.3km/h,速度标准差降低了 10.1km/h。

相比较而言,限速措施对大型车的减速作用比对小型车的减速作用小。例如,限速作用最小的警告标志,使小型车的平均速度降低了 1.8km/h,使大型车的平均速度降低了

0.7km/h；限速作用最大的摄像头标志，使小型车的平均速度降低了15.6km/h，使大型车的平均速度降低了4.8km/h。

6种限速措施条件下，平均速度降低值按车型分类的统计结果如图4-16所示。

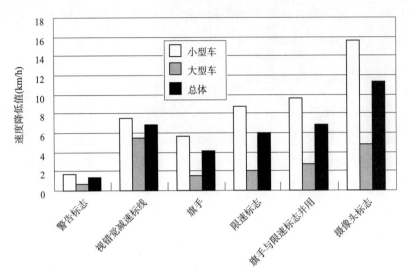

图4-16　不同限速措施条件下大、小型车速度降低值

可以看出，各种限速措施都有一定的降低速度的作用，但是差异较大。为检验这些措施的速度控制的有效性，对设置限速措施前后速度有无显著差异进行分车型配对t检验分析，最终结果见表4-17。

不同限速措施条件下速度有无显著差异统计　　　　　　　表4-17

限速措施	小型车	大型车	总体
警告标志	无	无	无
视错觉减速标线	有	有	有
旗手	有	无	有
限速标志	有	无	有
旗手与限速标志并用	有	有	有
摄像头标志	有	有	有

警告标志没有使大、小型车速度发生显著变化，可认为它没有减速效果；旗手与限速标志使得小型车与总体速度发生显著变化，但没有使大型车速度发生显著变化；视错觉减速标线、旗手与限速标志并用、摄像头标志使得大、小型车速度均发生显著变化，速度控制效果较为明显。

总体而言，单一的限速标志所能取得的效果很有限，驾驶员往往不遵守限速标志的要求，而是按照自己的判断驾驶车辆，只有当他们感觉到应该降低行车速度时才会减速。施工作业时应根据不同的道路等级、不同的作业区类型以及对限速值要求的严格程度选择不同的限速措施及组合。对于高速公路，应首选限速标志和旗手，对于关键点段的施工作业，可以在其上游停靠警车和带警灯的路政车辆以引起过往车辆的注意并合理减速。减速垄减速效果过于明显，不宜在高速公路上使用，而宜设置在交通量不大、路面较窄、边施工边通行的低等级公路上。考虑到限速措施的使用不应导致速度波动太大，从安全角度来讲应该慎用视错觉减速标线。

4.3.4 永临结合应用技术研究

涉路施工作业区临时交安设施的永临结合，主要是交通标线和隔离、防护设施的永临结合。

4.3.4.1 交通标线永临结合

施工作业区临时交通标线应考虑永临结合问题，新增的临时交通标线应与保留的既有道路交通标线、新路永久性交通标线配合使用。

当上跨桥下部结构施工时，封闭内侧车道，借用硬路肩行驶，此时应设置临时标线，且清除原有道路标线，并于封闭车道边缘线外侧设置临时隔离设施，见图4-17。

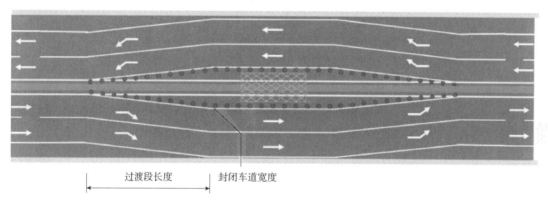

图4-17 封闭内侧车道长期施工的临时标线设置方案

原有道路与新建路匝道接驳位置施工时，原有道路路面需要拼宽，此时交通标线位置与最终位置不同，因此采用临时标线，后期清除并施划对应车道的永久标线，而第2条车道分界线在施工期为车道边缘线，建设完成后作为车道分界线使用，考虑到永临结合，此时可以直接施划永久性标线。

4.3.4.2 隔离、防护设施永临结合

隔离设施可与其他交通安全设施配合使用，又可作为单独隔离使用，布设时宜与永久设施相结合。

施工作业区临时护栏设施可采用可拆装移动护栏或者后期可运用于永久护栏工程的设施方案。半幅施工阶段，外侧护栏宜为永久护栏（图4-18）。综合考虑临时隔离设施的功能需求、永临结合设施循环利用等因素，原有的混凝土护栏、新建永久护栏均可作为临时混凝土隔离墩。

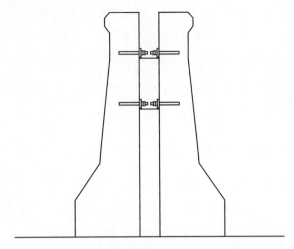

图 4-18　永久型中央分隔带混凝土护栏

将车速检测设施、可变信息标志和施工作业区安全预警系统集成应用，不仅能够通过车速控制和信息诱导提高驾驶人的警觉程度，提高行车安全水平，并且一旦发生不安全状况，可通过施工作业区安全预警系统及时告知作业人员躲避危险，以保障作业人员的安全，尤其适用于夜间施工。

4.3.5　应用案例

沙浦立交涉广惠高速公路，原设计采用现浇箱梁、T梁跨越广惠高速公路。跨线部位采用搭设门洞的方式进行现浇箱梁施工，架设T梁时搭设安全防护棚架。采用门洞交通疏导，需浇筑条形基础750m，消耗混凝土600m³、钢材750t。

为了避免封闭车道，保证广惠高速公路双向六车道通行，在广惠高速公路北侧新修建一条改路，利用改路与原广惠高速公路车道，半幅切换疏导交通(图4-19)。改路路线长1.2km，道路宽15m，满足三车道行驶要求(图4-20)；改路采用混凝土路面，便道进出口连接广惠高速公路，并设置减速、慢行及改道指示标志、标牌，便道两侧每隔20m设置一个警示装置，方便夜间通行，且每隔50m设置一个安全警示灯。

图 4-19　新修辅路半幅切换疏导方式

图 4-20　新修辅路航拍图

在施工前期，对比了搭设门洞和新建便道方案的成本，具体情况见表4-18。

成本分析 表4-18

疏导方式	施工工期	安全管理	路产保护	经济性
搭设门洞	占道施工时间长，施工需9个月	车流量大，搭设门洞跨路施工安全风险大	占道范围广，涉及广惠高速公路路产多，对广惠高速公路沥青混凝土路面破坏影响大	初步预测仅搭设门洞费用450万元
新建便道	占道施工时间短，施工需6个月	将施工车道的车辆引入新建便道，施工安全风险小	仅在施工区间内对广惠高速公路路面产生影响	新建便道建设费用约700万元

分析花莞项目所涉及的高速公路交通量、周围土地使用情况，找到合适的交通疏解方案，并对方案进行比较。尽管搭设门洞的疏解方式的直接工程造价比新建便道方式少250余万元，但是新建便道方式可以节省工期至少3个月，而且对广惠高速公路的交通影响可以降至最低，减少机械使用费约90万元，减少人工费用约180万元。

第 5 章
管线密集区平衡与保护技术研究

　　城镇化地区密布着不同时期敷设的地下管线，数量和种类繁多，位置错综复杂，而且很多情况下缺失详细、准确的竣工资料，在道路施工中时常有地下管线被挖断的现象。地下管线是城市肌体的血管和神经，对城市经济运行、社会发展和各项建设具有重要的保障功能，与人民群众的生产生活密切相关。为解决管线迁改和保护问题，开展了大量的研究。国外的地下管线建设标准、敷设方式等与国内相差较大，管线权属方面更是有很大区别，因此国外的管线平衡迁改和保护等经验的适用性弱。

　　在管线平衡方面，孟凡良等认为城市轨道交通工程建设将不可避免地对既有及规划的市政管线产生影响，市政管线包括给排水管道、电力照明管线、通信管线、燃气管线等；其中，排水管线比其他管线埋设更深，敷设范围广，且常与其他市政管线平行设置；雨、污水管道受限于排水方向及接入点标高，改迁难度较大。基于此，闫智涛提出给排水管线改迁设计中需遵循以下避让原则：压力管让重力流管；管径小的管线让管径大的管线；易弯曲的管线让不易弯曲的管线；临时性迁改的管线让永久性迁改的管线；工程量小的管线让工程量大的管线。电力管线包括电力管沟通道及电力线缆两部分，电力电缆本身既是被探测管线，又是管线探测的干扰源，其探测结果存在不确定性，陈东认为在迁改中应注重对照分析和核实确认，避免误判错判，其迁改方法主要有原位保护、临时迁改和永久迁改等，应根据实际情况来确定迁改方案。林余庭指出，现代电信网络以光纤为主，辅以少量铜缆；按照光缆网络分层原则，中继电缆通常是端到端的连接，按环状或网状结构建设，对网络安全的要求高，在迁改时应结合近期该区域中继光缆规划方案，尽可能避免割接中继光缆路由与传输环网光缆路由重复，重点选择安全可靠、稳定成熟的光缆路由；对主干光缆及主干光交，分析主干光交的实际主干容量和占用情况，分析主干光交所带的配线光缆及下挂的配线光交分布情况，对主干容量过大、占用过高的光交进行裂变，对主干容量过小的主干光交分析保留的可能性，按照规划布局要求，进行主干光交的拆除、保留、迁移或降级处理。屈娜指出燃气管线的迁改应保证管道的使用功能不受影响，并符合城市的总体规划，尽量考虑永临结合，并

第5章 管线密集区平衡与保护技术研究

与施工场地布置和交通疏解紧密结合起来。随着数字化手段的普及应用，信息化管理手段也可以应用于管线改迁中，例如应用建筑信息模型手段建立统筹、集成、共享的数字化管理系统，有效解决了管线迁改施工过程中，管线权属单位复杂、地下情况不清晰的问题。

在管线保护研究方面，冯立雷以郑州惠济管廊施工为例，提出了高压燃气管线保护方案，并介绍该保护方案的施工控制要点及燃气管道监测方案；王新民以济南市为例，总结了城市道路改造中地下管线保护存在的问题和应该采取的措施，并对加强地下管线的保护工作提出了建议；王生林以佛山市顺德区南国路快速化升级改造为例，介绍了基坑开挖前针对管线迁改采取的分阶段优化迁改保护措施，探讨了施工过程中遇到的管线问题，并有针对性地提出了解决方案；郝琪从燃气管网地下管线的角度分析，总结地下管线损坏的原因，针对这些原因，提出可行性的解决方案。

在管线迁改研究方面，唐伟轩分析总结北方城市管线迁改的特点，提出管线迁改的基本原则和基本方法；李瑞杰以青银高速公路改扩建工程管线迁改为例，阐述了管线迁改工作的注意事项和方法；童立以珠海市兴业快线(北段)为例，阐述了珠海市旧城区长距离隧道管线改造设计方案；蒋启文以昆明市轨道交通建设为例，阐述管线综合平衡规划，并根据不同管线特点制定合理科学的迁改规范；李伟以国家会展中心配套道路蟠龙路改建为例，分析管线复杂条件下场地综合利用、交通组织、管线交叉施工、管线搬迁及优化、管线保护等技术要点。

在管线封堵研究方面，王久娟以山西省大西铁路天然气管线迁改为例，根据城市燃气管网改线问题及城市燃气用户的实际需要，制定高压燃气管线不停输作业方案；张汝歌以鲁宁线139号处管道改造为例，分析管道盘式封堵和囊式封堵的原理，并阐述两者结合应用的工艺和适用范围；王可栋以宁波北仑地区为例，论述高压燃气管道不停输封堵施工的盘式封堵施工工艺、作业中的风险控制及注意事项等；徐杰介绍了盘式双侧四封工艺在高压燃气管道不停输改造工程中的应用。

本章系统梳理管线迁改方面的法规制度、地方法规、行业规定，分析得到各种不同管线主体对迁改流程、环节的要求，研究得到适用于广东省公路建设的管线迁改工作流程图；系统研究公路建设过程中可能涉及的给排水管线、燃气管线、电力管线、通信管线等常见管线迁改的安全保护技术；开展管线迁改施工安全管理技术研究，分析施工过程中可能存在的风险，建立总体安全管理措施，梳理施工区交通组织要求，提出应急管理方案编制重点，并将研究成果应用于花莞高速的管线迁改工作。具体如下：

①对管线迁改类型进行分类；通过文献调查法，分析法律法规和行业规定，得到不同管线迁改工作的要求；研究得到管线迁改的工作流程，包括工作原则、前期工作、实施迁改过程、验收移交的要求，建立管线平衡工作流程图。

②通过专家座谈法，分析得到管线保护的影响因素；针对不同的影响因素，开展不同类型管线迁改技术研究，针对高压燃气管线的带气接驳技术开展研究。

③分析管线迁改过程风险,对安全生产管理体系、安全生产管理措施、施工过程中的技术保证、施工现场和临时工程安全保证提出具体要求,针对可能发生安全事故的交通组织提出具体规定,提出应急管理编制重点要求。

④把相关研究成果应用于花莞高速,完成花莞高速的高压燃气带气接驳,通过建立的管线平衡工作流程图,合理规划花莞高速太成互通管线迁改工作。

5.1 管线平衡工作流程研究

5.1.1 管线平衡现状

5.1.1.1 管线迁改分类

对管线迁改进行分类,大致分为实物补偿和货币补偿两种类型。

实物补偿迁改模式是建设单位按现行的技术条件要求,组织开展迁改工程,并在工程完成后将新建设的电力设施资产移交给产权单位的迁改方式。

货币补偿迁改模式是指因工程建设需要进行线路迁移改造时,建设单位全额提供迁改项目资金,由产权单位具体组织实施迁改的方式。因迁改涉及永久占地、临时用地等的征地拆迁、租地及青苗补偿工作,具有难度大、费用高等特点。根据迁改资金的支付方式,货币补偿模式又可再分为包干货币补偿与可调货币补偿。

5.1.1.2 相关要求

梳理现行法律法规、标准规范、政策文件等对管线迁改的要求,见表5-1。

与管线迁改有关的法律法规、标准规范、政策文件梳理　　　　表5-1

序号	法律法规、标准规范、政策文件	条款
1	《电力设施保护条例实施细则》(国务院令第239号)	第十二条
2	《中华人民共和国电力法》	第五十五条
3	《电力供应与使用条例》(国务院令第709号)	第十八条
4	《中华人民共和国石油天然气管道保护法》	第三十三条、第四十四条
5	《城镇燃气管理条例》(国务院令第583号)	第三十七条
6	《国务院、中央军委关于保护通信线路的规定》(国发〔1982〕28号)	第十条
7	《城市供水条例》(国务院令第158号)	第三十条
8	《城镇排水与污水处理条例》(国务院令第641号)	第四十三条
9	《广州市地下管线管理办法》(广州市人民政府令第153号)	第十条~第十二条、第十七条、第十八条、第二十条
10	《广州市人民政府关于印发广州市工程建设项目审批制度改革试点实施方案的通知》(穗府〔2018〕12号)	全文

续上表

序号	法律法规、标准规范、政策文件	条款
11	《广东电网有限公司电力设施迁改管理实施细则》	全文
12	《广州供电局配网电力设施搬迁管理办法》	全文
13	《城市工程管线综合规划规范》(GB 50289—2016)	全文
14	《城镇燃气设计规范》(GB 50028—2006)	全文
15	《66kV及以下架空电力线路设计规范》(GB 50061—2010)	全文
16	《110kV~750kV架空输电线路设计规范》(GB 50545—2010)	全文

5.1.1.3 管线迁改的原则

分析相关法律法规和标准规范，得到管线迁改应遵循的七个原则：

①最佳方案原则。通过综合比选，选择最佳路径方案，即最经济、最安全、最便捷的方案。

②等功能迁改原则。管线迁改不能降低原有管线的过流流量、过流速度、运行能力及安全可靠性等关键功能。

③远期预留原则。结合城市近期线网规划，迁改后管线的断面容量往往要大于原管线，预留远期发展需求，甚至新增再生水等新管线，避免短期内再次开挖、重复建设。

④先改后拆原则。为了减小管线迁改对市民生产生活的影响，应先敷设新管道并验收合格，在新老管道割接完成后，避开使用高峰期，再拆除现状旧管线。

⑤一次到位原则。由于施工分主体结构、附属结构、道路恢复等多个施工阶段，因此管线迁改需统筹考虑各个施工阶段的需要，尽量做到一次迁改到位，避免重复迁改。

⑥共同沟通原则。为减少占地面积和土方作业，对某些同类性质、迁改路径接近的管道，可在留出安装检修距离后平行或上下共沟敷设。但性质相悖的管道，如电力管线与煤气管道，则严禁近距离同沟敷设。

⑦管线避让原则。管线位置发生矛盾时，宜遵循以下避让原则：压力管线宜避让重力流管线；易弯曲管线宜避让不易弯曲管线；分支管线宜避让主干管线；小管径管线宜避让大管径管线；临时管线宜避让永久管线；技术要求低的管线宜避让技术要求高的管线；新建管线宜避让原有管线。

5.1.2 管线平衡工作流程

在前节基础上，建立管线平衡工作流程图，用于指引公路建设项目管线迁改工作。

5.1.2.1 前期工作

1) 项目立项

在项目完成整体立项(项目核准、审批、备案)且线路基本稳定后，建设单位向产权单位发函商请开展受影响的电力线、燃气管、通信光缆的核查，并协商明确迁改工作流程、补偿模式等。产权单位收函后，由管理单位或代管单位的生产技术部组织相关部门开展线路现场勘测工作，勘测工作结束后，权属人复函明确需迁改线路情况、迁改工作流程以及迁改模式。

获得管线权属人书面明确意见后，建设单位根据权属人意见，按照招投标程序委托具备相应资质、熟悉涉迁改线路管网的设计单位开展线路迁改工程的可行性研究报告编制工作，包括编制路径迁改方案、出具迁改工程可行性研究报告和编制工程可行性预算等工作。

由委托的工程可行性研究报告编制单位负责对接协调相关产权部门，对红线范围内现有管线、线路具体情况(线行高度、数量规格、耐张情况、相交角度、杆塔结构重要性系数)等情况进行详细核查，编制迁改实施方案，出具工程可行性研究报告初稿。

工程可行性研究报告初稿完成后，由建设单位组织对工程可行性研究报告初稿迁改设计方案进行内部审查，并同步向迁改线路所涉沿线相关单位、涉水涉路职能管理部门以及政府发函征询迁改方案意见，必要时可组织各相关单位审查设计方案。

工程可行性研究报告编制单位根据内审和沿线单位复函意见修改工程可行性研究报告后，向自然资源部门发函申请方案路由规划审查。

取得沿线单位对迁改方案的复函及路由规划审查意见后，根据相关意见完成工程可行性研究报告修编工作，出具工程可行性研究报告送审稿和工可估算。

向市、区相关部门发函审查工程可行性研究报告送审稿，开展外部审查以及迁改立项工作。相关管理部门负责组织有关单位和专家召开审查会，对工程可行性研究报告编制单位出具的工程可行性研究报告进行外部审查。工程可行性研究报告外审工作完成后，工程可行性研究报告编制单位根据审查意见修编，正式出具工程可行性研究报告终稿和工可估算。可委托第三方专业审查机构对工可估算进行审核，出具审核报告书。

外审工作结束，并由管理部门完善内部流程后，正式取得立项批复函。

2) 招标工作和手续办理

(1) 货币补偿方式

对于产权单一、区域集中的线路迁改，目前基本采用货币补偿的方式进行。流程如下：

①合同签订。根据工程可行性研究报告的迁改内容和工可估算，与产权单位签订涉迁改管线搬迁工程补偿协议。协议中，双方需特别明确的内容有：环境评价、建设工程规划许可证，涉(水/路/铁)许可办理(含穿越和开挖)，重要交叉跨越措施，施工围蔽，交通疏解，便道及作业面实施与恢复，征拆补偿(含青苗、山坟、其他附着物及建筑物等)，使用林地审核同意书，林木采伐许可手续，涉管线迁改其他工作的权责。

②招标工作。签订搬迁工程补偿协议后，由产权单位组织开展涉迁改工程设计单位、施工单位、监理单位的招标工作。一般情况下，因迁改工程量较大，产权单位按公开招

标的方式确定设计单位、施工单位、监理单位。

③环境影响评价工作。开展环境影响评价工作，出具迁改工程环境影响评价报告书并向环保部门报审，取得环境影响评价报告审查意见。

④办理工程规划许证和涉林手续。完成施工图设计和取得环评批复后，向自然资源部门申请办理迁改工程的"建设工程规划许可证"；涉及林地使用的，需同步向县级林业部门申请办理迁改工程的"使用林地审核同意书"和"林木采伐许可证"。

(2) 实物补偿方式

通常情况下，专线用户管线迁改采用实物补偿的方式进行。步骤如下：

①招标工作。由建设单位发起，开展迁改工程实物还建所需的设计单位、施工单位、监理单位招标工作。

②合同签订。与招标确定的迁改工程设计、施工单位签订所涉管线迁改工程补偿协议。

③手续办理。由建设单位牵头，办理并取得迁改工程环境影响评价报告书审查意见、"建设工程规划许可证""使用林地审核同意书"和"林木采伐许可证"等。

5.1.2.2　实施迁改

1) 施工进场前准备

①建设单位协调组织主管部门、设计单位、施工单位联合审查并优化迁改工程设计方案，达到节省投资和缩短施工工期的目的。

②根据施工方案，协调路政、交警、水务、铁路等相关管理部门，办理涉水、涉路、涉铁施工许可手续，包括穿越和开挖许可手续等。

③完成迁改用地交付后，协调迁改勘察设计单位进场开展勘察工作。

④根据优化结果和地质钻探结果，完善施工图设计，并出具施工图预算。

2) 用地清赔补偿

根据施工方案，对所需用地(永久占地、临时用地)进行标识，协调征拆实施部门参照项目征地拆迁补偿工作方案及实施办法开展迁改用地的清赔补偿和迁改用地交付。

3) 迁改实施

①协调或督促迁改施工单位按工期倒排要求，细化工作节点，制定施工计划。施工计划须包括施工围蔽、疏解指引、便道实施、土建施工(塔基、电缆沟、管井)等事项。如施工计划安排与主体工程施工进度不匹配，则根据主体工程施工进度，动态调整迁改施工方案或施工工艺，协调简化流程。

②监理单位负责实施迁改工程的质量和安全等监督工作。

③建立施工管理台账，定期组织召开迁改协调会，统筹协调迁改进度和施工现场存在的问题。

④协调供电公司、燃气公司、通信公司，根据土建工程施工进度安排停电/停气/停网窗口。

⑤涉迁改线路停电／停气／停网后，协调或配合迁改施工单位开展停电／停气／停网割接和拆除工作。

⑥对于现场无法协调解决的部分问题，应及时向上一级政府职能部门沟通，定期召开专题协调会，以保证各项工作顺利实施。如遇迁改工作推进过程中无法协调解决的重大事项，应协调报请市政府或省政府研究解决。

5.1.2.3 验收移交

①协调自然资源部门组织开展规划核实及规划验收工作，完善相关手续。

②建设单位组织产权单位相关部门按照其行业验收规范进行竣工验收，并出具竣工验收和接收报告。

③迁改施工单位负责完善变更签证，编制工程结算资料竣工资料，整理汇编有关技术资料，协调各方完成资料签字盖章工作。

④协调产权单位运行部门开展工程中间验收及竣工验收，配合固定资产的清点与移交。

5.1.2.4 管线平衡工作流程图

管线平衡工作流程图见图 5-1。

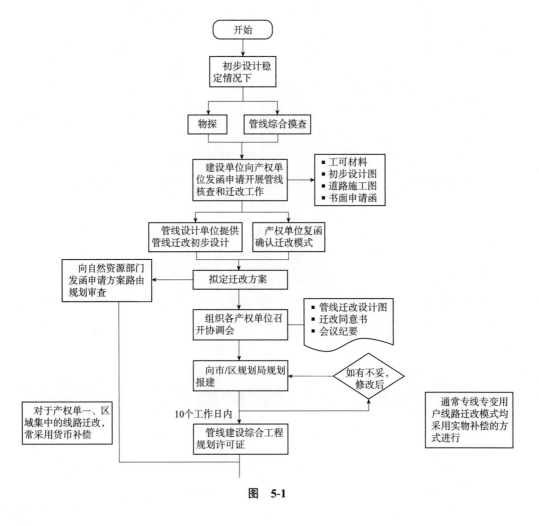

图 5-1

第5章 管线密集区平衡与保护技术研究

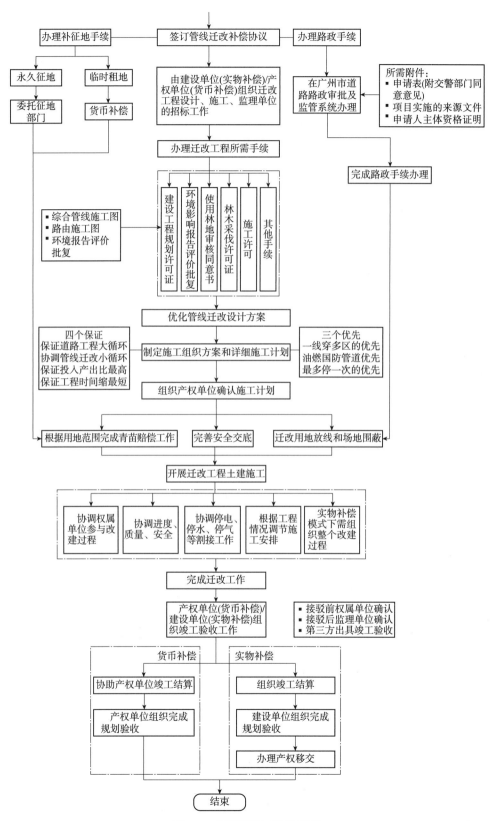

图 5-1 管线平衡工作流程图

5.2 城镇化地区公路建设特殊管线迁改保护技术研究

5.2.1 概述

通过专家座谈法，分析得到影响管线安全的5个主要因素：

①没有完整的竣工图纸。有些管线未在图纸上体现出来。这是由于多年前管线建设档案管理不规范造成的，还有一些管线是私自埋设的，没有经过规范审批，所以不会有图纸。这种管线的安全隐患最大，施工时需特别小心。

②竣工图纸不能完全或正确反映管线的实际位置。首要原因是施工偏差，编制竣工图时没有按照实际位置进行绘制；另外，施工时遇到障碍而调整了管线的位置，但没有在竣工图上标明。地下管线埋设的随意性加大了保护工作的难度。

③使用的勘测方法较落后。施工单位常用的勘测方式是挖探坑，依据探点的管线位置、高程来推测整个管线的埋设高程和走向，这种方式难以反映管线全貌。有些施工单位借助地下管线探测仪，但其功能也有局限性，需要和传统方法结合使用。

④工期紧，没有充足的时间进行勘测。探测地下管线并掌握其准确位置的工作需要花费很多精力与时间，但现在高速公路建设的工期非常短，造成相关单位工作做得不够细致，为以后施工留下安全隐患。

⑤施工人员安全生产意识淡薄。现场施工管理人员对既有地下管线的保护工作重视不够，违反安全操作规程施工，或者所采取的保护措施不得力，造成管线损坏。

针对这些影响因素，找到应对措施，包括施工准备阶段管线保护技术、施工过程中管线保护技术。

5.2.2 一般要求

施工过程中，可能遇到各式各样的管线问题。下面就施工过程中管线保护的常规技术进行说明：

①机械开挖路槽作业时，应有专人指挥，在地下管线位置安全距离外撒石灰线，线内禁止机械作业，避免因管道两侧土体受到挤压而损坏管道。管道位置采用人工薄层轻挖，管道暴露后应采取临时保护和加固措施，随时检查是否存在安全隐患。

②对开槽中发现的没有标明的地下管线，或虽有竣工资料，但管线的位置、走向与实际不符合时，要及时会同有关单位召开专门会议，制定专门的保护方案。

③机械操作人员必须服从现场管理人员的指挥，挖掘动作不宜太大，杜绝盲目施工，施工机械行进路线应避开已标明的地下管线位置。

④施工人员应时刻保持警惕，切忌依据某探坑处发现的管线位置、高程和走向就认为全线如此。某些非重力流管道遇到障碍物时，为了避让障碍会突然上翻，或者走向突

左突右、不规则。

⑤开挖作业时，根据土层的变化和土壤含水率的变化来推测管线位置。根据经验：土层显示为原状土则比较安全，若为回填土或采用其他材料回填，则应小心可能有地下管线；开挖时如果土壤突然变湿或局部翻浆，应考虑附近是否有渗漏的供水管线；如果土壤突然变干，应考虑附近是否有供暖管道。

⑥根据专业管线常用的包管材料和警示带来判断管线位置和种类。供热管道常用黄砂包管；燃气管道常用石粉包管，并在管顶30cm处设置警示带；供水管道常用水泥石屑包管；电力直埋管常用混凝土包管。

5.2.3 迁改施工技术方案

开展管线迁改技术研究，分析不同类型管线的影响因素，研究地下管线迁改技术，分析永久迁改、临时截断工后恢复、临时迁改并工后恢复的区别，研究不同管线的迁改总体方案重点，编制迁改施工技术方案。

不同管线的迁改方案有所差异。

1) 排水管

排水管包括雨水、污水以及合流管，都以重力流排水为主，受地面坡度、下游管道管底高程的影响较大。管线改迁时，高程的调整余地较少，排水管道应尽量迁移。部分无用户接入的雨、污水管(仅考虑路面雨水排放)可考虑临时废除，完工后恢复。

部分雨、污水管道建设年代久远，设计标准较低。近年来，部分地区雨、污水管道建设标准提高，永久性雨、污水管线的恢复须按新标准执行，以符合规划要求。恢复雨、污水管和现状上下游管道采用管道平接。现状合流管道须雨污分流，不能分流时须采取截流措施，设置截流井，截流倍数结合当地最新排水规划和相关规范选取。

2) 给水管

给水管主要是压力供水，高程可变。管道多采用钢管、铸铁管、塑料管等管材，管道连接要求较高，根据工程施工进度的紧凑性及工程环境的复杂性，临时给水管道一般采用便于施工的焊接钢管或聚乙烯给水管，永久给水管道采用球墨铸铁管。给水管尽量迁移，不悬吊；无迁移路由时可原位保护，用钢架桥或整体混凝土板支撑，局部无条件时可明敷。

3) 燃气管

燃气管为压力管。由于燃气易燃易爆，虽然管道在平面、高程上可以调整，但在敷设时应尽量做到平直、少弯曲、减少弯头。开挖范围内的现状燃气管全部废除，在开挖范围周边新建燃气管道以保证管网供气、用户用气。燃气管严禁悬吊，须埋地敷设。无迁改路由时，可采取原位保护措施，临时用钢架桥或整体混凝土板支撑。迁改时燃气管道与其他管线、建(构)筑物的间距应满足国家和相关行业现行有关标准、规范的规定。新建燃气管道采用聚乙烯燃气管，与现状钢管采用钢塑过渡接驳。

4) 电力管线

电力管线一般敷设在电缆沟内，110kV以上电力管线一般高架敷设。电力管可弯曲，但转弯半径要求较大，不影响施工的电缆尽量采用绝缘扣管保护后原位支托、悬吊保护或加固等原位处理设计，减少工程投资。对高速公路施工有影响的管线，应尽可能临时迁移出施工范围。管位充足处，砌筑电缆沟。部分没有穿线的预排管，可临时废除，待主体完工后原样恢复。电力架空杆尽量原位保护，局部电力杆影响临时交通的，可采取局部保护措施或将电力杆迁改到安全位置。

电力管线迁改应保持原有电力网络结构不变，保障电力用户供电连续性及可靠性，尽量避免多次迁改，减少施工对用户的影响。改迁管线规格密切结合电力规划，有条件区域将规划或近期建设需要结合起来一并考虑。

5) 弱电管线

弱电管线一般敷设在管道内，埋地设置。和电力管线一样，弱电管线具有可弯曲的特点，但转弯半径较大。将存在冲突的弱电管线迁移至影响区外，或采取悬吊保护措施，部分管线考虑绕行。施工期间，须保障正常通信服务及通信质量。通信管线迁改含临时和永久迁改两部分，部分一次性永久迁改到位，尽量做到管线只搬迁两次(迁出、复位)；部分没有穿线的管道可临时废除，待主体完工后恢复。新建通信管道应满足埋深要求，与其他管线平行或交越时应满足最小平行间距和最小垂直净距。竣工后，按规划道路要求恢复永久管道，且管孔数量不少于现状管道。

6) 照明和交通信号管线

照明和交通信号管线一般较细，埋深较浅。横跨开挖范围的照明和交通信号过路管线，采取绝缘扣管保护后原位支出、悬吊保护或包封加固等原位处理设计，保障公路施工期间正常通行道路上的照明达到标准要求，交通监控设施正常运行。公路竣工后，按规划道路要求恢复永久照明和交通监控，并与周边环境相协调。

7) 其他管线

其他管线若为重力流管、压力管或输送有毒有害、易燃易爆气体或液体时，尽量将其临时迁改至施工范围外，否则须原位采用整体钢筋混凝土板支撑；其余可弯曲管道，可采用局部保护后原位支托、悬吊保护或包封加固等原位处理设计，近期无使用功能的可临时废除，待主体完工后原样恢复。

5.2.4 燃气管线带压封堵技术

研究燃气管线带压封堵技术，分析燃气管线带压封堵技术的分类、优缺点，结合本项目特点选择适合的管线带压封堵技术。

按封堵头形式分类，燃气管线带压封堵技术可分为以下几种形式：

①筒式封堵，适用于发生腐蚀、结垢以及规则小变形管线的带压封堵。

②塞式封堵，适用于没有发生腐蚀、结垢的管线的带压封堵。

③折叠式封堵，适用于大直径管线的带压封堵。

④囊式封堵，是指使用气囊对管道进行封堵，具有开孔小、封堵管径大、施工周期短等特点。

按施工现场实际情况分类，带压封堵技术可分为以下几种形式：

①单侧封堵，适用于站场内改扩建等工程，如增加工艺流程、阀门、更换管线等。

②双封双堵，适用于间隔较短的管线改造，如管线增加旁通管路、管线增加主控阀门等。

③四封四堵，实为双封双堵的扩展，适用于间隔较长的管线。因敷设旁通管线距离过长，导致成本过高，施工周期过长，带压封堵期间只需在作业段管线的上下游处分别进行双封双堵，将原管线作为旁通管线，从而避免敷设长距离的旁通管线，缩短作业周期，减少投资成本。

在基坑开挖过程中，测量频率、测点布设应符合标准和有关规定，积极量测围护结构及管线的变形，并将监测的结果及时反馈给技术部门和现场管理人员，便于及时采取有效措施加固地下管线。一般采用跟踪注浆的办法进行保护，施工时严格控制注浆压力，确保管线安全。测量频率和测点布设应符合下列规定：

①以 B 表示开挖跨度，开挖面距离量测断面不超过 $2B$ 时，测量频率为 1~2 次 /d；开挖面距离量测断面不超过 $5B$ 时，测量频率为 1 次 /2d；开挖面距离量测断面大于 $5B$ 时，测量频率为 1 次 / 周。

②沿管线轴向方向，按管线主管部门的要求布置测点，在布设测点时要注意保护管线不被破坏或损坏。可根据实际情况采用预埋件、钢筋、钉子等材料制作测点。管线沉降测点埋设示意图见图 5-2。

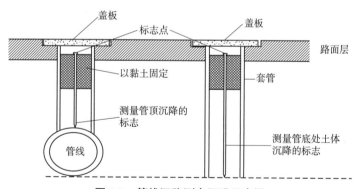

图 5-2 管线沉降测点埋设示意图

5.3 公路建设管线迁改安全管理关键技术研究

本节研究公路建设管线迁改总体安全管理要求，提出安全生产管理体系、安全生产管理措施、施工区交通组织管理要求、应急管理要求。

5.3.1 安全生产管理体系

①建立以项目经理为首的安全检查保证机构，项目部决策层、控制层、作业层均设立安全检查机构，配备专职的安全检查人员，实行分级安全管理，做到层层把关，专职检查与自检相结合，对工程安全实行全过程控制。

②切实抓好安全管理工作。在施工过程中，认真贯彻"安全第一，预防为主"的方针，广泛应用安全系统工程理论和事故分析方法，严格控制和防止各类伤亡事故。

③建立从项目经理、作业班长到操作工人的岗位安全责任制，明确各级人员职责。管理生产必须管安全，建立严格的考核制度，将经济效益与安全挂钩。

④制定详细、切实可行的有关部门、人员的安全职责清单，并编制详细的安全生产工作计划，及时做好安全生产准备工作。

5.3.2 安全生产管理措施

为达到"事故发生率为零"的安全目标，在施工过程中，实行项目经理负责制，严格执行"管生产必须管安全"的原则，贯彻"预防为主"的方针，切实做好安全工作。施工期间做好以下安全工作：

①认真执行有关标准强制条文的规定，切实做好安全工作。高度重视管线安全管理工作，严格落实领导带班制度，做好日常安全管控工作。

②现场施工总平面图应标明影响施工和受施工影响的管线。管线图表应张贴在施工现场醒目位置，并组织交底，随时提醒注意管线安全。

③动态管理管线图表，及时更新已拆除或新建管线，建立管线跟踪记录机制。

④每天巡查管线安全情况。如果施工作业临近管线，应积极联系产权单位，并做好记录。

⑤监测施工影响范围内的重要管线。若发现数据异常，应立即停止挖土作业，同时通知监理和建设方，并采取有效措施保证安全。

⑥管线监测点应按规范设置。对于施工期间揭露的管线，应及时设置监测点并开展监测。

⑦对已探明的地下管线，在施工现场设置醒目的警示标志，标志牌上标明管道名称、管径、材料、数量、位置等信息，提示施工人员和机械操作人员注意保护管线安全。

⑧对于埋深浅、禁止受重压或存在其他安全隐患的管线，应采取有效措施保证其安全，譬如设置警戒、围挡等方式，禁止堆载或通过重型机械设备。

⑨对须悬吊的管线，应编制管线安全施工方案，报产权单位、监理审核通过后再进行施工。

⑩机械开挖土方应严格执行挖土审批制度，若开挖土方涉及管线安全，挖土前还应向有关产权单位提出书面监护申请，做好监护交底。

⑪在管线附近挖土开展作业，应采用人工开挖，且应安排在白天进行，以避免损坏管线。

⑫处置废旧管道时，应主动联系相关产权单位，由产权单位处置。由项目部处置的，应先编制处置方案，经产权单位和监理单位批准后方可实施。

5.3.3 施工区交通组织管理要求

全幅封闭的涉路施工交通组织设计应符合下列规定：
①各级公路不宜采用全幅封闭的涉路施工交通组织设计。
②全幅封闭的涉路施工交通组织设计应包含绕行方案或者临时道路。
③应在分流处前显著位置进行预告。

半幅封闭的涉路施工交通组织设计应符合下列规定：
①采用半幅封闭的涉路施工交通组织设计时，宜设置临时道路以保证通行能力和服务水平。交通繁忙路段不宜采用半幅双向通行；当条件受限时，可采用半幅双向通行。
②涉路施工作业期间，服务水平可在现有高峰小时服务水平基础之上降低一级，但最低不应低于四级。
③半幅双向通行时，宜采用隔离设施分隔对向车辆。
④大型车行驶困难时，应在分流处前显著位置设置大型车绕行标志。

封闭部分路面的涉路施工交通组织设计应符合下列规定：
①涉路施工作业期间，服务水平可在现有高峰小时服务水平基础之上降低一级，但最低不应低于四级。
②大型车行驶困难时，应在分流处前显著位置设置大型车绕行标志。

绕行预告标志、分流预告标志的版面应符合相关标准、规范的要求，内容应包含：绕行分流实施期限、绕行分流节点的名称、绕行分流里程等重要信息。

公路上方或路侧用地范围内不占用路面的涉路施工交通组织设计应符合下列规定：
①应在施工区前2000m、1000m、500m位置的道路两侧设置提示、警示标志，提醒驾驶员安全通过。
②结构(落地防护棚、现浇承重支架)或设施(挂篮、围挡)迎车方向应设置立面标记。

5.3.4 应急管理要求

分析应急管理要求，按照应急管理的不同阶段，得到应急管理总体要求，制定应急与救援程序，提出救援抢险措施，并对应急救援的培训与演练进行了规定。

5.3.4.1 基本原则和方针

为加强对施工生产安全事故的防范，及时做好安全事故发生后的救援处置工作，根据《中华人民共和国安全生产法》和《建设工程安全生产管理条例》等法律法规的有关规定，切实落实"安全第一、预防为主"的安全生产管理方针，按"预防为主、自救为主、统一指挥、分工负责"的管理思路，贯彻优先保护人员安全和优先保护贵重财产的原则，结合施工生产的实际情况，采取预防和应急救援措施，最大限度地减少事故损失。

5.3.4.2 任务和目标

更好地满足法律要求，给施工人员和周围居民提供更好、更安全的环境，保证各种应急反应资源处于良好的状态，指导应急反应行动按计划有序地进行，防止因应急反应行动组织不力或现场救援工作的无序和混乱而延误事故救援或造成事故影响范围扩大和蔓延，有效地避免或减少人员伤亡和财产损失，实现应急反应行动的快速、有序、高效。

5.3.4.3 应急救援机构

成立重大事故应急救援指挥领导小组，由项目经理任组长，安全总监、副经理、总工程师任副组长，下设现场抢救组、危险源风险评估组、技术处理组、后勤供应组、事故调查组等专项小组，成员包括生产、安全、物资设备、工程技术、保卫、综合办公室等部门负责人及相关施工队长，抽调各专业人员组建应急救援小分队，组织培训和演练，检查、督促、落实重大事故的预防控制措施和应急救援的各项准备工作，组织实施救援行动，组织事故调查，负责应急救援预案的持续改进。

5.3.4.4 应急救援物资设备的储备

按照应急救援预案，对可能发生的事故及应采取的紧急救援措施，项目部储备一定数量的救援物资、设备，并安排专人进行维护保管，确保在事故发生后及时提供应急救援物资。

5.3.4.5 事故的应对和信息报送

项目安质部是报告事故的指定机构，设专用报警电话，接到报告后及时向应急救援领导小组组长报告，应急救援领导小组组长根据有关法规及时、如实地向负责安全生产监督管理的部门、建设行政主管部门或其他有关部门报告；特种设备发生事故的，还应当同时向特种设备安全监督管理部门报告。

①发生管线安全事故，应立即启动应急预案并按照相关规定及时报告。

②发生管线设施断裂、爆裂、挖漏等事故时，立即向有关抢修抢险单位和其他相关单位报告，采取安全补救措施，进行不间断抢修抢险作业，直至抢修、抢险工作结束。

③严格按照有关规定向新闻媒体发布信息。

④发生事故后，第一时间收集事故的处理、控制、进展等情况，并向有关单位报告。

根据工程特点及施工现场周边的实际情况，通过识别和评价重大危险源，结合项目部自身实际情况，编制本项目发生紧急情况或事故时的应急措施，开展应急知识教育和应急救援演练，提高现场操作人员应急能力，减少突发事件造成的损害和影响。应急准备和响应工作程序见图5-3。

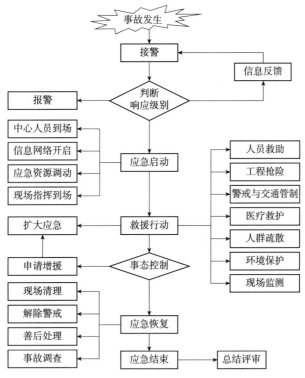

图 5-3 应急准备和响应工作程序

5.4 应用案例

分析项目特点,按照核实地下管线、实施保护措施、加强过程管理的流程,对项目沿线的燃气管线进行保护。

5.4.1 核实地下管线

结合现场实际情况,核实图纸中燃气管道的位置,对管线的性质、材质、埋深及其与基坑的关系等进行调查。加强和相关部门及管线权属单位的沟通、协调、配合,采取各种有效手段和方法,对管线设施情况进行详细调查,确保管线资料真实、准确、完整。现有资料显示,高压燃气管长度约为21083.6m,钢制,直径700mm,埋深为1.2~2m。根据燃气公司提供的管线图确定管道埋深,且做到施工过程中每项工作均有监督。

5.4.2 实施管线保护

确定地下管线位置后,做好标记。将管线两侧5.0m范围用警戒绳围护隔离,并沿警戒绳布置明显的安全警示标志,内容为"高压燃气管5m范围内禁止机械式挖掘施工、爆破作业"和"高压燃气管5~50m范围内禁止爆破、开山作业"等,再组织正常施工。

施工区域内，影响高压燃气管线的主要为施工车辆和运输车的碾压。为保护地下管线，机械及车辆横穿管道时，在原有地面(保证地面平整)燃气管线中线两侧6m范围内铺设混凝土预制板作为车辆通道(图5-4)，混凝土预制板总长12m、宽8m、高0.2m，配置直径12mm的钢筋，保证荷载均匀传递至现有地面，确保燃气管道安全。

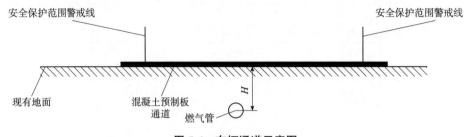

图 5-4 车辆通道示意图

5.4.3 保障实施过程

为保障施工过程中高压燃气管线正常运营，施工单位须做到：

①按照政府和燃气公司的有关要求办理相关手续，对燃气管线实施监护，要求燃气管线权属单位进行现场交底监护工作。

②施工前，根据业主和地下管线相关单位提供的燃气管线资料，采用物探手段确认施工范围内的管线，并且开挖探沟，摸清管线的位置、深度、直径，在施工图上明确标明。

③在施工范围内的燃气管线所在位置设立标识牌，沿管线走向设立标识牌，标明管线名称，并按要求标出禁止开挖范围。

④管理人员对现场操作人员交底到位，要将燃气管线保护的重要性传达到每一个现场施工人员，并严格进行现场监管，严防施工机械破坏管线造成事故。

⑤严格执行燃气管线相关部门对邻近管线施工的要求。

⑥定期召开与燃气管线相关部门的配合会，随时掌握燃气管线的情况，为施工服务。

⑦在施工期间进行地面沉降观测，频率为每周一次，需要时适当加密，如发现特殊情况及时停止施工，在查明原因及采取措施后才能继续施工。

⑧施工中如发现燃气管线有异常现象或管位有差异、可能对管线的安全和维修产生影响时，应立即停止施工，同时联系燃气管线相关部门，落实保护管道的措施后方可继续施工。

分析燃气管线特点，选择不停输封堵方式进行迁改，拟定不停输封堵技术实施流程图(图5-5)，完成管线迁改工作。

5.4.3.1 作业坑开挖

高压燃气管线的埋深一般较深，在不停输封堵作业时，除保证有足够的操作空间外，还应充分考虑安全通道。可在沟槽两端挖阶梯槽坡，在沟槽两侧设置牢固的爬梯。

第5章 管线密集区平衡与保护技术研究

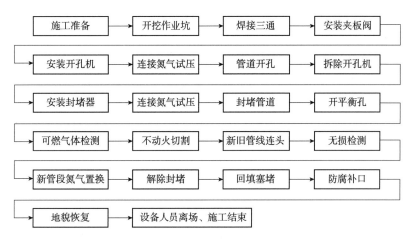

图 5-5　不停输封堵技术实施流程图

确定埋地管道作业坑尺寸。作业坑最小宽度为：

$$W=D+K \tag{5-1}$$

式中：W——坑底最小宽度(m)；

D——管道外径(m)；

K——作业坑底宽度常规值(m)，通常取 2.6~3.2m。

垂直管道安装封堵设备单侧作业坑长度为：

$$L=L_1+L_2+L_3+L_4+L_5 \tag{5-2}$$

式中：L——作业坑长度(m)；

L_1——封堵作业点到坑边的间距(m)，$L_1 \geq 2.5L_3$；

L_2——封堵作业点至隔离墙距离(m)，$L_2 \geq 3D$，且至少为 1.5m；

L_3——对开三通长度(m)，取值为 0.6m；

L_4——隔离墙宽度(m)，取值为 2.0m；

L_5——断管操作区宽度(m)，根据实际连头需要长度确定。

作业坑深度为：

$$H=h_1+h_2+D \tag{5-3}$$

式中：H——作业坑深度(m)；

h_1——管顶至地面的距离(m)；

h_2——管底至坑底的距离(m)，$h_2 \geq 0.7$m；

D——管道外径(m)。

作业坑坡度应符合表 5-2 的规定。

作业坑坡度要求　　　　　表 5-2

土质名称	砂土	细、粉流砂	亚砂土	亚黏土	干黄土
坡度	1∶1.0	1∶1.0~1∶1.5	1∶0.67	1∶0.59	1∶0.25

确定作业坑长度时,在盘式封堵口和旁通管道口之间应增加一个盘式封堵位置,在盘式封堵口开孔切割钢板提取失败时,可在预留的位置上重新开孔。作业坑深度应保证沟槽底至管底的距离为1m,保证焊工作业空间。

5.4.3.2 确定封堵点

用壁厚测试仪器测量管线的壁厚,根据开孔封堵作业标准选择合适的开孔封堵点。开孔、封堵点应选择在漏点附近的直管段上,开孔部位应避开管道焊缝;无法避开时,对开孔刀切削部位的焊道应适量打磨,开孔刀中心钻严禁落在焊缝上。开孔封堵部位的管道圆度误差不得超过管外径的1%。

5.4.3.3 管件安装与焊接

管道允许的带压施焊压力计算公式如下:

$$P = \frac{2\sigma_s(t-c)}{D}F \tag{5-4}$$

式中:P——管道允许的带压施焊压力(MPa);

σ_s——管材的最小屈服极限(MPa);

t——焊接处管道实际壁厚(mm);

c——因焊接引起的壁厚修正量(mm),通常取2.4mm;

D——管道外径(mm);

F——安全系数,燃气管道取0.5。

在实际操作过程中,为控制带压施焊风险,一般管道允许的带压施焊压力不高于2.5MPa。

管道流速要求:焊接封堵管件时,管道内液体流速不应大于5m/s。

直焊缝的处理:对管道螺旋焊缝和直焊缝进行适量打磨或打磨对开三通,以保证对开三通护板与管道间隙不大于2mm。

焊前管件组对:对开三通法兰沿管道轴线方向的两端到管顶的距离差不应大于1mm,对开三通法兰中轴线与其所在位置管道轴线间距不应大于1.5mm。

焊工数量:对护板长度大于或等于750mm的对开三通进行纵向直焊缝的焊接时,每道焊缝应由至少两名焊工同时施焊。在管道外径大于或等于325mm的管道上进行对开三通环向角焊缝的焊接时,每道焊缝应由至少两名焊工同时施焊,且两电弧间应相距至少50mm。

焊接顺序如下:

①每道纵向焊缝由一名焊工焊接时,应按图5-6所示焊接顺序同时焊接。

②每道纵向焊缝由两名焊工焊接时,应按图5-7所示焊接顺序同时焊接。

③对开三通的两道环向角焊缝不应同时焊接。当两名焊工同时焊接一道环向角焊缝时,应按图5-8所示焊接顺序同时焊接。

焊接纵向直焊缝时,对开三通纵向直焊缝宜加垫板。

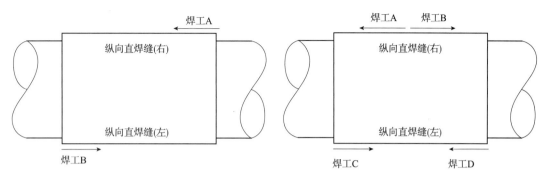

图 5-6 每道纵向焊缝由一名焊工焊接时的焊接顺序　　图 5-7 每道纵向焊缝由两名焊工焊接时的焊接顺序

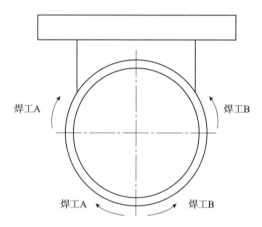

图 5-8 两名焊工同时焊接一道环向角焊缝时的焊接顺序

环向角焊缝的焊接应符合以下要求：

①对开三通护板与管道的环向角焊缝的焊接应采用堆焊形式，见图 5-9。

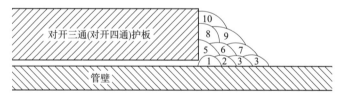

图 5-9 环向角焊缝的焊接要求（一）

②对开三通护板厚度小于或等于 1.4 倍壁厚时，焊角高度和宽度应与护板厚度一致，见图 5-10。

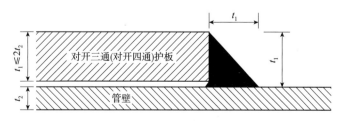

图 5-10 环向角焊缝的焊接要求（二）

③对开三通护板厚度大于1.4倍壁厚时，焊角高度和宽度应等于1.4倍管道壁厚，见图5-11。

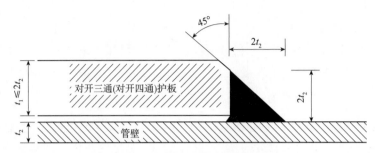

图5-11 环向角焊缝的焊接要求（三）

5.4.3.4 焊接检验

质检员应对焊缝进行外观检验，焊缝外观质量符合要求后，填写焊接外观检验记录。

焊缝外观合格后，由具有相应资格的无损检测人员对焊缝进行无损探伤检测，合格后进行开孔封堵作业。

5.4.3.5 平衡阀、夹板阀安装

将开孔阀门加密封垫，与法兰连接紧固。平衡阀、夹板阀应在关闭状态下安(吊)装。测量夹板阀内孔与对开三通(四通)法兰内孔的同轴度，误差不应超过1mm。把闸板全部打开，确认阀门内腔无障碍物，方可进行开孔施工。

夹板阀安装容易忽视的环节就是工作面的清理。如果开三通法兰面、密封面及三通内部不干净，将会使夹板阀的安装密封不严，一旦开孔产生了漏气，可能造成整条管线停气，结果是不停输带气封堵失败。所以三通法兰面、密封面及三通内部清洁是一项重要而又细致的工作。安装密封垫片时，其双面应涂抹黄油，使密封效果更好。

5.4.3.6 开口刀及开口机安装

刀具安装：中心钻U形卡环应转动灵活，且每次开孔前应更换中心钻防松尼龙棒；刀具结合器与开孔机主轴之间的锥度连接不应有任何松动；测量筒刀与开孔结合器内孔的同轴度控制在1mm以内。

开口机安装：将刀具、连箱与开孔机组装完好后，与开孔阀门连接紧固；开口机与开孔结合器应竖直安装和拆卸。

5.4.3.7 开孔前压力试验及气体置换

开孔前应对焊接到管线上的管件和组装到管线上的阀门、开孔机等部件进行整体试压。管道试压介质为氮气，试验压力等于管道运行压力1.5倍，稳压15min，以无压降且无渗漏为合格。步骤如下：

①进行气密测试，从进气孔中注入氮气，压力为管线运行压力的1.5倍。

②稳压15min，分别在开孔机四周、夹板阀及封堵管件连接处进行泡沫喷淋测试，如无漏气，方可进行下步作业。

③氮气置换采用低进高出的方法,从进气孔不断往联箱及整个开孔系统中注入氮气,然后在出气孔用氧含量测量仪检测氧含量,直至系统中氧含量小于0.5%。然后关闭进气口与出气口阀门。

5.4.3.8 开孔施工

开孔顺序为:先开平衡放空孔和旁通孔,再开封堵孔及下囊孔。当主管道较小时,旁通孔可与主管道同等级。当主管道较大时,旁通孔可比主管道小两个级别。

开平衡孔尺寸 L 计算公式为:

$$L=l_1+l_2-l_3+l_4 \tag{5-5}$$

式中各尺寸含义,见图 5-12。

开封堵孔尺寸计算公式为:

①起始切削尺寸 L_1 计算公式为:

$$L_1=l_1+l_3 \tag{5-6}$$

②切削完成尺寸 L_2 计算公式为:

$$L_2=l_1+l_2-l_3+l_4 \tag{5-7}$$

式 (5-6)、式 (5-7) 中各尺寸的含义,见图 5-13。

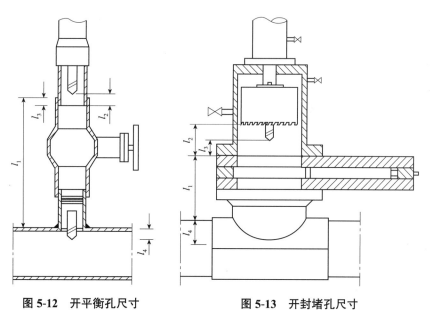

图 5-12 开平衡孔尺寸　　　　图 5-13 开封堵孔尺寸

平衡孔开孔使用手动开孔机。开孔前组装球阀、手动开孔机;封堵孔开孔使用液压开孔机,开孔前组装夹板阀、液压开孔机,调整刀具同心度。

启动手动开孔机或液压站,进行开平衡孔、开封堵孔作业,当开孔机切削到预定尺寸后停机,然后手动操作开孔机,手动进给 2~3 圈,确认完全开透后。反方向转动扳手,将刀具和马鞍块提进连箱,关闭阀门,卸下开孔机,开孔作业结束。开旁通及平衡孔示意图见图 5-14、图 5-15。

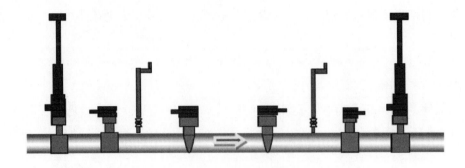

图 5-14 开旁通及平衡孔示意图

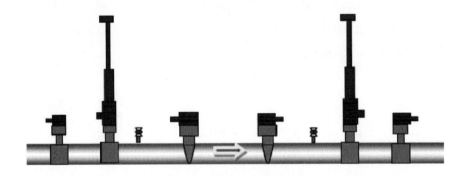

图 5-15 开封堵孔示意图

开孔完成后,将刀具退回开孔机内,关闭阀门,然后拆除开孔机。

5.4.3.9 建立旁通管道

根据旁通管道材质,在预制场地选择合适的焊接工艺对管道进行预制焊接,并经压力试验合格,在开孔完成后,建立旁通管道,见图 5-16。

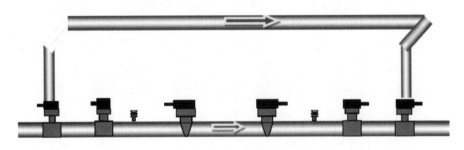

图 5-16 建立旁通管道示意图

5.4.3.10 管道封堵

在取出开孔刀具时,应先检测可燃气体,确认安全后方可进行后续操作。若存在可燃气体,应采取强制通风措施。封堵步骤如下:

①当管线开孔完毕后,按照封堵流程安装封堵器及试压。

②封堵时,先查看开孔时切割下来的马鞍块,根据管道内壁结垢和腐蚀情况判定封堵头皮碗的挤压程度。

③先下封堵再下囊(图5-17、图5-18)。

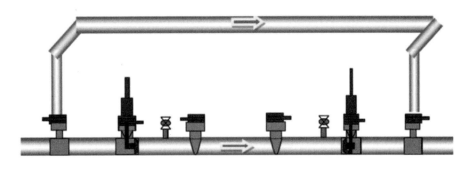

图5-17　管道下封堵示意图

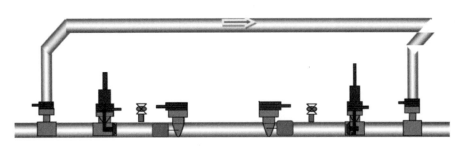

图5-18　管道下囊示意图

④检测封堵是否严密。封堵后,在被封堵的管道上面进行放空。如果放空一定时间后仍然没法卸压,则判断封堵不严密;若封堵不严,取出封堵皮碗(囊)并更换,直至封堵严密。

5.4.3.11　管道切割

打开放空孔后,用可燃气体探测仪进行可燃气体检测,经确认合格、达到切割条件后,切割连头处的原管道。管道切割示意图见图5-19,具体步骤为:

①清除旧管线连头处防腐层(停输前做好准备工作),并将连头切管处管线清理干净;按照现场弯头的实际尺寸确定切割点位置,并用白色油漆笔标示。

②在管道标示位置安装爬管机,并调试爬管机刀具旋转位置和转数,使割刀正对白色标示线,通电调试爬管机,正常运行后再沿标示线切割。

③准备切削冷却液,减少切割产生的热量。

④考虑原管道投产运行时间较长,可能存在局部锈蚀较严重情况,切割后用游标卡尺测量切割点附近管道管壁厚度。如经过清理发现切割处管口附近存在锈蚀严重点,情况允许时焊接补强,然后打磨平滑;否则需整体切除,连头点前移,重新选择壁厚符合要求的管段进行切割。

⑤管线两道口切割完成后,清理切割下的旧管线(拆除管段)管口内外管壁上的杂质,将拆除管段吊出施工区域并回收。

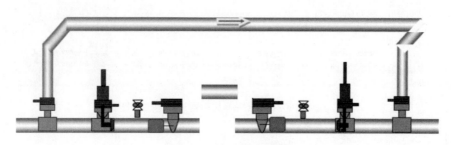

图 5-19 管道切割示意图

5.4.3.12 新旧管道连头

管道连头前应做好以下工作：

①办理用火许可证，并坚持"三不动火"的原则。

②动火现场道路应畅通，利于消防车进出。

③施工现场防火、防爆应做到器材落实、人员落实，专人看管消防器材，安全监护人到达现场并一直在现场监护。

④动火前，清理施工现场周边 20m 范围内存放的易燃物。

⑤动火前，组织有关施工人员学习施工方案，同时进行安全教育，提高安全意识。

⑥严格按照动火报告及操作规程施工作业，确保安全无事故。

⑦连头施工时，用含氧检测仪对作业坑内的含氧量进行监控，防止发生氮气中毒事故。随时用可燃气体检测仪监测，防止爆炸或火灾事故发生。

5.4.3.13 新管路置换

利用氮气瓶在上游放散口注入氮气，下游放散口排气，检测空气排尽后可解除封堵，实现新管路投产。

5.4.3.14 解除封堵

①新旧管线连头焊接并经无损检测合格后，报现场指挥部，在得到解封指令后进行解封作业。

②解封前，利用平衡孔将输送介质注入新管段内，平衡封堵器两端压力，压力平衡后提出封堵头。

③解封时要缓慢，提出封堵头时精确计算提出的尺寸，防止未提到连箱内便关闭夹板阀，导致关闭不严，产生泄漏危险。

④拆除封堵器后要塞堵。在堵塞上装"O"形圈，将塞堵器安装在夹板阀上面进行塞堵。

⑤若塞堵不能正常下到预定位置，须拆开，更换密封圈，重新塞堵，直至堵塞下到位。

⑥塞堵后，可以将夹板阀拆下来，在管件上盖盲板。

⑦解封作业完成后，报现场指挥部，开始启输流程。

连头解封后管道示意图见图 5-20。

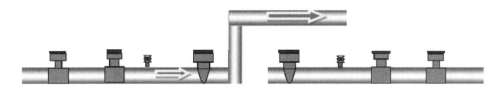

图 5-20　连头解封后管道示意图

5.4.3.15　地貌恢复

作业坑内的带压封堵完成后，进行回填作业。根据现场情况对作业坑进行分层夯实、分层回填。注意事项如下：

①对作业坑内的设施和管线采取保护措施，或以物品覆盖。对新碰头管线下方悬空部分进行回填夯实，完成后方可进行大面积回填。

②每次回填不应超过 1m，分层夯实。夯实后再进行下层回填。越是靠近作业坑底部，挖掘机操作越要轻取轻放，不得损坏作业坑内管道。

③回填时安排专人指挥挖掘机操作，收拾现场废弃物和垃圾，回填至比自然地面略高即可。最后用挖掘机来回碾压，恢复自然地表状态。

5.4.4　实施效果

通过花莞高速高压燃气管线迁改实施案例，证明了采用盘式封堵与囊式封堵相结合的方式实施高压天然气管道封堵，技术可行，风险可控，安全有保证。实现了城市天然气主干线局部改线后新旧管道的不停输碰接，避免了因大面积停气而造成的大量余气放散，防止环境污染，又避免了由于停气而造成的经济损失和社会影响。经测算，仅临迁管道的购置和安装及征拆补偿就节省工程造价约 4600 万元，经济效益和社会效益显著。然而，该项技术也有很大的改进空间，需要在后续的研究中完善。在实际应用中，它的缺点主要表现在：

①切削剩余的金属铁屑会永久留在燃气管道里，这对管道上的阀门、调压器等来说是一种隐患。

②开孔、封堵、下堵过程中，管道内部不可视，需要借助外部测量以及经验来判断内部情况，从而降低了可靠性。

5.4.5　建议

公路建设主管部门在确定公路建设周期时，要保证合理功能工期，否则施工单位易因为抢工期而忽略对既有管线的保护。对地下管线的调查工作，建设单位一定要引起高度重视，应多方面、多渠道收集有关地下管线的资料。各专业管线产权单位掌握着很多其他部门不掌握的专业、权威的相关资料。在施工时，应责成有关人员及时、准确地提供管线位置，派专人负责联系落实，并对提供资料的真实性负责。

通过制度规范各方的行为。从目前的情况看，地下管线在公路施工时被破坏，有施工单位的原因，也有因地下管线的埋设位置、高程不符合规范，竣工图上没有正确标明，或管线产权单位提供资料不准确、配合不及时等原因造成的。因此，出了问题不能只是处罚施工单位，对原管线的施工单位、专业管线的产权单位也要有相应的制约，进行规范，使其承担相应的责任。

施工单位要从思想上引起高度重视，不能局限于原有的工作方式。对地下管线的勘测要采用科学的手段，运用现代测绘技术，针对工程的特点采用不同的措施。要努力寻求费用相对不高、勘测相对准确的方法、仪器。目前，管线探测技术已逐步成熟，可有效地探测各种地下管线，包括金属、非金属管线的准确位置和埋设深度等数据。

加强管线档案管理工作。新建地下管线覆土前，应通过实测获得准确的管线竣工测量图，各专业管线单位应对已有地下管线进行普查和补充测绘，并及时更新地下管线地理信息；如因各专业管线管理单位未提供准确的地下管线档案而造成道路施工单位损坏地下管线，专业管线管理单位要承担相应的责任。

参照发达国家的做法，在新建、改建、扩建城市主干道时，对符合技术安全标准和相关条件的城市地下管线工程，应当优先采用"共同沟"技术。条件允许时，推行地下管线集约化建设与管理，由政府委托的建设单位统一规划、统一建设、统一维护，合理利用城市地下空间。

第 6 章
城镇化地区高速公路噪声综合治理优化技术研究

相比于普通高速公路，城镇化地区高速公路噪声治理中面临一些新的问题：首先是城区高速公路两侧存在大量高层建筑，仅仅利用声屏障无法抑制道路交通噪声对高层建筑的影响；其次是道路两侧设置的声屏障极大地影响了驾乘人员的视线，并使公路沿线居民的景观空间变得破碎，影响了居住体验；最后是城镇化地区设置全封闭声屏障代价过大。因此，需要发展新的技术手段，提升声屏障和低噪声路面的综合降噪效果。

通过声学超构材料，提升屏障的通风隔声和特定频段吸、隔声性能，利用远距离特定区域有源主动控制技术，实现道路屏障类降噪措施与低噪声路面协同效果提升，研究协同降噪提升技术，提升降噪效果，优化降噪措施占用的城镇化地区空间。

6.1 低噪声路面结构优化研究

6.1.1 概述

随着人居环境要求的提高，各国逐渐重视环境污染治理。减小交通噪声是提高居民居住环境质量、推进绿色交通的重要指标。现有研究表明，道路交通噪声主要来自车辆轮胎与路面接触所产生的噪声。因此，低噪声路面被视为从噪声源头降低轮胎/路面噪声的重要技术。欧美、日本的城市道路及高速公路上广泛采用的降噪路面多为空隙率达20%以上的多孔型路面。此外，双层排水沥青路面、细粒式薄层铺面、橡胶沥青路面、高弹沥青路面等路面形式也作为典型的低噪声型路面被广泛应用。为满足日益严格的环保需求，在荷兰、德国等欧洲国家，正在广泛开展能够进一步提升降噪功能而又能够保持路面耐久性的功能性路面研究。

已有研究表明，轮胎/路面噪声的产生是与多种噪声产生机理和影响参数相关的极其复杂的过程。图 6-1 列出了与轮胎/路面噪声相关的各影响因素。由该图可见，轮胎/路面噪声主要是路表因素、环境因素、车辆因素通过不同机理的综合作用而形成的。与轮胎/路面噪声产生最密切的路面参数有吸声系数、构造深度(路表纹理)和劲度模量(或力学阻抗)，而这些路面性能又取决于沥青混合料本身的材料和结构参数，如孔隙率、级配、沥青含量、路面厚度等。

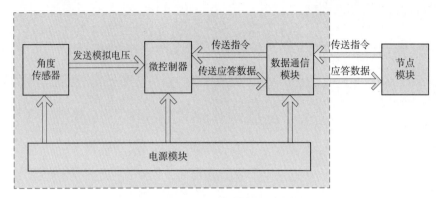

图 6-1　轮胎/路面噪声的影响因素

根据国内外现有研究，降低轮胎/路面噪声的两种方式为：①采用具有多孔结构的路面面层，降低空气在轮胎与路面间的泵吸噪声，同时对噪声起到吸收作用；②减小路表面构造深度，从而降低由于轮胎振动产生的噪声。目前，我国较多采用的排水降噪沥青路面是基于路面孔隙结构对轮胎/路面噪声的吸收而起到降低噪声的作用。新兴的双层排水沥青路面(图 6-2)，除了具有良好的吸声效果以外，其上面层结构粒径较细(6~8mm)，表面构造深度降低，从而减小轮胎与路面接触产生的振动噪声，具有更好的降噪效果。

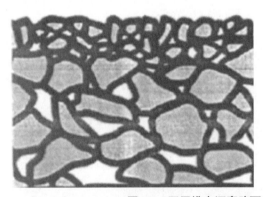 

图 6-2　双层排水沥青路面示意图(左)及实际侧面图(右)

薄层罩面在荷兰等欧洲国家用作低噪声路面。它是厚度为 20~30mm 的路面表层，典型的厚度为 25mm。薄层罩面能够降低轮胎/路面噪声的原因在于：①使用小粒径集料以增加路面的平滑度并减小轮胎振动产生的噪声；②具有一定空隙率，能够吸收部分频段的轮胎/路面噪声。

此外，最近的一些研究认为路面的劲度模量或力学阻抗也是影响轮胎/路面噪声的因素之一，路面的劲度模量或力学阻抗越大，其产生的路面噪声就越低。这种影响主要体现在刚性路面、沥青混凝土路面及新型高弹性路面材料性能相差较大的情况。对于沥青路面，采用不同的路面结构，由劲度模量引起的轮胎/路面噪声差异并不大。因此，本书将不对劲度模量的影响进行深入分析，主要从吸声系数和构造深度两个方面对沥青混合料的降噪特性进行分析和评价。

6.1.2 路面降噪结构优化

基于轮胎/路面噪声的产生机理，开展低噪声混合料设计及结构性能提升技术的研究，对沥青路面的材料、结构和施工质量控制进行优化，形成路面结构耐久性和功能性统一的低噪声路面设计方法，提出不同类型低噪声路面的适用条件，建立路面噪声预测模型。

已有研究多集中于路面吸声及表面构造深度的单独影响，而未考虑不同因素的综合影响。此外，当低噪声路面类型不同时，其降噪机理、降噪频度和降噪水平具有较大差异。因此，本书对低噪声路面进行精细区分，即：

①大空隙低噪声路面(空隙率≥14%)，进一步划分为单层大空隙路面(厚度30~60mm)、薄层大空隙路面(厚度10~30mm)、双层大空隙路面及大厚度大空隙路面(总厚度>60mm)。

②密级配低噪声路面(空隙率<5%)。

③半开级配路面(空隙率5%~14%)。

大空隙低噪声路面主要基于表面气动噪声消散和噪声传播途径吸声降低噪声，可以进一步通过降低模量等方式形成降噪功能的协同优化。密级配低噪声路面主要通过降低路面力学阻抗提升降噪效果，如橡胶沥青路面，但缺少吸声功能。因此，密级配低噪声路面的降噪效果总体差于大空隙低噪声路面。

选取吸声系数频谱曲线峰值对应的频率与轮胎/路面噪声频谱曲线峰值对应的频率的偏差不超过15%，且吸声系数频谱曲线峰值与轮胎/路面噪声频谱曲线峰值的偏差不超过10%的路面参数；将选取的路面参数按照吸声系数频谱曲线峰值的降序进行排序；将吸声系数频谱曲线峰值最大的一组路面参数作为目标设计值，获得大空隙吸声层的层数、厚度以及初始空隙率，并基于这些参数进行整体结构的性能计算。

6.1.3 应用案例

基于噪声产生和防治机理，结合近场、远场、阻抗以及频谱特性等方面对沥青路面的材料、结构和施工工艺进行对比分析和优化，形成路面结构耐久性和功能性统一的低噪声路面设计方法和施工工艺。

6.1.3.1 路面结构组合

采用单层排水降噪沥青路面，半幅加铺4.0cm PAC-13。主要设计方案如图6-3所示。

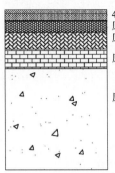
a)超车道

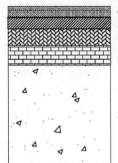
b)行车道

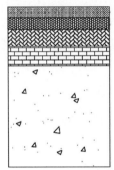
c)应急车道

图 6-3 单层排水降噪方案示意图

6.1.3.2 配合比设计

根据试验段混合料类型和空隙率的要求，开展混合料配合比设计。根据施工委托方及课题组提供的技术资料，同时考虑本项目集料加工工艺和集料组成特点，结合现行技术规范，对 PAC-13 上面层沥青混合料进行目标配合比设计优化，结果如下：

①推荐表 6-1 所列 B 级配作为 PAC-13 上面层沥青混合料目标配合比标准级配，沥青混合料最佳油石比为 4.8%。

各档集料筛分及合成级配汇总 (单位：%)　　　　表 6-1

粒径 (mm)	矿粉	0~3mm	5~10mm	10~15mm	A 级配	B 级配	C 级配	中值	控制下限	控制上限
16.00	100.0	100.0	100.0	100.0	100.0	100.0	100.0	100.0	100.0	100.0
13.20	100.0	100.0	100.0	80.1	90.8	91.0	91.2	92.5	85.0	100.0
9.50	100.0	100.0	99.1	16.7	61.3	62.1	63.0	55.5	40.0	71.0
4.75	100.0	100.0	15.5	0.6	17.1	18.1	19.9	20.0	10.0	30.0
2.36	100.0	86.7	1.1	0.5	9.9	10.8	12.5	14.5	9.0	20.0
1.18	100.0	59.7	0.7	0.0	8.1	8.7	9.9	12.0	7.0	17.0
0.60	100.0	42.8	0.0	0.0	7.1	7.5	8.4	10.0	6.0	14.0

续上表

粒径 (mm)	矿粉	0~3mm	5~10mm	10~15mm	A 级配	B 级配	C 级配	中值	控制下限	控制上限
0.3	99.9	29.9	0.0	0.0	6.3	6.6	7.2	8.5	5.0	12.0
0.15	99.6	22.6	0.0	0.0	5.9	6.1	6.5	6.5	4.0	9.0
0.075	90.4	17.9	0.0	0.0	5.2	5.4	5.7	5.0	3.0	7.0
A		4.0	6.0	44.0	46.0	均采用 4.8% 油石比,外掺聚酯纤维 0.1%				
B		4.0	7.0	44.0	45.0					
C		4.0	9.0	43.0	44.0					

②通过 PAC-13 上面层沥青混合料目标配合比设计,确定沥青混合料相关体积参数为:最大理论相对密度为 2.674;毛体积相对密度为 2.067(体积法),空隙率为 22.7%(体积法);毛体积相对密度为 2.142(真空法),空隙率为 19.9%(真空法)。

③PAC-13 上面层沥青混合料析漏损失、飞散损失、残留稳定度、冻融劈裂强度比、动稳定度、渗水系数等均满足设计要求。结果如图 6-4、表 6-2 所示。

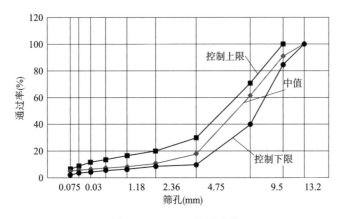

图 6-4 PAC-13 级配曲线

PAC-13 沥青混合料路用性能检验结果　　　　表 6-2

试验项目		单位	B 级配检测值	技术要求
马歇尔试件击实次数		次	50	双面击实 50 次
油石比		%	4.8	—
毛体积相对密度 (体积法)		—	2.067	—
毛体积相对密度 (真空法)		—	2.142	—
最大理论相对密度		—	2.674	—
空隙率	体积法	%	22.7	18~25
	真空法		19.9	17~23
马歇尔稳定度		kN	6.75	≥ 5.0
谢伦堡沥青析漏试验的结合料损失		%	0.11	≤ 0.8
肯塔堡飞散试验的混合料损失		%	5.4	≤ 15

续上表

试验项目	单位	B级配检测值	技术要求
浸水肯塔堡飞散试验的混合料损失	%	6.1	≤ 20
动稳定度	次/mm	10924	≥ 6000
浸水马歇尔试验残留稳定度	%	95.3	≥ 85
冻融劈裂试验残留强度比	%	83.4	≥ 80
渗水试验(车辙板)	mL/min	6058	≥ 5000

6.1.3.3 路面施工

1) 质量控制要点

采用优质沥青混合料PAC-13，其施工工艺已较为成熟，因此不再列出详细施工技术要求。主要针对混合料的大空隙特点，特别是施工过程，提出以下施工控制要点：

①应严格保证软弱颗粒含量少于1%；对玄武岩粗集料的杂石(水锈石)含量进行控制，一般杂石含量应不大于5%，以免影响黏附性。

②对玄武岩开展耐候性试验和质量控制，避免光照剥离现象发生。

③大空隙超薄磨耗层PAC-13厚度薄，散热快，应重视施工温度控制。摊铺温度不宜低于155℃，尤其要加强纵向热接缝处的温度控制，防止离析。为保证布料均匀，摊铺PAC-13混合料时，速度可适当放缓。摊铺机行走速度不宜过快。气温较低时，摊铺速度以2m/min左右为宜，应保证表面摊铺均匀，无离析、无坑槽。根据现场摊铺情况及时调整速度。特殊条件下，摊铺前可采用2台就地热再生用加热机对加铺车道表面进行预热，使表面温度达到60~70℃，摊铺机紧跟进行摊铺，从而保证路表温度。

④为了保证碾压效果，初压应紧跟摊铺，且一个碾压区间内同一台钢轮压路机往复次数不宜超过2次。尽量保证一个车道由一台压路机控制初压。

⑤双层降噪沥青路面的上、下排水层之间采用不粘轮乳化沥青作为黏层，用量应控制在0.2~0.3kg/m²，保证层间的通透性和黏结性。

⑥室内车辙试验的试件厚度为5.0cm，而PUC-10修筑厚度为2.5cm，实际具备的抗车辙性能要高于室内试验结果，PUC-10的动稳定度技术要求应与PAC一致，调整为5000次/mm。

2) 施工

在试验段开展了路面性能、吸声系数、噪声检测等相关试验。根据试验段段落分布以及现场施工情况，试验段检测区域及结构布局如表6-3所示。试验段施工及现场检测见图6-5。

试验段路面面层结构 表6-3

测试车道	路面面层结构
行车道	4.0cm PAC-13
超车道	4.0cm PAC-13

a) 混合料拌和楼

b) 路面结构黏层施工

c) PAC-13下层混合料摊铺、碾压

d) PAC-13下层混合料摊铺、碾压

e) 三维激光表面纹理测试

f) 驻波管吸声系数测试

图 6-5 试验段施工及现场检测

6.1.3.4 混合料性能评价

在实工过程中，对拌和楼生产的 PAC-13 混合料取料并开展室内试验，结果见表 6-4、表 6-5，混合料性能指标满足技术要求。

PAC-13 路面施工过程沥青混合料检测结果　　表 6-4

试验项目	单位	检测值	技术要求	试验方法
毛体积密度	—	2.153	—	T 0708
理论最大相对密度	—	2.699	—	T 0711
空隙率	%	18.2	17~23	T 0708

续上表

试验项目	单位	检测值	技术要求	试验方法
飞散损失	%	5.7	≤ 15	T 0733
浸水飞散损失	%	4.4	≤ 20	T 0733
析漏损失	%	0.18	≤ 0.8	T 0732
马歇尔稳定度	kN	6.8	≥ 5.0	T 0709
残留稳定度	%	96.0	≥ 85	T 0709
冻融劈裂试验残留强度比	%	88.4	≥ 80	T 0729
动稳定度	次/mm	8756	≥ 5000	T 0719
渗水试验(车辙板)	ml/min	7500	≥ 5000	T 0719
低温弯曲(-10℃)	με	5900	≥ 2500	T 0728

级配测试结果　　表 6-5

粒径 (mm)	混合料筛分通过率 (%)	目标级配 (%)	技术要求 (%)	试验方法
16.0	100.0	100.0		
13.2	89.5	91.0	±4	
9.5	61.2	62.1		
4.75	17.5	18.1		
2.36	10.2	10.8	±3	T 0725
1.18	8.0	8.7		
0.60	6.5	7.5		
0.30	5.9	6.6	±4	
0.15	5.2	6.1		
0.075	4.9	5.4	±2	

6.1.3.5 路面性能评价

进行试验段路面性能测试(图 6-6)，结果表明，渗水系数为 5947mL/min，摆值为 85，构造深度为 2.38mm。PAC-13 混合料表面构造深度总体大于 PUC-10，即轮胎与路表面由于振动产生的噪声会大于 PUC-10 表面。

图 6-6 试验段路面性能测试

6.1.3.6 近场路面噪声试验结果

普通排水沥青路面 PAC-13 对不同轮胎花纹的敏感度较低。本试验段中，PAC-13 实际空隙率为 18% 左右，因此 PAC-13 及双层低噪声路面降噪水平总体低于预测值。

6.1.3.7 路面吸声性能试验结果

针对路面特性对于路面噪声的影响，主要测试方法有：

1) 统计型噪声测试方法

统计型噪声测试方法主要依据《声学 道路表面对交通噪声影响的测量 第 1 部分：统计通过》(GB/T 20243.1—2006)，测量不同车辆组合下路边位置所接收的噪声强度，用以表示路面接收者所接收到的噪声强度。在测量过程中，麦克风装置固定在距离路面中心线 7.5m 的位置，其距离地面的标准高度为 1.2m(图 6-7)。另外，有专门装置记录行驶车辆的类型以及车速。测量的噪声数据经过统计分析处理后，得到某类型车辆在特定行驶速度下噪声强度的频率分布曲线。

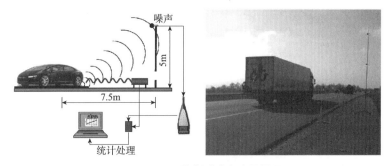

图 6-7 SPB 噪声测试方法及原理

2) 近场轮胎-路面噪声测试方法

依据 *Acoustics—Measurement of the influence of road surfaces on traffic noise—Part* 2：*The close-proximity method* (ISO11819-2：2017)，测量和记录轮胎与道路接触面的噪声。试验轮胎安装在拖车或测试车辆上，在轮胎的一侧固定有两个麦克风，用来记录轮胎行进方向前后的噪声。在目前的规范当中，可以对 4 种型号的轮胎(编号为 A~D)进行测试。试验中，拖车由牵引车辆牵引，以某一规定速度行驶(图 6-8)。在行驶过程中，仪器连续记录路段的轮胎-路面噪声，并计算某一路段长度上的噪声平均值。试验的输出结果是某一速度下的噪声等级。

图 6-8 近场轮胎-路面噪声测试方法所用设备

3) 试验结果

路面吸声性能现场测试结果如图 6-9 所示，基本验证了仿真结果。同一位置不同测点间的差异主要是由于混合料粒径尺度与面层厚度尺度相差不大，且不同位置施工工艺存在差异。但总体上来说，较好地体现了单层面层、双层面层及组合层的降噪特性。测量估计，最大降噪量接近 6dB，效果比较理想。

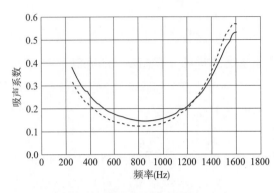

图 6-9 路面吸声性能现场测试结果

单层面层最大吸声系数可达 0.9，峰值频率约为 1200Hz；双层面层最大吸声系数约为 0.7，峰值频率在 800~1000Hz。相比单层面层，双层面层整体吸声性能比单层面层好，尤其是对中低频噪声的吸声性能较好，这对交通噪声低频部分的吸收具有重要作用。

6.2 既有声屏障优化提升关键技术研究

6.2.1 概述

传统声屏障是在声源与接收点之间，插入一密实材料的板或墙，阻止直达声直接辐射到接收点，从而使直达声改变为衍射声。国外研究发现，声屏障越高，声源类型的影响越大，声屏障平均插入损失最大能够提高 7.5dB(A)。日本是较早使用声屏障的国家，对声屏障顶部设计进行了大量研究，顶部主要有 Y 形、T 形、倒 L 形、山形等。研究发现，相比于 2.0m 的直立形声屏障，在声屏障顶部加高或者改变形状，能够增加 2dB(A) 左右的附加降噪效果。Murata 比较并分析了多种顶部头型，得出 Y 形顶部结构的降噪效果最好。Belingard 等对吸声材料和顶部结构的附加降噪效果进行测试，结果表明，高速列车以 320km/h 速度运行时，将声屏障上部刚性单元板改为吸声单元板，插入损失增加 4.0~5.0dB(A)。

在国内，有学者对针对某高速公路旁敏感建筑物 1 层和 2 层，选择了 3.5~4.0m 高度的声屏障进行了研究。有研究采用二维边界元法建立高架桥铁路声屏障噪声预测模型，分析不同因素对降噪性能的影响，基于试验结果，对有、无声屏障时的声场分布、场点声压时间历程及频谱特性、插入损失特性及其与速度的线性拟合关系进行探讨，分别考虑以上因素对声场分布、场点声压级及频率特性变化规律的影响。研究结果表明，声屏障采用鼻形结构、外倾 30° 时的降噪效果最好。目前，计算声屏障的插入损失所用的公式并没有体现材料吸声对绕射声衰减的作用，只是反映屏障的隔声作用特点，有研究探讨屏障的吸声性能对绕射降噪量的贡献，并推导出与吸声系数有关的绕射降噪量的计算公式。

6.2.2 优化路侧声屏障设置规模研究

在环境噪声监测的基础上，通过对低噪声路面、声屏障及有源降噪等降噪技术的相互作用和协同降噪效果的研究，设计出多种降噪技术相结合的综合降噪技术方案。主要研究包括：

1) 典型声屏障降噪效果研究

声屏障由屏体和顶端结构构成，大多数情况下，声屏障不设顶端结构。从实验室和实际声屏障工程两方面出发，针对城镇化地区高速公路功能，研究典型声屏障实际降噪效果和适用频率范围。

2) 声屏障附加新型降噪结构优化降噪效果研究

研究在不同噪声频率影响范围内使用不同新型降噪结构对交通噪声的降低效果，并深入研究噪声从产生到受声点传播过程中的特征变化，提出优化声屏障长度、高度及建设规模的实施方案。

3) 降噪措施及综合环境效益优化分析

路侧声屏障优化包括以下3方面：

①路段筛选。对于原施工图声屏障设计中不属于噪声敏感目标的建筑物或构筑物所在路段，取消设置声屏障。对于新增敏感点且未纳入施工图声屏障设计的，补充降噪措施。

②高度优化。由于花莞高速部分路段路基填挖高度较大，高路基和低路基上修建同样高度、同样长度、同类型的声屏障，对同样位置的保护目标的降噪效果有差别。因此针对不受飞机噪声影响的路段，进行声屏障高度和长度的声学设计优化。

③长度优化。为减弱声源对敏感目标的侧向绕射，声屏障设置长度应大于敏感目标长度，使敏感目标完全处于声屏障的声影区内，以起到更好的降噪效果。因此，声屏障实际长度是在敏感目标长度的基础上向敏感目标两端延伸。

施工图设计中，确定桥梁段扣除护栏高度后的声屏障高度为3.0m，路基段声屏障高度为4.0m。声屏障高度全线统一，未体现声学论证过程。花莞高速全线声屏障高度和长度设置不尽合理，主要体现在：

①由于花莞高速全线桥梁多，且受飞机噪声影响，因此在前4个路基标段，设置4m高的直立型声屏障无法使沿线敏感点达到所在功能区的声环境质量标准。故对前4个路基标段的声屏障设计不做长度和高度优化。

②在第5个路基标段至终点的部分高路基路段，声屏障高度取4m时，技术经济效益不是最佳，须进一步论证其高度。

③由于实际工程地形、位置、敏感点的变化，其声屏障位置、高度和长度需根据现场调研情况进行调整，施工图设计中的声屏障位置、规模要根据环境变化而变化。

由于花莞高速部分路段路基填挖高度较大，高路基和低路基上修建同样高度、同样长度、同类型的声屏障的降噪效果差别较大，高路堤衰减作用在高楼层路段大大减弱，因此主要进行声屏障高度和长度的声学设计优化。为减少制作异形材料、节约成本和优化施工，优化后的声屏障高度按照建筑模数进行保守化统一。

(1) 声屏障降噪原理

如图 6-10 所示，直立型声屏障主要是根据设计目标值(即需要的降噪效果)来确定相关参数，并根据对噪声源的遮挡程度和范围，计算出声屏障的高度与长度。声影区范围根据噪声衰减量、屏障与声源接收点之间的相对位置等决定。当噪声敏感点处于声影区(绕射声区域)时，由于直达声被阻隔，声屏障对敏感点具有一定降噪效果；当噪声敏感点处于噪声直达区域时，此时敏感点暴露在声源下，声屏障无降噪效果。

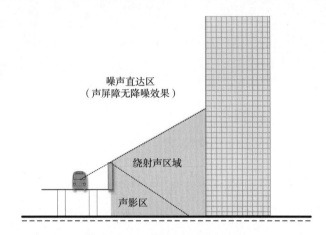

图 6-10　声屏障保护区域示意图

(2) 声屏障有效高度

声屏障有效高度设计是声屏障设计的关键，按声屏障降噪理论：声波入射到声屏障，产生绕射、透射、反射及吸收现象，在声屏障背后一定距离内形成低声级的声影区，从而达到降噪的目的。要想降低敏感目标噪声，敏感目标须在声屏障的声影区内，而声影区范围大小与声屏障高度有直接关系。

噪声波在到达声屏障后的传播途径及声屏障高度设计相关计算参数见图 6-11，设计参数的说明见表 6-6。

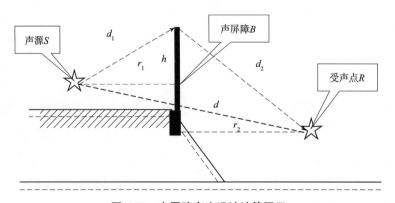

图 6-11　声屏障高度设计计算图示

设计参数 表6-6

参数		描述	单位
输入参数	h_s	声源高度	m
	h_g	受声点与路面的高差	m
	r_2	受声点至声屏障的水平距离	m
	D_N	声屏障至近车道的距离	m
	D_F	声屏障至远车道的距离	m
	L_Δ	降噪目标值	dB(A)
	c	声速	m/s
中间参数	d_1	声源至声屏障顶部的距离	m
	d_2	受声点至声屏障顶部的距离	m
	d	声源与受声点之间的距离	m
	σ	声程差	m
	f	公路噪声频率 (取 500Hz)	Hz
	r_1	声源至声屏障水平等效距离	m
输出结果	h	声屏障高度	m

计算声屏障高度时，参数分为输入参数、中间参数。当输入已知参数后，通过相应的计算公式可以计算出声屏障高度。

(3) 受声点计算点位选取

受声点计算点位选取噪声敏感点区域内最不利受声位置室外 1m 处，即被保护目标最高楼层地面以上 1.2m 的室外 1m 处。

(4) 基本参数

基本参数有：路面宽度、声屏障断面设置位置、路面与受声点地面的高差、等效声源位置高度 (路中心线上方 1m)、受声点高度、受声点与声屏障的垂直距离、受声点与等效声源的水平距离、声屏障预设高度、声屏障预设长度。

(5) 计算基本模型

预设声屏障效果分析示意图见图 6-12。该图是以受声点距路肩 100m 为例进行示意的。

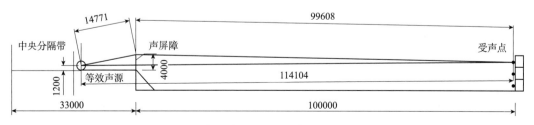

图 6-12 预设声屏障效果分析示意图 (尺寸单位：mm)

6.2.3 应用案例

6.2.3.1 顶端结构

本书主要研究 4 种常见声屏障顶端结构形式，分别是竖直形、Y 形、T 形和折角形，示意图见图 6-13。

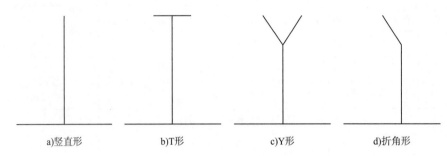

图 6-13 典型声屏障顶端结构示意图

通过解析分析结合数值仿真计算，可得不同顶端结构对声场分布影响，结果见图 6-14。

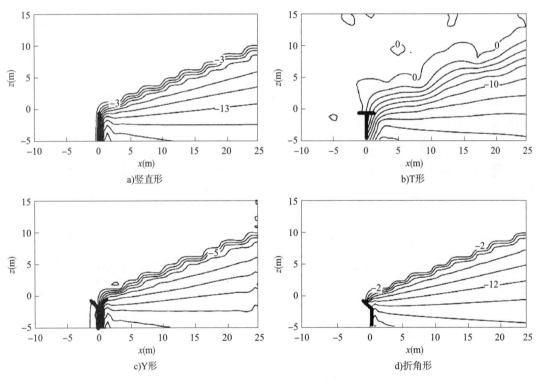

图 6-14 不同声屏障顶端结构声场分布

由仿真结果可知：T 形顶端结构能够使得声屏障附加 2~3dB 降噪效果，当 T 形顶端表面覆盖吸声材料时，T 形顶端结构的降噪量可达 5dB。

6.2.3.2 屏体材料

声屏障典型屏体材料测试结果如表 6-7 所示。

典型声屏障屏体声学性能   表 6-7

序号	材料名称	材料规格	备注	隔声量 (500Hz)	吸声系数 (500Hz)
1	陶粒无砂水泥墙板	厚 40mm	面密度 24kg/m²	30	—
2	水泥刨花板	厚 10mm	面密度 12kg/m²	27	—
3	木板	厚 25mm	面密度 10~20kg/m²	31	0.10
4	厚铅丝网抹灰	厚 12~15mm	面密度 48kg/m²	34	0.25
5	珍珠岩吸声板	厚 18mm	面密度 320kg/m²	>30	0.38
5	珍珠岩吸声板	厚 50mm	面密度 15kg/m²	—	0.92
6	树脂玻璃棉板	厚 25mm	面密度 2.5kg/m²	—	0.16
7	矿棉吸声板	厚 12mm，后空 0cm	—	—	0.47
7	矿棉吸声板	厚 12mm，后空 5cm	—	—	0.44
7	矿棉吸声板	厚 12mm，后空 10cm	—	—	0.38
8	透明亚克力板	厚 20mm	面密度 22.3kg/m²	30	—
9	强力聚碳酸酯板	厚 20mm	面密度 25kg/m²	34	—
10	石棉水泥蜂窝板	厚 50mm	面密度 60kg/m²	31	—
11	轻型泰柏板	2140mm×1220mm，厚 76mm	面密度 85kg/m²	41~53	<0.2
11	轻型泰柏板	2440mm×1220mm，厚 76mm	面密度 85kg/m²	41~53	<0.2
11	轻型泰柏板	2740mm×1220mm，厚 76mm	面密度 85kg/m²	41~53	<0.2
11	轻型泰柏板	2940mm×1220mm，厚 76mm	面密度 85kg/m²	41~53	<0.2
12	钢板	厚 1mm	面密度 7.85kg/m²	23.2	<0.02
12	钢板	厚 2mm	面密度 15.7kg/m²	28.7	<0.02
12	钢板	厚 3mm	面密度 23.55kg/m²	31.7	<0.02
12	钢板	厚 4mm	面密度 31.4kg/m²	33.9	<0.02
12	钢板	厚 5mm	面密度 39.25kg/m²	35.8	<0.02
12	钢板	厚 6mm	面密度 47.1kg/m²	37.7	<0.02
12	钢板	厚 8mm	面密度 62.8kg/m²	39.4	<0.02
13	铝板	厚 1mm	面密度 2.7kg/m²	26.5	—
14	锌铁皮	厚 1mm	面密度 7.8kg/m²	25.5	—
15	矿渣扩散反射板	490mm×490mm，最薄 25mm	面密度 120~150kg/m²	47	0.2~0.3
15	矿渣扩散反射板	厚 150mm	面密度 400kg/m²	58	0.2~0.4
16	吸声彩钢复合板	厚 50mm	面密度 17.4kg/m²	30.3	>0.6
17	反射型复合彩钢板	厚 50mm	面密度 17.4kg/m²	30.8	<0.02
17	反射型复合彩钢板	厚 120mm	面密度 25.8kg/m²	34	<0.02
18	金属微穿孔板（单板）	厚 6mm/8mm/10mm	穿孔率 0.64%	20~25	>0.6

续上表

序号	材料名称	材料规格	备注	隔声量(500Hz)	吸声系数(500Hz)
19	单层微穿孔板	厚0.8,后空5cm	孔径0.8mm,穿孔率1%~3%	—	0.43~0.87
		厚0.8,后空10cm		—	0.78~0.96
		厚0.8,后空15cm		—	0.72~0.87
		厚0.8,后空20cm		—	0.50~0.61
		厚0.8,后空25cm		—	0.34~0.76
20	单层微穿孔板	厚0.5,后空20cm	孔径0.8mm,穿孔率1%~2%	—	0.39~0.44
21	微穿孔板(复合板)	厚50mm/100mm	孔径0.8mm,穿孔率0.64%	—	>0.7
22	双层微穿孔板,孔径0.8mm	厚0.9mm,后空3cm、7cm	穿孔率2.5%+1%	—	0.92
		厚0.9mm,后空5cm、5cm		—	0.96
		厚0.9mm,后空8cm、12cm		—	0.84
		厚0.9mm,后空8cm、12cm	穿孔率2%+1%	—	0.93
		厚0.9mm,后空8cm、12cm	穿孔率3%+1%	—	0.95
23	条缝共振吸声砖	后空3~6cm	—	—	0.17
		后空2~3cm	—	—	0.19
24	沥青矿棉	厚15mm	面密度3kg/m²	—	0.18
25	酚醛矿棉毡	厚50mm	面密度3kg/m²	—	0.54
		厚60mm	面密度4.8kg/m²	—	0.66
26	玻璃丝	厚70mm	面密度10.5kg/m²	—	0.89
27	防水超细玻璃棉	厚100mm	面密度2kg/m²	—	0.96
28	沥青玻璃棉毡	厚30mm	面密度1.8kg/m²	—	0.26
		厚50mm	面密度5kg/m²	—	0.55
29	矿渣棉	厚60mm	面密度14.4kg/m²	—	0.78
		厚70mm	面密度14kg/m²	—	0.76
		厚80mm	面密度19.2kg/m²	—	0.65
30	矿棉吸声板	厚12mm	后空0cm	—	0.47
		厚12mm	后空5cm	—	0.44
		厚12mm	后空10cm	—	0.38
31	水泥蛭石板	厚40mm	—	—	0.46
32	水泥膨胀珍珠岩板	厚50mm	—	—	0.64
33	砌块砖(清水)	—	—	—	0.04

6.2.3.3 声屏障建设规模优化

声屏障的高度和长度直接决定了声屏障的降噪效果和总体工程造价。因此,设置合理的声屏障长度和高度,是声屏障建设规模优化的关键。

以花莞高速人和街道段为例，道路两侧各设置 1km 长度的屏障，以 20m 为一个单位长度、0.5m 为一个单位高度，最高不超过 5m 进行优化。可以认为受声点受到 50 个线声源影响，对每个线声源通过设置不同的高度单元进行控制。

1) 高度计算方法

噪声的遮挡高度根据噪声衰减量、屏障与声源接收点之间的相对位置等决定。理论计算值由噪声衰减曲线图插值得出，见图 6-15。

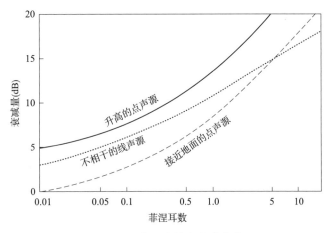

图 6-15　声屏障的声衰减曲线

由下式计算菲涅耳数 N：

$$N = \frac{f}{170} \cdot \sigma \tag{6-1}$$

式中：f——噪声的频率 (Hz)，公路交通噪声通常取 f=500Hz，也可以根据实际噪声监测情况选择；

　　　σ——声程差。

再根据声屏障对不相干线源的衰减曲线，即可查得无限长声屏障对公路交通噪声的衰减量。

考虑小型车所占比例超过 90%，取声源高度为 0.6m，声源至声屏障的距离 r 按下式计算：

$$r = \sqrt{D_N \cdot D_F} \tag{6-2}$$

式中：D_N——声屏障至近车道的距离 (m)；

　　　D_F——声屏障至远车道的距离 (m)。

根据无限长声屏障的噪声衰减量，再考虑有限长声屏障的修正，即可得到一定长度、不同高度的声屏障对公路交通噪声的实际衰减量。

2) 长度计算方法

根据图 6-16，对有限长度的声屏障进行修正。修正后的声屏障长度取决于遮蔽角 β/

θ。如图 6-16 中虚线表示：当无限长屏障声衰减为 8.5dB，若有限长声屏障对应的遮蔽角百分率为 92%，则有限长声屏障的声衰减为 6.6dB。

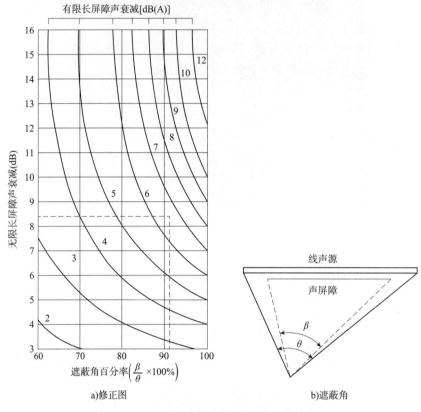

图 6-16　有限长度的声屏障及线声源的修正图

3) 计算示例

以人和街道为例，现有噪声分布如图 6-17 所示。

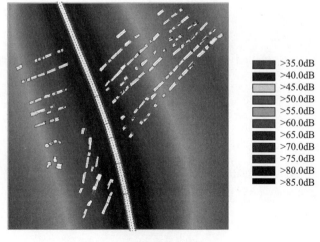

a)预测噪声分布云图

图　6-17

第 6 章 城镇化地区高速公路噪声综合治理优化技术研究

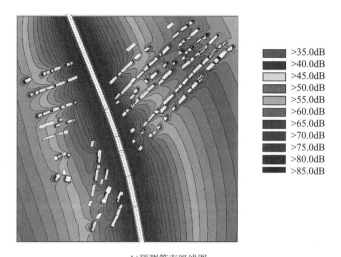

b)预测等声级线图

图 6-17 敏感点噪声预测图 (4.2m 高度，夜间场景)

根据监测结果，针对地面高度 4.2m、夜间场景进行优化，优化结果见图 6-18、图 6-19。

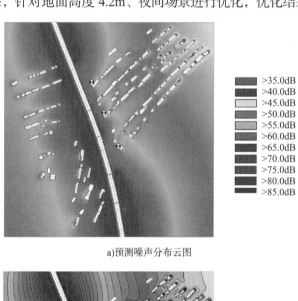

a)预测噪声分布云图

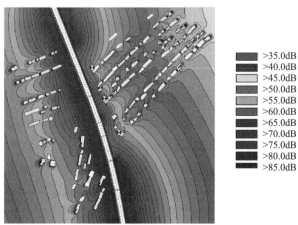

b)预测等声级线图

图 6-18 敏感点建设声屏障后下行方向路侧噪声预测图 (4m 高度，夜间场景)

· 141 ·

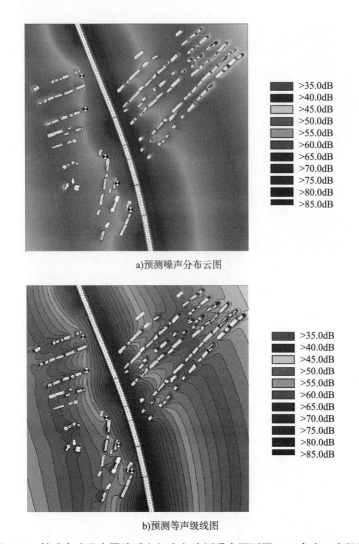

a) 预测噪声分布云图

b) 预测等声级线图

图 6-19 敏感点建设声屏障后上行方向路侧噪声预测图 (4m 高度，夜间场景)

6.2.3.4 公路沿线降噪措施优化

花莞高速全线的声屏障建设是交通噪声污染防治项目，是改善沿线声环境质量、实现基础设施建设与环境和谐统一的重要举措。

花莞高速沿线居民密集，声环境敏感点众多，大部分距离本项目较近，通车后预测车流量较大，交通噪声将对沿线产生较大的环境影响。全线声屏障施工图针对超标范围内的所有建筑物或构筑物进行了声屏障设计，落实了环境保护"三同时"的设计要求。由于施工图降噪设计未区分是否属噪声敏感建筑物，且沿线的声环境保护目标随着施工征拆和建设发生了变化，导致已有的声屏障设计与实际的环境保护要求有偏差，需要进行设计优化。

花莞高速全线调查范围内的声环境保护目标为距路中 200m 范围内预测环境噪声超标的村庄、学校、医院等。经现场调查，需要保护的噪声敏感建筑物或区域包括村庄 46 个、幼儿园 1 处。这些被保护的敏感点的楼层数多为 3~5 层，多层建筑的降噪计算位置需要取在最高层地面以上 1.2m 的窗外 1.0m 处，这就要求声屏障必须具有较高的相对高度，才可有效遮挡噪声源的直达声。

据现状监测结果，风和村、芳芳幼儿园、仙沙村 3 处敏感点所测环境噪声值超过《声环境质量标准》(GB 3096—2008) 中的 2 类标准，超标量为 3.3~8.0 dB(A)，超标原因为受频次高、平均 2min/次的飞机噪声、建筑施工噪声、工业企业噪声的影响。光明村等另外 5 处敏感点所测环境噪声值均达《声环境质量标准》(GB 3096—2008) 中的 2 类标准，受现状环境噪声的影响较小。沿线评价范围内飞机噪声、建筑施工噪声、工业企业噪声、社会生活噪声均普遍存在，声环境现状较差，周围声环境复杂，多种噪声源综合作用。

花莞高速预测车流量大，起点互通至太成互通近、中、远期预测车流量分别为 15385pcu/d、23865pcu/d、35038pcu/d 外，其他路段的近、中、远期预测车流量更大，分别为 33436~40815pcu/d、44791~66136pcu/d、58153~88373pcu/d，小型车占比约为 60%，大型车占比约为 36%。

花莞高速建成后，其交通噪声对环境噪声的贡献难以准确计算。特别是第 1~4 路基标段处于繁忙的白云国际机场噪声影响范围内，其路侧敏感点受机场噪声影响严重，仅凭修建直立式声屏障，敏感点的环境噪声难以达标。且桥梁段由于桥面与敏感点高差、桥梁结构辐射特点等，在桥梁段建设声屏障更难以达到理想的降噪效果。

对路段进行筛选后，在主线 41 处敏感点设置了 53 道声屏障，长度为 17208 延米；在 5 处互通匝道设置 12 道声屏障，长度为 2011 延米；另增设 2 道声屏障，长度为 450 延米。主线声屏障合计 17658 延米，匝道声屏障合计 2011 延米，总长 19669 延米。主线减少 33 道声屏障，长度减少 5743 延米，减少了约 25%；互通匝道减少 6 道声屏障，长度减少 1031 延米，减少了约 33%。总体上，声屏障长度减少了 6874 延米，减少了约 26%。

对声屏障高度和长度进一步优化，并补设施工图设计遗漏的 3 处敏感点后，共设置声屏障 21004 延米。其中：主线设置声屏障 18958 延米，包括路基段 3.5m 高声屏障 979 延米、4.0m 高声屏障 3030 延米，桥梁段 3.0m 高声屏障 13458 延米、2.5m 高声屏障 1241 延米；匝道设置声屏障 2046 延米，包括路基段 4.0m 高声屏障 1108 延米、桥梁段 3.0m 高声屏障 938 延米。相比施工图设计总长度 (26543 延米)，优化后减少了 5539 延米，长度减少了约 21%。

本项目原施工图设计中的声屏障投资概算为约 6306 万元，在对沿线预测超标的噪声敏感目标都进行保护且各敏感点的达标数量基本保持一致的情况下，优化后声屏障投资估算为约 4938 万元，减少了约 1368 万元，投资减少约了 22%，起到效果一致、在经济上相对合理的效果。取消的非噪声敏感建筑物路段声屏障，符合《中华人民共和国环境噪声污染防治法》等法律法规及《环境影响评价技术导则 声环境》(HJ 2.4—2021) 等标准规范的相关规定。路基段声屏障高度由 4.0m 优化为 3.5m，自重荷载、风荷载、地震荷载等的作用均有所减小，对路基造成的扰动作用均减轻，施工难度降低，施工工程量减少，技术上完全可行。桥梁段声屏障高度由防撞护栏以上3.0m优化为2.5m，各种荷载作用也相应减小，对桥梁造成的安全影响减小，工程量相应减少，技术上完全可行。声屏障长度增减，单元受力条件保持一致，其他条件均保持不变，技术上完全可行。

施工图设计优化和新增敏感点补设声屏障后，与环评要求相符合。由此可见，本项研究不仅可以优化施工图设计、节省投资，而且可以保证交通噪声的降噪量达到3.6~12.5dB(A)，起到了较好的降噪作用，使经济效益和环境效益达到良好统一。

建议下阶段做好声学性能保障，尽量减小声屏障接触部位的缝隙，例如对吸声板与H型钢、防撞墩表面等部位均要做降噪处理，声屏障路侧立面设置吸声型屏体材料。进行安全性设计，除保障结构本身设计安全外，要全面考虑车辆冲击声屏障或冲出高架桥外的风险；一道声屏障的连续长度超过500m时，进行逃生门或逃生通道设计；做好排水设施设计，将路桥面雨(雪)水及时排放到指定的集水池或沟渠中；进行可维修性设计、耐候性设计等。

提出如下声屏障施工建议：

①合理安排工期，每道声屏障的基础施工不应超过1个月，声屏障框架结构及材料安装不应超过1个月(含材料加工周期)，总工期预计3~4个月。

②声屏障的制作、安装应委托具备丰富经验的专业厂家，并进行二次深化设计，图纸及样板经设计、监理、业主认可后方可实施。

③现场复核图纸。如果声屏障与交通标志标牌冲突，或遇土建误差导致声屏障屏体无法正常安装，或遇现场特殊情况，均应局部修改、优化设计，经设计、监理确认通过后方可实施。

④现场施工安装时做好安全防护。如果在营运期实施，应严格按交管部门要求进行封路施工，建议采用半幅封路施工，不断流。吊装钢结构件时，严格划定施工区域，区域内禁止车辆通行。施工质量技术指标应严格按有关规定、规范执行。

⑤声屏障材料进场时应进行验收。声屏障的降噪效果应由国家认可的专业单位进行检测。声屏障的工程质量及外观验收应按《公路工程质量检验评定标准 第一册 土建工程》(JTG F80/1—2017)相关要求执行。声屏障建成后进行环保设施验收。

此外，建议采用低噪声路面作为物理声屏障降噪效果不足的一种补充手段，适用于在设置物理声屏障后仍存在较大超标(5dB以上)的敏感点位置处。建议选择龙塘村桥梁段K5+300~K6+600实施，费用增加800万元。有源降噪声屏障应结合物理声屏障实施，建议作为物理声屏障降噪效果不足的一种补充手段，适用于设置物理声屏障后存在轻微超标(小于2dB)的敏感点位置处。建议选择光明村桥梁段K15+518~K15+740实施，费用增加100万元。

优化结果见表6-8、表6-9。

表 6-8 花莞高速声屏障优化结果（SJA01 合同段）

序号	敏感点	位置	路基有效宽度(m)	楼层数	与路肩距离(m)	与路肩平均高差(m)	等效声源距离(m)	路基形式	绕射路径(mm)	直射路径(mm)	声程差(m)	插入损失[dB(A)]	遮蔽角度比值	修正量[dB(A)]	实际降噪量[dB(A)]	营运中期预测超标量[dB(A)]	声屏障设计高度(m)
1	凤和村	FK1+900~FK2+784	33.5	5	107	16.0	14.51	桥梁	121370	121166	0.204	9.47	0.99	0.4	9.1	10.5	2.5
									121586	121166	0.420	11.39		0.4	11.0		3.0
2	凤和村	GK0+000~GK0+700	33.5	6	28	14.3	14.51	桥梁	42329	42105	0.224	9.70	0.99	0.4	9.3	10.5	2.5
									42449	42105	0.344	10.83		0.4	10.4		3.0
3	人和街	K1+100~K1+600	33.5	5	110	13.3	14.51	桥梁	124341	124106	0.235	9.82	0.99	0.4	9.4	12.9	2.5
									124446	124106	0.340	10.80		0.4	10.4		3.0
4	人和街	K1+710~K2+220	33.5	6	100	11.2	14.51	桥梁	114293	114163	0.130	8.42	0.74	3.9	4.5	12.9	2.5
									114373	114163	0.210	9.54		4.8	4.7		3.0
5	人和街	K2+550~K2+830	33.5	6	8	13.0	14.51	桥梁	22288	22189	0.099	7.86	0.97	0.9	7.0	12.9	2.5
									22412	22189	0.223	9.69		0.7	9.0		3.0
6	人和街	K2+970~K3+300	33.5	7	45	11.5	14.51	桥梁	59481	59455	0.026	6.00	0.86	1.4	4.6	12.9	2.5
									59521	59455	0.066	7.13		2.0	5.1		3.0
7	人和街	K1+100~K1+680	33.5	4	88	13.3	14.51	桥梁	102542	102190	0.352	10.89	0.99	0.4	10.5	12.9	2.5
									102656	102190	0.466	11.69		0.4	11.3		3.0
8	人和街	K2+400~K2+780	33.5	5	15	13.3	14.51	桥梁	29723	29129	0.594	12.40	0.96	1.9	10.5	12.9	2.5
									29937	29129	0.808	13.34		1.9	11.4		3.0
9	人和街	K2+970~K3+300	33.5	4	51	10.0	14.51	桥梁	65390	65107	0.283	10.30	0.76	5.2	5.1	12.9	2.5
									65511	65107	0.404	11.28		5.8	5.5		3.0
10	龙塘村	K5+300~K5+684	33.5	4	56	10.7	14.51	桥梁	70426	70120	0.306	10.51	0.82	4.6	5.9	9.3	2.5
									70551	70120	0.431	11.46		5.3	6.2		3.0
11	龙塘村	K5+300~K6+130	33.5	5	10	12.0	14.51	桥梁	24557	24100	0.457	11.63	0.99	0.4	11.2	9.3	2.5
									24772	24100	0.672	12.77		0.4	12.4		3.0

续上表

序号	敏感点	位置	路基有效宽度(m)	楼层数	与路肩距离(m)	与路肩平均高差(m)	等效声源距离(m)	路基形式	绕射路径(mm)	直射路径(mm)	声程差(m)	插入损失[dB(A)]	遮蔽角比值	修正量[dB(A)]	实际降噪量[dB(A)]	营运中期预测超标量[dB(A)]	声屏障设计高度(m)
12	小罗村	K8+170~K8+560	33.5	3	97	8.7	14.51	桥梁	111411	111132	0.279	10.27	0.79	4.8	5.5	15.6	2.5
								桥梁	111525	111132	0.393	11.20		5.4	5.8		3.0
13	大罗村	K8+830~K9+040	33.5	4	76	9.7	14.51	桥梁	90342	90102	0.240	9.87	0.61	6.4	3.5	13.2	2.5
								桥梁	90450	90102	0.348	10.86		7.3	3.6		3.0
14	乌溪村	K9+180~K9+650	33.5	3	117	8.3	14.51	桥梁	131373	131120	0.253	10.01	0.72	5.5	4.5	15.4	2.5
								桥梁	131480	131120	0.360	10.96		6.2	4.8		3.0
15	乌溪村	K10+330~K10+700	33.5	3	58	5.0	14.51	桥梁	72297	72107	0.190	9.29	0.70	5.1	4.2	15.4	2.5
								桥梁	72397	72107	0.290	10.37		6.0	4.4		3.0
16	金盆村	K11+570~K11+900	33.5	3	59	16.0	14.51	桥梁	74280	73497	0.783	13.24	0.80	7.1	6.1	6.1	2.5
								桥梁	74471	73497	0.974	13.92		7.6	6.3		3.0
17	金盆村	K11+545~K11+830	33.5	3	63	15.5	14.51	桥梁	78385	77682	0.703	12.91	0.71	8.0	4.9	6.1	2.5
								桥梁	78566	77682	0.884	13.62		8.6	5.0		3.0
18	光明村	K15+012~K15+167, K15+518~K15+740	33.5	5	55	15.0	14.51	桥梁	69540	69165	0.375	11.07	0.99	0.4	10.7	11.5	2.5
								桥梁	69677	69165	0.512	11.96		0.6	11.4		3.0
19	光明村	K15+167~K15+518	33.5	3	30	15.0	14.51	路基	46367	45007	1.360	14.99	0.98	3.0	12.0	11.5	3.5
								路基	46634	45007	1.627	15.58		3.1	12.5		4.0
20	陈洞村峰街	K17+165~K17+290	33.5	4	32	18.0	14.51	桥梁	48245	46970	1.275	14.78	0.84	7.7	7.1	11.2	2.5
								桥梁	48502	46970	1.532	15.38		8.1	7.3		3.0
	陈洞村峰街	K17+165~K17+265	33.5	3	34	18.0	14.51	桥梁	51200	49572	1.628	15.58	0.74	10.1	5.5	11.2	2.5
								桥梁	51484	49572	1.912	16.12		10.5	5.6		3.0
21	陈洞龙田东街	K17+600~K17+850 左侧	33.5	3~5	98	15.0	14.51	路基	—	—	—	10.20	0.89	4.0	6.2	9.8	3.5
								路基	—	—	—	11.00		4.2	6.8		4.0

第6章 城镇化地区高速公路噪声综合治理优化技术研究

续上表

序号	敏感点	位置	路基有效宽度(m)	楼层数	与路肩距离(m)	与路肩平均高差(m)	等效声源距离(m)	路基形式	绕射路径(mm)	直射路径(mm)	声程差(m)	插入损失[dB(A)]	遮蔽角度比值	修正量[dB(A)]	实际降噪量[dB(A)]	营运中期预测超标量[dB(A)]	声屏障设计高度(m)
22	苏村	K19+030~K19+600	33.5	4	59	16.0	14.51	桥梁	74018	73435	0.583	12.34	0.93	3.2	9.1	10.9	2.5
								桥梁	74185	73435	0.75	13.11		3.6	9.5		3.0
23	长庚村	K26+700~K26+915	33.5	3	17	15.0	14.51	路基	34772	32377	2.395	16.88	0.88	8.0	8.9	9.3	3.5
								路基	35144	32377	2.767	17.37		8.5	8.9		4.0
24	长庚村	K27+040~K27+270	33.5	4	50	15.0	14.51	桥梁	64981	64387	0.594	12.40	0.63	8.9	3.5	9.3	2.5
								桥梁	65152	64387	0.765	13.17		9.3	3.9		3.0

表6-9 龙莞高速声屏障优化结果（SJA02合同段）

序号	敏感点	位置	路基有效宽度(m)	楼层数	与路肩距离(m)	与路面高差(m)	等效声源距离(m)	路基形式	绕射路径(mm)	直射路径(mm)	声程差(m)	绕射声衰减[dB(A)]	遮蔽角度比值	修正量[dB(A)]	实际降噪量[dB(A)]	预测超标量[dB(A)]	声屏障设计高度(m)
1	潘屋村、新群村	K33+085~K33+741	33.5	4	70	9.0	14.51	路基	84320	84100	0.220	9.65	0.79	4.3	5.4	9.9	3.5
								路基	84425	84100	0.325	10.67		5.0	5.7		4.0
2	潘屋村、新群村	K33+800~K33+940	33.5	3	20	8.0	—	路基	—	—	—	12.00	0.67	7.0	5.0	9.9	3.5
								路基	—	—	—	12.70		7.1	5.6		4.0
3	拾排村	K34+261~K35+011	33.5	4	60	14.0	14.51	桥梁	74728	74268	0.460	11.65	0.93	2.6	9.0	10.7	2.5
								桥梁	74878	74268	0.610	12.48		3.3	9.2		3.0
4	拾排村	K34+365~K34+987	33.5	4	60	14.0	14.51	桥梁	74728	74268	0.460	11.65	0.78	7.8	3.8	10.7	2.5
								桥梁	74878	74268	0.610	12.48		8.9	3.6		3.0
5	散户	K36+182~K36+280	33.5	4	120	7.4	14.51	路基	134284	134109	0.175	9.10	0.33	8.1	1.0	9.9	3.5
								路基	134374	134109	0.265	10.13		9.1	1.0		4.0

续上表

序号	敏感点	位置	路基有效宽度(m)	楼层	与路肩距离(m)	与路面高差(m)	等效声源距离(m)	路基形式	绕射路径(mm)	直射路径(mm)	声程差(m)	绕射声衰减[dB(A)]	遮蔽角度比值	修正量[dB(A)]	实际降噪量[dB(A)]	预测超标量[dB(A)]	声屏障设计高度(m)
6	迳头村	K36+620~K36+859	33.5	4	30	18.0	14.51	桥梁	46373	45011	1.362	15.00	0.78	9.3	5.7	9.9	2.5
7	迳头村	K36+688~K36+863	33.5	3	30	18.0	14.51	桥梁	46641	45011	1.630	15.59	0.78	9.7	5.9	9.9	3.0
8	中心屋	K37+803~K38+340	33.5	3	35	15.0	14.51	桥梁	47562	45705	1.857	16.02	0.74	10.6	5.4	9.9	2.5
								桥梁	47869	45705	2.164	16.53	0.74	11.1	5.4		3.0
9	白甲山	K39+551~K39+764	33.5	3	33	13.0	14.51	路基	51081	49917	1.164	14.49	0.96	3.8	10.7	10.4	3.5
				3~4				路基	51326	49917	1.409	15.11	0.96	4.2	10.9		4.0
10	长岭咀	K40+528~K40+713	33.5	2	40	13.0	14.51	路基	—	—	—	14.80	0.97	−3.7	11.1	10.4	3.5
								路基	—	—	—	15.20	0.97	−3.9	11.3		4.0
11	莫罗村	K42+1738~K42+674左侧	33.5	3~5	42	3.0	14.51	桥梁	56141	55008	1.133	14.40	0.94	4.1	10.3	13.8	2.5
								桥梁	56379	55008	1.371	15.02	0.94	4.5	10.5		3.0
12	黄屋	K42+171~K42+330右侧	33.5	3	37	4.0	14.51	路基	—	—	—	0.00	—	—	—	13.1	3.5
								路基	—	—	—	3.80	—	—	—		4.0
13	黄屋	K42+4578~K42+731右侧	33.5	3	37	4.0	14.51	路基	—	—	—	8.40	—	—	—	12.7	3.5
								路基	—	—	—	9.60	—	—	—		4.0
14	冯村	K44+217~K44+580左侧	33.5	3	90	3.0	14.51	路基	—	—	—	8.40	—	—	—	12.7	3.5
								路基	—	—	—	9.60	—	—	—		4.0
15	南香	K46+550~K46+689右侧	33.5	1	108	3.0	14.51	桥梁	—	—	—	8.40	—	—	—	14.9	3.5
								桥梁	—	—	—	9.50	—	—	—		4.0
16	宿舍和住户	K47+640~K47+860右侧	33.5	5	38	12.0	14.51	桥梁	—	—	—	10.20	—	—	—	11.6	2.5
								桥梁	—	—	—	10.90	—	—	—		3.0
								桥梁	—	—	—	7.80	—	—	—	10.8	2.5
								桥梁	—	—	—	8.90	—	—	—		3.0

第6章 城镇化地区高速公路噪声综合治理优化技术研究

续上表

序号	敏感点	位置	路基有效宽度(m)	楼层	与路肩距离(m)	与路面高差(m)	等效声源距离(m)	路基形式	绕射路径(mm)	直射路径(mm)	声程差(m)	绕射声衰减[dB(A)]	遮蔽角度比值	修正量[dB(A)]	实际降噪量[dB(A)]	预测超标量[dB(A)]	声屏障设计高度(m)
17	百花寺模锻公司宿舍	K48+140~K48+292	33.5	3	105	13.0	14.51	桥梁	119696	119305	0.391	11.19	—	7.0	4.2	10.4	2.5
			33.5	3	105	13.0	14.51	桥梁	119828	119305	0.523	12.02	0.67	7.7	4.3		3.0
18	湾谷新村	K48+192~K48+354	33.5	4	50	13.0	14.51	桥梁	64681	64224	0.457	11.63	—	8.1	3.5	10.4	2.5/3.5
			33.5	4	50	13.0	14.51	桥梁	64833	64224	0.609	12.48	0.60	8.9	3.6		3.0/4.0
19	环阁村	K48+716~K48+913右侧	33.5	2~3	33	6.0	14.51	路基	—	—	—	10.00	—	—	—	16.8	3.5
			33.5	2~3	33	6.0	14.51	路基	—	—	—	10.90	—	—	—		4.0
20	沙头村	K54+400~K55+014	33.5	5	80	19.0	14.51	桥梁	94826	94361	0.465	11.68	—	3.7	8.0	5.0	2.5
			33.5	5	80	19.0	14.51	桥梁	94972	94361	0.611	12.48	0.90	4.0	8.5		3.0
21	新田村	K54+676~K55+303	33.5	3	50	19.0	14.51	桥梁	66589	65403	1.186	14.55	—	5.5	9.1	5.5	2.5
			33.5	3	50	19.0	14.51	桥梁	66825	65403	1.422	15.14	0.90	5.9	9.2		3.0
22	下境村	K55+424~K55+698	33.5	3	40	19.0	14.51	桥梁	57136	55638	1.498	15.31	—	-9.7	5.6	5.6	2.5
			33.5	3	40	19.0	14.51	桥梁	57405	55638	1.767	15.86	0.76	-10.2	5.7		3.0
23	巷头村	K58+499~K59+031	33.5	3	30	8.0	14.51	桥梁	44516	44137	0.379	11.10	—	-3.1	8.0	8.7	2.5
			33.5	3	30	8.0	14.51	桥梁	44660	44137	0.523	12.02	0.91	-3.7	8.3		3.0
24	巷头村	K58+865~K59+027	33.5	3	30	10.0	14.51	桥梁	44948	44281	0.667	12.75	—	-6.4	6.3	8.7	2.5
			33.5	3	30	10.0	14.51	桥梁	45142	44281	0.861	13.54	0.81	-7.0	6.5		3.0
25	六村	K61+108~K61+271右侧	33.5	3	20	7.0	14.51	路基	37210	36760	0.450	11.30	—	-7.3	4.0	6.9	3.5
			33.5	3	20	7.0	14.51	路基	37285	36760	0.525	12.10	0.64	-8.0	4.1		4.0
26	罗布村	K61+465~K61+552, K61+552~K61+824	33.5	3	70	8.0	14.51	路基	84415	84123	0.292	10.39	—	-4.6	5.8	6.5	3.5
			33.5	3	70	8.0	14.51	路基	84535	84123	0.412	11.33	0.81	-5.3	6.0		4.0
27	王浦村	K62+887~K63+117	33.5	3	110	10.0	14.51	路基	124464	124164	0.300	10.46	—	9.5	1.0	5.0	3.5
			33.5	3	110	10.0	14.51	路基	124580	124164	0.416	11.36	0.49	10.4	1.0		4.0

6.3 有源装置协同降噪技术研究

6.3.1 概述

传统声屏障是一种简单实用、可行有效的控制交通噪声的措施。然而有限的几何尺寸决定了其对低频声衰减能力的不足。有源声屏障是一种结合有源降噪技术的新式声屏障，它通过对绕射的低频声实施有源干涉来弥补声屏障的上述缺陷。有源声屏障即在传统声屏障上辅助安装有源降噪模块，具有多通道分布式自适应有源声控制系统的声屏障。

所有的声音都由一定的频谱组成，如果可以找到一种声音，其频谱与所要消除的噪声完全一样，只是相位刚好相反（相差 180°），就可以将噪声完全抵消掉。这就是干涉相消原理。有源降噪技术就是利用该原理对声源声场传播特性及声波的相干作用进行分析，通过扬声器发出反噪声，同实际噪声抵消，从而实现降噪的目的。

交通噪声有源降噪技术即在道路两侧安装有源降噪节点，节点通过传声器采集道路交通噪声，采集的噪声经过运算单元处理，通过喇叭发出同幅度、反相位的声音，与交通噪声抵消，从而降低交通噪声，见图 6-20。

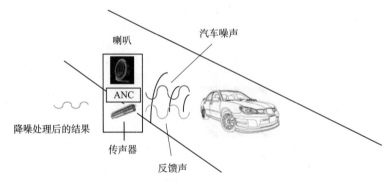

图 6-20 交通噪声有源降噪技术示意图

有源降噪技术是积极主动地控制噪声的一种手段。一般是人为地制造控制声源（次级声源），使其发出的声音与原来的噪声源（初级声源）辐射的噪声同幅值而反相位，从而达到降噪的目的。研究结果表明：①有源控制是有效的，能在屏障插入衰减的基础上产生附加衰减；②当屏障上边缘声压相消点间距小于波长的一半时，有源控制稳定而有效；③次级源越靠近初级源，有源控制效果越好。

声屏障有效高度设计是声屏障设计的关键，按声屏障降噪理论，声波入射到声屏障，产生绕射、透射、反射及吸收现象，在声屏障背后一定距离内形成低声级的声影区，从而达到降噪的目的。要想降低敏感目标噪声，敏感目标需在声屏障的声影区内，而声影区范围大小与声屏障高度有直接关系。实施有源降噪措施后，将相应提高声屏障的有效高度。其工作原理（图 6-21）如下：

①原有声屏障阻断(屏蔽)交通噪声的传播路径,形成一个声影区。
②交通噪声在声屏障顶端聚集形成新的绕射声源。
③在声屏障顶端设置有源降噪模块,发射反声,消减绕射声,可扩大声影区的面积并形成一个干涉区。
④扩大的声影区与形成的干涉区就是降噪效果叠加后的降噪区域,从而提升声屏障整体降噪性能。

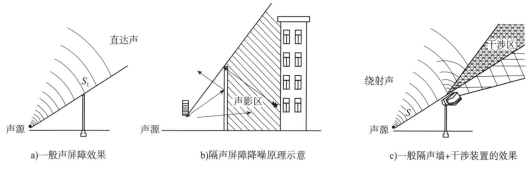

图 6-21　有源降噪技术工作原理图

有源降噪模块人为产生的次级声波,通过干涉相消来消减原有噪声,消声(降噪)程度完全取决于两者的振幅关系。工作原理见图 6-22,算法实现路径见图 6-23。

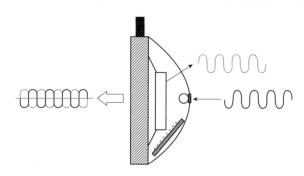

图 6-22　有源降噪模块工作原理示意图

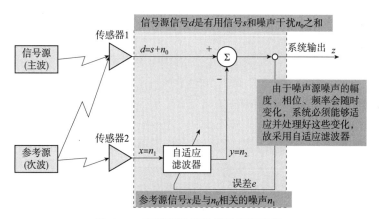

图 6-23　有源降噪模块算法实现路径

算法实现路径为：假设 s、n_0、n_1 是零均值的平稳随机过程，且满足 s 与 n_0、n_1 互不相关，自适应滤波器的输出 $y=n_2$ 为噪声 n_1 的滤波信号，则整个系统的输出为：

$$z=d-y=s+n_0-y \tag{6-3}$$

两边平方得：

$$z^2=s^2+(n_0-y)^2+2s(n_0-y) \tag{6-4}$$

两边取期望值得：

$$E[z^2]=E[s^2]+E[(n_0-y)^2]+2E[s(n_0-y)^2] \tag{6-5}$$

$$E[z^2]=E[s^2]+E[(n_0-y)^2] \tag{6-6}$$

其中，$E[s^2]$ 表示信号的功率。

由上式可以看出，要使得系统输出 z 最大程度地接近信号 s，就要求 $E[(n_0-y)^2]$ 取最小值。

由公式可知，$z-s=n_0-y$，在理想情况下，$y=n_0$，则 $z=s$，输出信号 z 的噪声完全被抵消，而只保留有用信号 s。由此可见，有源降噪的关键在于自适应滤波器。根据环境的改变，使用自适应算法来改变滤波器的参数和结构。常用的自适应算法有递推最小二乘(RLS)算法、最小均方(LMS)算法和平方根自适应滤波(QR-RLS)算法。算法流程图见图6-24。

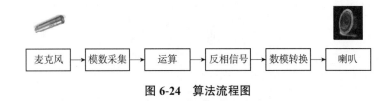

图 6-24 算法流程图

对于有源降噪技术来说，影响降噪量的因素见图 6-25，主要有初级声源及声场特性、次级声源布局、误差传感器布局、控制算法及硬件、传声器/扬声器特性。

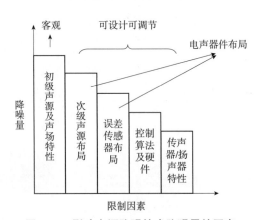

图 6-25 影响有源降噪技术降噪量的因素

有源降噪模块的约束条件包括：

①降噪效果最大化：实际中，将误差传感器输出(即有限位置处的声压)作为监测

量;为适应人对噪声的听觉感知效果,也可将声品质评价参数作为评价量。

②电声器件个数最少化:最大程度地降低系统成本、增强系统的稳定性和可靠性。

③电声器件安装位置的限制:必须避开人员活动、设备安装及影响安全的敏感位置。

④次级声源输出功率的限制:超过额定功率,会引起扬声器的非线性响应,长时间工作会引起器件损坏;为保持降噪后空间中各处的声场均衡,不同次级扬声器之间的输出功率应尽可能避免差异过大。

通常来说,客观因素不可控,因此针对有源降噪模块进行优化。优化流程如图6-26所示。

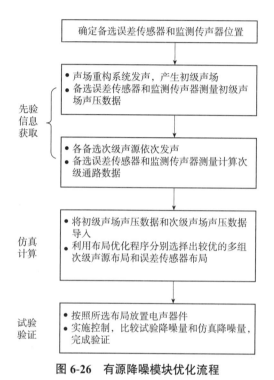

图6-26 有源降噪模块优化流程

在实施过程中,电声器件的安装位置不可避免地会与设计位置出现偏差,该偏差可以分为系统偏差和随机误差。

6.3.2 有源声屏障信号研发

有源声屏障采用主动降噪控制技术。交通噪声产生的噪声场被称为初级声场,其声源为初级声源,所产生的噪声为初级噪声或初级声波。人为产生的、用于抵消初级噪声的"反"噪声称为次级噪声或次级声波,形成的声场为次级声场;产生次级噪声的作动器称为次级声源。在空间某一点,通过初级声波与次级声波的相消性干涉达到降噪目的的噪声控制方式称为有源噪声控制。

目前,主动降噪控制技术广泛应用的滤波方式是最小均方算法,对低频噪声具有较好的降噪效果。

以车辆排气管噪声为例，主动噪声控制结果的模拟如图 6-27 所示。

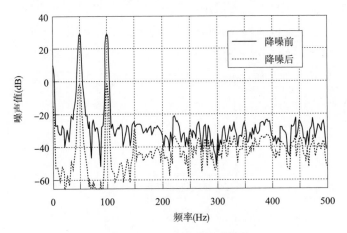

图 6-27 主动降噪结果模拟

利用 Matlab 的 Spectrum Analyzer 工具包对输入的噪声信号和输出的信号进行功率谱分析。在排气管噪声出现峰值的 1 阶和 2 阶频率处，最大降噪量可达 30dB，在其余频段，噪声谱也有不同程度降低，目前应用最多且性能较好的前馈控制系统是基于最小均方算法的。算法、滤波器阶数和迭代步长都是决定主动降噪效果优劣的重要参数，需要在工程实际应用中进行现场调试。

由于主动降噪技术空间尺度和算法本身的原因，决定了主动降噪控制技术对低频噪声会有较好的降噪效果。

6.3.3 产品设计

采用有源降噪技术，对现有高速公路的声屏障进行改装，在原有声屏障的上方加装有源降噪模块，通过模块上的扬声器发出反噪声来对公路噪声进行抑制。有源降噪模块可以通过照明电进行持续供电。

有源降噪声屏障主要由有源降噪模块和声屏障两部分组成。有源降噪模块安装在声屏障的上方。有源降噪模块的尺寸为 160mm×80mm×100mm，可根据设计调整。

有源降噪模块的主要工作原理是：利用传声器采集噪声信号，主机对采集到的噪声进行分析处理，将处理得到的幅度一致、相位相反的声信号传输到扬声器，扬声器发出声波，正好和环境噪声相抵消，以此达到降噪的效果。

有源降噪模块由扬声器、传声器、主机构成。详述如下：

①扬声器：采用户外高性能扬声器，具备较好的频响特性以及耐高温和防水的性能。

②传声器：采用高性能防水传声器，其工作频率范围为 20~20000Hz。

③主机：由 ARM+DSP 架构的板卡构成，主机对传声器采集到的声信号进行处理，分析声场的分布规律和传播特性，处理计算得出反噪声，再将反噪声的信号输入给扬声器，通过扬声器进行输出。

6.3.4 安装方法

可以直接安装于护栏/声屏障上方，如图 6-28 所示。也可以安装于护栏/声屏障底部，见图 6-29。也可以上下都同时安装有源降噪模块。

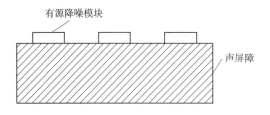

图 6-28　有源降噪模块直接安装于护栏/声屏障上方

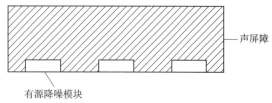

图 6-29　有源降噪模块直接安装于护栏/声屏障底部

两个有源降噪模块的安装间距，由设计降噪目标的截止频率决定。根据交通噪声特点，决定每一个有源降噪模块的有效安装间距。

有源降噪模块通过 1 条电源线与电源相连，重量较轻，可通过抱箍或者支座等与护栏直接相连，所需电源为市电 (220V)，每一个模块工作时的额定最大功率为 14W(同模块设计有关，模块越重越省电)，可通过断、供电来控制有源降噪模块的工作。

6.3.5 应用案例

6.3.5.1 有源降噪声屏障的设置位置

有源降噪应结合物理声屏障实施。建议采用有源降噪技术作为物理声屏障降噪效果不足的一种补充手段，适用于设置物理声屏障后存在轻微超标 (小于 2dB) 的敏感点位置处。

花莞高速地处珠江三角洲发达地区，穿越人口密度大、住宅分布密集的城镇化地区 (图 6-30)，工业企业、厂房众多，人员分布密集。根据现场踏勘与噪声测试，受飞机噪声、铁路噪声、公路交通噪声、建筑施工噪声及社会生活噪声等影响，声环境质量总体一般。根据本项目的环境影响报告书，环评阶段的 47 处测点中有 13 处测点的昼夜环境噪声不满足《声环境质量标准》(GB 3096—2008) 的标准限值要求，其中夜间超标 0.9~11.9dB(A)，其他 34 处测点的昼夜环境噪声满足《声环境质量标准》(GB 3096—2008) 的标准限值要求。

图 6-30　花莞高速项目沿线噪声敏感建筑物分布密集

按照原有设计完成建设后，仍存在轻微超标的敏感点，此时设置有源降噪声屏障，可以满足敏感点的环保验收要求，并且可以在现有高度基础上对部分声屏障高度进行降低。在人和街道、光明村、苏村、长庚村、巷头村4处敏感点修建3.5m高的有源降噪声屏障后，受声点环境噪声值超过所在声环境功能区质量标准限值0.4~1.8dB(A)；修建4.0m高的有源降噪声屏障后，光明村达标，其他3个村庄的环境噪声值超标0.4~1.4dB(A)。

根据有源降噪技术特性和敏感点噪声特征，建议在人和街道桥梁段K1+530~K1+680实施有源降噪技术。有源降噪声屏障高度设计值为4.0m。

现场安装情况如图6-31所示。

图6-31 有源降噪声屏障安装

6.3.5.2 现场测试方案

2021年9—12月，先后多次进行实际工程的现场调试与降噪效果测试。降噪效果测试依据《公路声屏障 第5部分：降噪效果检测方法》(JT/T 646.5—2017)进行，声屏障插入损失(降噪效果)结果均按公式计算得出，测点位置如图6-32所示。

$$IL = \left(L_{\mathrm{ref},a} - L_{\mathrm{ref},b}\right) - \left(L_{\mathrm{r},a} - L_{\mathrm{r},b}\right) \tag{6-7}$$

式中：IL——插入损失；

$L_{\mathrm{ref},a}$——安装声屏障后参考点处的声压级(dB)；

$L_{\mathrm{ref},b}$——安装声屏障前或等效参考点处的声压级(dB)；

$L_{\mathrm{r},a}$——安装声屏障后接收点处的声压级(dB)；

$L_{\mathrm{r},b}$——安装声屏障前或等效接收点处的声压级(dB)。

测试按以下步骤进行：

①选择测试的参考点和接收点，设置在距离在桥梁红线10m、20m和40m的声屏障安装中心线位置处。

第6章 城镇化地区高速公路噪声综合治理优化技术研究

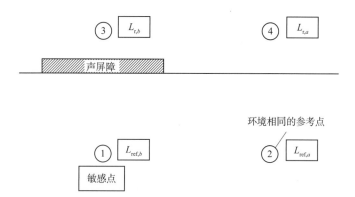

图 6-32 测点示意图

②关闭电源,测量桥梁安装 1.5m 高亚克力声屏障的插入损失。

③打开电源,测量桥梁安装 1.5m 高亚克力声屏障+有源降噪模块后的声屏障插入损失。

④更换接收点和参考点,重复步骤②和步骤③。

每次测试时长为 10min,计算等效 A 计权声压级。测试现场见图 6-33。

a)测试用无线传声器

b)数据无线接收装置

图 6-33 测试现场

第 7 章
城镇化地区高品质服务区建设技术研究

高速公路服务区作为高速公路的主要服务配套基础设施，直接向驾乘人员提供加油、餐饮、住宿、汽修等服务，是保障行车安全、缓解驾驶员长途驾驶疲劳、为车辆提供维修保养服务必不可少的设施。但目前，高速公路服务区普遍存在着功能定位不清晰、科学化管理程度不够、体制机制不灵活等问题。随着人民对高质量出行需求的不断提高，高速公路服务区的功能和服务模式也在不断地升级和创新，高速公路服务区功能和经营管理将发生重大转变，在城镇化地区，融合绿色、智慧等要素的高品质服务区将成为未来服务区的发展趋势。

为落实绿色公路及品质工程建设要求，交通运输部针对高速公路服务区的建设提出服务功能更全、服务质量更高、转型发展更强的要求。广东省为推进服务区建设，要求在个性化、主题化、低碳化、海绵化等方面提出具体的指标和要求。由此看出，改进和提升服务区建设品质是一项重要的任务，建设高品质服务区是贯彻落实安全、绿色、低碳发展理念的具体体现，是加快建设绿色交通运输体系的需要，对推动生态景观建设、提高区域植物碳汇量、建设服务区新形态、促进行业智慧转型升级、带动经济社会发展等具有重要作用和意义。

本章专题从森林主题服务区、智慧高速服务应用技术、绿色技术应用、服务区服务品质提升等方面开展高品质服务区建设技术研究，具体涉及森林主题服务区建设技术研究、智慧高速服务区应用技术研究、低碳节能服务区应用技术研究，并且在花莞高速永宁服务区开展实践。

7.1 森林主题服务区建设技术研究

7.1.1 森林主题服务区建设理论及概念研究

森林主题服务区是以森林为景观主体的公路服务区，为驾驶员及乘客提供了一个景观富于变化的休憩、游乐、养生、交流的场所。

通过收集关于国家森林城市、森林公园、园林城市、绿色服务区的文献资料，可以看出虽然我国高速公路服务区的服务模式与功能设施在不断完善，但以满足驾车和休息需求为首要目的，对环境的重视度不够，投资有限。根据2016年的调研，全国高速公路服务区的绿地率平均为25%以下。

根据国家林业局《关于着力开展森林城市建设的指导意见》、交通运输部《关于实施绿色公路建设的指导意见》、广东省交通运输厅《广东省推进绿色公路建设实施方案》，建设森林主题服务区，加快生态环境和绿色公路的创新实践，推进林业现代化和生态文明建设，积极采用合理规划、见缝插绿、屋顶墙体立体绿化等方式，增加公路廊道绿量，打造发挥森林生态系统功能、充分展示植被多样性和景观丰富性、具有门户性和标志性的森林旅游服务区目的地，带动区域旅游经济发展。

根据国家、行业、省市等发布的有关城市、园林、服务区的标准规范，明确森林主题服务区建设目标为：绿化覆盖率要超过全国森林覆盖率，接近或者达到所在区域森林城市、园林绿化城市绿地率、绿化覆盖率指标；服务区内乡土植物物种丰富，具有明显的层次结构、种间结构、季相变化；要有一定的林木郁闭度。

以花莞高速永宁森林主题服务区为例，绿化率目标为39.22%，绿化覆盖率目标为41.5%，外围乔木植被占比目标为大于70%，林木郁闭度目标为0.3以上(按照广州市2019年标准)。

7.1.2 基于碳汇理论的服务区植物选型与配置研究

通过调查、分析高速公路沿线景观及植被类型，筛选出适合高速公路服务区绿化的主要树种，并对其生态习性进行分析。在此基础上，针对森林主题服务区森林景观主题营造，采用光合作用测定仪分析高速公路服务区常用绿化植物的固碳释氧能力，从碳汇释氧、景观造型两个方面优选出高速公路森林主题服务区绿化植物。

通过现场调研，永宁森林主题服务区选择20种碳汇释氧能力强、景观造型优的适宜于岭南生态区的乔灌木植物(表7-1)。采用Li-6400光合作用测定仪进行碳汇实测，测量叶片的气体交换、荧光参数和呼吸参数等指标，确定适于服务区绿化的植被有香樟树、美丽异木棉、荔枝、小叶榕、小叶榄仁、腊肠树、人面子、鸡蛋花、散尾葵、大红花、三角梅、红花羊蹄甲、红花荷、仪花、大花紫薇、黄花风铃木、蓝花楹、深山含笑、柳叶垂榕、南洋樱花。

森林主题服务区常用植物固碳释氧能力表　　表7-1

序号	树种	日同化总量 (mol/m^2)	净日固碳量 [g/(m^2·d)]	日释氧量 [g/(m^2·d)]
1	香樟	381.60	13.43	9.77
2	美丽异木棉	486.00	17.11	12.44
3	荔枝	358.20	12.61	9.17
4	小叶榕	412.20	14.51	10.55

续上表

序号	树种	日同化总量 (mol/m²)	净日固碳量 [g/(m²·d)]	日释氧量 [g/(m²·d)]
5	小叶榄仁	621.00	21.86	15.90
6	人面子	604.80	21.29	15.48
7	鸡蛋花	662.40	23.32	16.96
8	散尾葵	309.60	10.90	7.93
9	大红花	403.20	14.19	10.32
10	三角梅	410.40	14.45	10.51
11	腊肠树	266.04	9.36	6.81
12	红花羊蹄甲	332.64	11.71	8.52
13	红花荷	327.24	11.52	8.38
14	仪花	239.40	8.43	6.13
15	大花紫薇	354.96	12.49	9.09
16	黄花风铃木	268.92	9.47	6.88
17	蓝花楹	302.40	10.64	7.74
18	深山含笑	232.20	8.17	5.94
19	柳叶垂榕	306.00	10.77	7.83
20	南洋樱花	201.60	7.10	5.16

7.1.3 森林主题服务区区划与景观营造技术研究

研究分析森林式服务区的设计原则、营造主题性空间区划与布置、建筑物的特色景观设计、各绿化功能区的景观打造、服务区绿化景观植物配置设计等，全面提升服务区旅游休憩功能。

根据永宁服务区现状分析及初步设计图纸资料，设计总建筑面积为8836m²，总绿化面积为24085m²，容积率为0.09，绿化覆盖率为25.14%，其中小型汽车停车位255个，货车停车位69个，畜牧车、大货车停车位各7个，旅游车停车位9个，充电桩停车位14个。

该服务区的绿化面积、绿化覆盖率太低，低于全国森林覆盖率30%的目标，更是远远低于广州森林覆盖率、广州建成区绿化覆盖率(41.5%)。因此，将永宁服务区打造为森林主题服务区，首先必须增加绿地面积，力求使绿化覆盖率更大，争取提高到广州市平均绿化水平以上，且做到"能绿尽绿"。此外，森林主题服务区绿化要体现森林主题，体现品位、提升品质，与岭南式园林设计相结合，注重建筑物(综合楼)内外部装修装饰，通过装修设计，营造森林主题氛围。

具体建议如下：

①采用中置式服务区布局形式，做到大小车分流、分区布置，减少安全隐患，且增加小客车停车区域分隔绿化带。服务区停车区的双侧车位中间位置、单侧车位尾部位置植树，同时在主线边坡上绿化植树。

②在建筑物屋顶、外墙墙面栽种绿植,进行立体绿化,同时增设喷雾装置,营造森林氛围,让旅客有置身于"天然氧吧"的感觉。

③服务区内的所有绿化区域应进行专业设计,建议绿化风格与岭南园林设计有机结合,达到园林景观效果。

④建筑外部装饰要与森林主题相呼应,将建筑物屋顶朝"私家花园"的方向打造,加装原木视觉效果的栅栏,屋顶边部栽种垂吊植物,对屋顶边缘进行适当遮挡。停车区进入主楼的廊道的混凝土柱,采用有树木感的装饰设计(如大树树皮等),突出森林氛围。

⑤服务区的路面采用彩色沥青路面,以绿色为主色调。

⑥服务区主楼(综合楼)靠近小车位的墙体可采用玻璃幕墙,建议使用茶色,提升建筑物的整体品位。在幕墙外增加花园围栏设计,围栏内配合绿植。目前,幕墙外的休闲座椅较为集中,建议适当减少休闲座椅,在座椅之间设置有设计感的绿植景观,让休息的旅客置身于林木之中。

⑦环保绿化带提高景观郁闭度。在周边环状绿地优选乡土物种,以营造常绿阔叶次生林、针阔混交林为目标,保持周边的自然森林景观。

通过优化服务区规划布局、增加绿地面积、内外兼修打造森林主题服务区、提升品位等景观营造技术,将永宁服务区打造成为森林主题服务区,做到了"能绿尽绿",绿化覆盖率达到了最大。永宁森林主题服务区绿化率由原来的25.14%提升到41.5%(图7-1),超过广州森林城市绿地率(35%)、广州市园林绿化城市绿地率39.22%的标准(2019年指标值);服务区绿化植物物种丰富,乔木植被占比大于70%,景观郁闭度达0.3以上,提高了服务区的整体景观质量,满足森林主题服务区建设指标要求(图7-2~图7-4)。

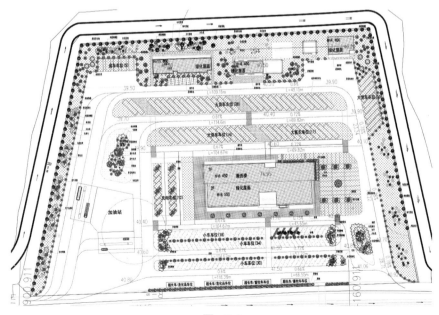

图 7-1

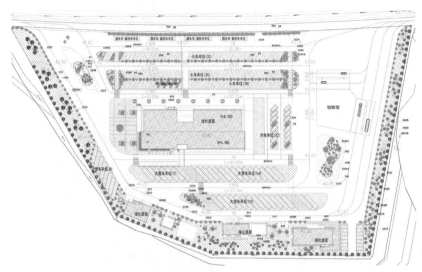

图 7-1　永宁森林主题服务区优化后的施工图设计图

图 7-2　永宁森林主题服务区优化后综合楼东侧效果图

图 7-3　永宁森林主题服务区优化后综合楼西侧效果图

第7章 城镇化地区高品质服务区建设技术研究

图 7-4 永宁森林主题服务区优化后综合楼屋顶绿化效果图

相关研究表明,森林蓄积量每生长 $1m^3$,平均吸收 1.83t 二氧化碳,释放 1.62t 氧气,吸收二氧化硫 $152kg/(hm^2)$。按二氧化碳回收成本为 320 元 /t、工业制氧成本为 400 元 /t 计算,永宁森林主题服务区的植被吸收二氧化碳、释放氧气的价值约为 50 万元,预计运营期价值提升约为 1500 万元 (按运营期为 30 年计算),生态、经济效益显著。

7.2 智慧高速服务区应用技术研究

7.2.1 智慧高速服务区系统

7.2.1.1 系统概述

智慧高速服务区系统采用物联网、云计算、大数据、人工智能等信息化技术,总体技术思路可总结为:一张感知网络"知道",一个基础平台"思考",一套应用工具"管理",一套智能设施"服务",一套运维工具"保障"。

7.2.1.2 系统架构

围绕服务区精准诱导、综合运营管理业务服务能力,遵循"微服务架构"的原则,构建服务区综合管理平台。平台以全域感知为基础,各类感知设备、执行设备和交互设备单元以自组网的形式透过物联网网关、运营商基站同云平台通信,平台提供设备交互能力、平台基础能力,并以支持服务和数据服务的方式为各应用集群提供支撑,最终提供电脑端、移动端和导视端三大门户入口。

智慧高速服务区系统架构见图 7-5。

7.2.1.3 全服务区感知覆盖

围绕业务需求,在服务区内建设一套空间全覆盖、信息全覆盖的感知体系。通过布置在服务区内的导视牌、多功能杆、港湾等各类智慧设施设备中集成的各类传感器,或独立部署的传感器,实现电气状态、视频监控、地磁感应、红外感应等全业务领域数据的实时感知。并通过窄带 / 宽带、无线 / 有线融合组网,将感知数据有效传输到平台,为服务区精细化管理与高品质服务奠定基础。

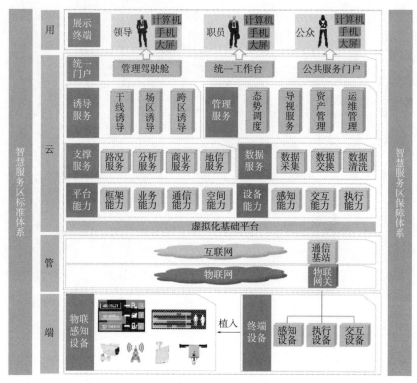

图 7-5 智慧高速服务区系统架构

7.2.2 精准诱导智慧体验技术应用研究

7.2.2.1 干线服务诱导

利用智慧化手段，面对旅客可能需要的停车服务、寻找厕位、商业购物、休憩充能、重新上路全过程，提供主动的精准服务，"懂你所需、助你所想"，让驾乘人员在泛服务全过程都能得到舒心、贴心的智慧服务体验。

高速公路的主要服务场所包括收费站、干道、服务区。其中，前两者主要提供基础的道路交通服务和运营，而服务区的有效运营和优质服务可以更好地实现高速公路的社会服务价值，也可以增加高速公路投资公司的经济效益。

传统的高速公路服务区完全依赖于旅客主动进入，配合设立相应的静态指示标识标牌。只做到了"开门迎客"，而没有实现"出门揽客"，不利于服务区运营及高速公路投资公司效益的最大化。干线服务诱导系统的主要设计目标是，通过服务区实时数据公开及智能化技术，有效诱导、激发过往人员进入服务区接受服务和消费的欲望。

在服务区前方 5~10km 处，设置不区分目标群体的无差别诱导设备，通过"公告式"的信息发布，对前方服务区所能提供的服务类别及状态进行宣传(图 7-6)，实现第一次的服务诱导和消费暗示。

该诱导设备设立于高速公路单侧，使用可变信息标志，显示到前方服务区的距离、大车和小车停车位空闲情况、加油和充电位情况、厕所饱和情况、是否提供维修和加水等服务。通过简明的图形化表达方式，保障高速行驶状态下驾乘人员可以快速捕捉并正确理解诱导信息。

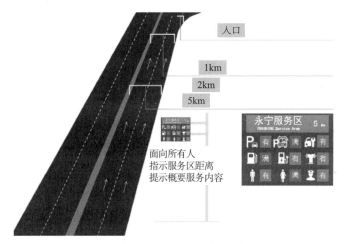

图 7-6　智慧干线服务诱导

7.2.2.2　跨区转场诱导

花莞高速在规划时提供了双向共通的一个渠道，可以利用两侧服务区域的繁忙度的差别，更好地为驾乘人员提供服务。

跨区转场诱导系统充分利用这一优势资源，将两侧服务区资源进行统一整合，大幅提升整个服务区接待能力的弹性空间，有效利用高速客流的潮汐性和双向客流的不对等性，机动调节两侧服务区的服务供给。当一侧服务区客满、货流量趋于饱和阈值，而另外一侧依然有冗余接待空间时，将启动跨区转场模式。

但是，这种服务区动态调节模式比较先进，对旅客而言尚属新鲜事物，不少旅客无法在无组织引导的情况下自行转场。为了实现有序的转场，采用动态诱导系统进行辅助(图 7-7)。

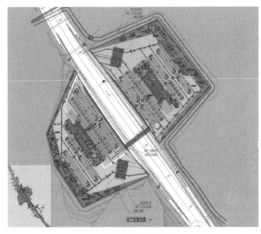
a)右侧业务导线规划

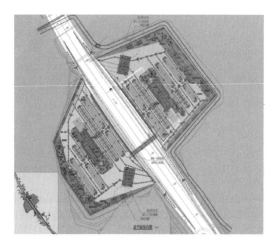
b)左侧业务导线规划

图 7-7　跨区服务诱导设计图

7.2.2.3 场区精准诱导

高速公路服务区服务对象具有流动性、一次性、单一性，客流量具有不稳定性，服务需求具有多样性，要求高速公路投资公司具备对服务区的运营管理和服务进行快速响应、快速流转、动态弹性调节、职能分区精准调配的能力，使服务区各个服务项目都可以得到最大效率的利用，发挥出最大的服务能力，创造出最大的经济效益和社会效益。

传统的服务区管理模式一般是自助式，对于旅客入场后的行为基本没有进行引导和约束。在客流量低峰时期，这一模式的弊端不容易显现；但在客流高峰时段，这种自由散乱的群体行为模式会造成通道车辆滞留、"近服务"区域资源无序争夺、"远服务"区域资源闲置、出入流转不畅、入口车辆积压、接待能力下降等一系列问题。

场区精准诱导系统基于对服务区实时运行态势的感知，结合对旅客服务诉求的预测及大数据行为分析预测等手段，对进入服务区的旅客进行有组织的逐层分流和精准引导。

场区精准诱导系统包括服务区入口分区诱导、分区内车位精准诱导。从大致停车区域，到指定车位，再到功能服务点，环环相扣，为旅客提供不间断的门到门引导服务（图 7-8）。

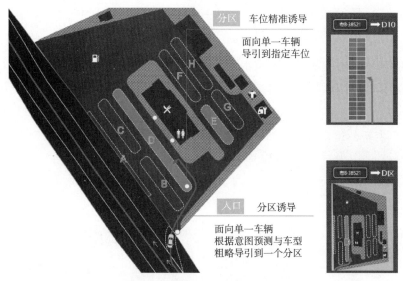

图 7-8 服务区场区精准设计图

1) 车牌识别

通过集成在入口诱导屏、分区诱导屏等设备上的集成摄像机，对服务区入口匝道过往车辆进行自动抓拍，并通过前端图像识别技术识别车辆号牌，以便于在诱导屏上可以用车牌号一对一地进行停车指引。

2) 车型识别

通过集成在入口诱导屏、分区诱导屏等设备上的集成摄像机，对服务区入口匝道过往车辆进行自动抓拍，并通过前端图像识别技术识别车辆车型，系统将根据车型来匹配专属停车区域。

3) 停车余位检测

通过在每个停车位安装无缘供电、无线通信、无须走线的地磁传感器(可选 NB-iot 或 LoRa 通信方式)，实时采集并上报每个车位的占用/空闲信息，为车位精准导视提供实时数据支持。

4) 分区指引

在服务区的入口处，接续干线诱导，在可变信息标志上显示目标车辆的车牌号、服务区功能区块分布地图、停车区域指向。配合每个分区前端竖立的分区标志牌(与车位精准指引设备集成为一体)，使驾驶员快速明确大致的分区方位，避免在入口处犹豫徘徊(图 7-9)。

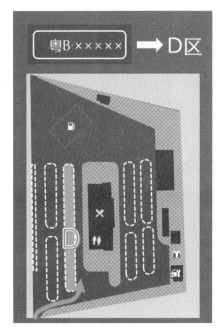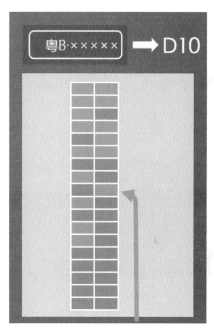

图 7-9 服务区分区分位智慧引导图

5) 车位精确指引

在分区前端位置，车位精确指引系统将接续分区指引系统，继续指引车辆到达本区域内的具体车位。通过可变信息标志，显示目标车辆的车牌号、行车方向、本区域车位分布、余位状态、建议停车路线等。

系统通过地磁传感器实时监测每个车位的占用情况，在车辆未按指引进行停车的情况下，也可以将车辆精确、快速地诱导到合理的空位。

6) 智慧厕所引导

卫生间是高速公路服务区最主要的配套功能设施，也是利用率最高、繁忙度最高的一个功能区。但由于高速公路服务区客流的潮汐特性，表现出在客流高峰时期排队如厕，在低峰期大量厕位空余、闲置的情况。传统的解决方案采用增加厕位的办法，造成低峰时更大的资源闲置、投资增多，并不能解决高峰时的拥挤问题。

为此，提出潮汐可变厕所配套智能诱导系统，将有限的厕位资源充分利用起来，使男女厕位比例可以弹性调节，精准指引加快流通，从根本上解决潮汐客流的问题。

(1) 潮汐厕所

根据前期对服务区厕所男女客流的潮汐波形预测，可将卫生间划分为固定男厕位、固定女厕位、潮汐厕位。其中，固定男厕位与固定女厕位拥有独立的出入口通道，而潮汐厕位位于前两者之间，通过可移动隔板实现男女厕区的隔离。当出现男女如厕需求与厕所余位的矛盾时，只需移动隔板即可调整男女厕位比例。

(2) 厕位诱导

在每个厕位安装可调灵敏度的被动红外传感器，通过检测人体发出的热能来感知该厕位是否有人占用，在不涉及个人隐私的基础上，可以准确检测厕位状态，并将数据发送到厕位指引系统。

(3) 厕内应急求助

在每个厕位侧壁安装一键求助按钮，当旅客在厕内遇到不适、忘带厕纸等突发状况时，可以按求助按钮寻求服务区运营方的帮助。监控中心可以实时接收求助信号 (附带所在厕位信息)，以声光提示的方式提示值班人员关注该求助信息并进行响应。

7) 智慧港湾

为了给驾乘人员更好的服务体验，本着为公众提供良好休憩服务的理念，设计了一套以提供优质休憩服务为导向的舒适"微生活"休憩港湾。

(1) 短时休憩诱导

在一个大型的服务区，要想在人流密集的情况下找到一个合适的休憩点非常不容易。休憩服务是公众对服务区评价的一个重要方面，以可视化的方式为公众提供休憩指引，是一个现代化服务区的标志。

(2) 座椅余位监测

通过采集座椅入座情况数据，系统可以显示服务区域内每个座椅的使用情况，包括余位、入座频次、入座时长、入座高峰等，进而为余位查询以及余位指引功能提供数据支撑。

(3) 座椅余位指引

系统根据采集的当前座位的实时使用信息，发布不同的色彩指示标志以区分满载 / 空余等状态。可以根据不同的色彩诱导标识，方便、准确地找到附近的空闲座椅。

(4) 充电口余位检测

系统能监测手机充电口剩余数量，还可显示当前充电口的充电信息，包括电压、电流、充电时长、充电曲线等。

(5) 充电口余位指引

现有的充电宝租赁解决方案，存在无法提供跨服务区服务以及在手机完全缺电时无法通过扫码进行充电的情况。系统根据充电口剩余状态的信息，为需要充电的人员提供色彩指示标志，方便其准确地找到附近的空闲充电口。

(6) 应急求助

在发生应急事件的时候，公众往往不能通过及时、有效的方式与相关人员进行沟通，耽误了救援的最佳时间；此外，值守人员通过盯守监控视频，也很难实现全范围事件感知，没办法在第一时间了解现场的具体情况。为此，设计了一套能够快速建立报事人员、值守人员与处理人员之间的信息管道的系统，实现事故/事件现场事态的快速感知以及各个角色之间的无障碍沟通交流。

(7) 一键求助

求助人员按下报警按钮，值守人员可在第一时间接收到告警信息。值守人员接收到报警信息后，可快速查看报警地点的视频，了解报警事故现场的当前实际事态；还提供了语音对讲的通道，值守人员可与报事人员直接语音沟通，详细了解当事人员的具体情况。

(8) 应急语音对讲

通过对讲面板，值守人员可与求助人员进行一对一语音对讲；还可以通过一对多的方式，对处理人员进行远程指挥或者通过广播系统发布应急广播信息。为了便于事后厘清相关责任，提供录音功能，可将双方的通信记录保存至存储系统。此外，在值守人员处理能力不足或者需要上级人员协助的情况下，还能提供监听、插话功能，高级别管理人员可对通话中的低级别用户进行监听、插话。

8) 服务区综合大数据

(1) 人流

高效整合智能视频分析技术、商业智能、大数据和云架构，为服务区决策者和服务区商家提供准确的人流信息，进而有效指导运营工作，最大限度地降低商业成本，提高净利润。人流检测功能可以精准地分析商家店铺的访问量，分析人流规律，预测游客来去趋势，有助于及时、准确地制定服务区运营方案；人流分析功能可以帮助商家优化管理流程，降低损耗，提升服务质量，降低运营成本，提高净收益，控制经营风险。

(2) 车流量

高效整合视频分析技术、商业智能、大数据和云架构，为服务区决策者和服务区商家提供准确的车流信息，从而有效地指导运营工作，降低商业成本，提高净利润。通过车辆识别技术，识别车辆号牌、车辆品牌、车辆型号，对下车人员消费能力以及可能的消费行为进行预估判断，与人流分析系统结合，为商家提供高效引流。车流分析功能可为服务区扩容升级改造提供有效的数据，为服务区升级改造提供依据。

(3) 客源画像

通过人脸识别、肩宽、身高等识别技术，有效对人员进行三维体征建模，根据人员来时搭乘车辆并且结合其历史消费习惯，评估游客消费能力和消费习惯，为游客和商家提供匹配引流服务。对游客而言，能有针对性地收到有价值的消费引导服务；对商家而言，能带来高转化率的消费者，增加商家的营业额，减少不必要的运营成本，提升净利润。

(4) 服务区人流分布热力图

使用智能视频分析技术、空间地图服务、大数据、云架构及人工智能技术，将一个时间段内的平均驻留时间和驻留位置转化成服务区人流分布热力图，为服务区的基本服务设计提供有效的数据分析依据。

(5) 公益服务热度热力图

使用智能视频分析技术、空间地图服务、大数据、云架构及人工智能技术，将一个时间段内的公益服务项目区域的平均驻留时间和驻留位置转化成人流分布热力图。分析热力图数据，能有效评估服务区的公益服务投入是否满足要求，根据历史动态热力图预估下一阶段的运营投入，避免公益服务运力不足而导致游客减少或公益服务能力过剩。

(6) 商业热度热力图

使用智能视频分析技术、空间地图服务、大数据、云架构及人工智能技术，将一个时间段内的商业区域的平均驻留时间和驻留位置转化成商业热度热力图。通过热力图，对服务区内人员关注的商家、人员感兴趣的商品以及服务进行统计及预估，为服务区的运营提供精准有效的数据服务，为商家带来高效的引流服务。

(7) 服务区人流动线轨迹图

使用智能视频分析技术、空间地图服务、大数据、云架构及人工智能技术，根据人流步行轨迹，绘制服务区人流动线轨迹图。通过人流动线轨迹，可以进行服务区人员行为分析、潜在安全隐患分析、服务区运营指导，并且为服务区改造规划提供数据支持。

(8) 接待能力弹性预测

使用智能视频分析技术、空间地图服务、大数据、云架构及人工智能技术，绘制服务区的客流曲线图，根据现有客流变化曲线预计未来客流可能的峰值，进行接待能力预警分析。

7.2.3 精细化运营管理平台模式研究

随着服务区信息化建设的不断发展，服务规范、服务内容和服务方式需要不断完善，导致现有业务系统需要不断完善以满足业务变更的需要。按照传统的技术路线，每次业务变更时，都需要对原系统代码进行修改、重新编译和部署，为系统的维护和升级带来困难，并且服务的响应时间不能得到有效的保障。服务区的业务系统完成多轮堆砌之后，会形成各条业务线平行发展的条状格局，各系统间没有统一的顶层设计，没有规范的业务系统统一接入和互联互通的技术标准，从而导致面向同一个服务对象，不同业务系统均提供服务，但是需要进入不同的业务系统；特别是管理人员往往负责多条业务线的管理，需要进入不同的业务系统才能了解业务发展现状，严重制约了应用系统的使用效率。

利用云计算、大数据、信息化技术，为服务区运营单位建设精细化运营管理平台，形成一套新的管理模式。在同一平台下，分别打造服务于安防、应急响应、停车、照明、生活服务、环境卫生、网络服务等多领域的智慧应用。

该平台采用前后端分离设计,支持用户通过计算机端、手机端、设备端等不同的终端体验不同表现形式的门户服务,从而让领导、职能管理人员、公众均能依托统一的入口进行访问,让使用者具有统一的感观认知和舒适性。

7.2.3.1 统一管理门户

1) 计算机端门户

计算机端门户(图7-10)用于领导和业务人员通过个人计算机进行访问,并根据角色不同提供"管理驾驶舱"和"统一工作台"两种的访问模式。

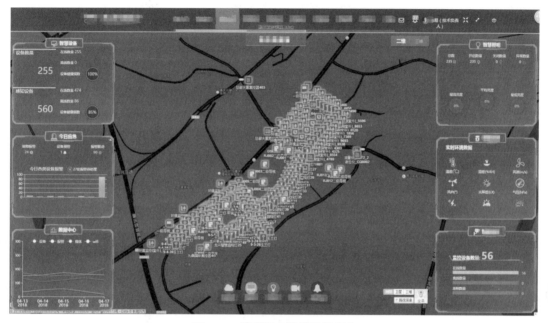

图7-10 管理平台计算机端门户

"管理驾驶舱"为管理层领导提供基于大数据的可视化决策信息面板,使用可视化大数据的形式直观、全面地展示各业务板块的关键运行数据,便于领导根据态势数据的分析结果和可视化预案进行决策指挥。

"统一工作台"为职能部门的业务管理人员提供信息系统的唯一使用入口和应用容器。工作台搭载统一用户中心、统一鉴权中心、统一事务中心、统一消息中心、统一应用中心。

2) 移动端门户

移动端门户(微信公众号)搭载各类移动轻应用,为公众提供各类智慧应用入口,为管理者提供各类管理应用的移动端入口,是统一工作台的延伸。

3) 设备端门户

设备端门户(导视设备)搭载各类智慧轻应用,为公众提供各类智慧应用的统一入口,为管理者提供各类管理应用的设备端入口,是统一工作台的延伸。

7.2.3.2 平台基础能力池

统一鉴权中心。为内、外部用户提供统一的身份认证、鉴权、单点登录等能力共享。

各应用系统和管理平台在本系统中均使用一套用户名和密码,实现一次单点登录、多点漫游访问。

统一接入中心。为自有设备、外部设备提供统一的通信接入、设备鉴权、链路保持、协议解析等能力共享,以及各设备型号、规格、产品图、厂商、坐标的维护管控。

统一消息中心。为内、外部用户提供统一的消息创建、推送、订阅、展示、催阅、销毁、回调等能力共享,以及基于统一用户的 Web 消息通信和聊天能力。

统一事务中心。为内、外部用户提供统一的事务创建、流转、流程关联、跟踪、查询等能力共享,以及各应用子系统的跨业务流程审批能力。

统一用户中心。为内、外部用户提供统一的用户资料管理、用户组织架构管理、用户成员管理、用户权限管理等能力共享,各应用间具有统一的通信录和身份信息。

统一应用中心。为内、外部用户提供统一的应用查询、启动、订购、退订等能力共享,系统对各子应用进行集成和展示,根据不同的用户身份和权限加载其全量应用清单、常用应用清单。作为应用的统一入口,用户可以通过应用中心启动该应用,并在平台框架上运行和使用。

统一服务总线。系统遵循 SOA[1] 架构设计原则,通过 ESB[2] 服务寻址、服务网关、消息传输及消息格式转换等能力,为有业务需要的应用系统提供了一个透明的、无差异的集成实现,分解业务系统之间的互联关系,为参与服务的各应用系统间的服务及数据交互提供安全、高性能、可扩展的集成能力。

---

[1] SOA:Service-Oriented Architecture,译为"面向服务的架构"。
[2] ESB:企业服务总线。

第 8 章

多肢复杂立交圈交通出行智慧引导技术研究

本章基于车路协同技术，针对花莞高速公路太成互通立交，通过开展复杂立交圈交通出行智慧引导技术研究，以科学设置标志标线、采用电子路牌预告和指引、定向广播指引和纠错、容错设计等多种诱导指引手段和技术叠加的方法，使驾驶员在立交上行驶时能选择正确的行驶方向和转向路径，使太成互通立交的交通组织和指引科学合理、指引清晰，实现车辆转向科学准确、分流有序。

太成互通立交结构复杂、交汇线路多，本研究得到的成套的多肢复杂立交圈交通出行智慧引导技术，不仅可以在全线推广应用，还可以为全国复杂互通立交智慧建设提供良好的示范作用。

8.1 智能交通系统研究

美国是最早提出智能交通系统(ITS)的国家，在试验研究和实践应用方面都处于世界领先地位。日本 ITS 研究的一个显著特点就是政府有关各部门主动密切合作，积极共同参与。欧洲的 ITS 研究开发是由官方(主要是欧盟)与民间并行进行的。

我国智能交通系统已从探索进入实际开发和应用阶段。道路智能交通系统主要应用在城市内部道路交通和高速公路两方面。在城市内部交通方面，北京实施了"科技奥运"智能交通应用试点示范工程，广州、深圳、上海、杭州等作为智能交通系统示范城市也各自进行了尝试。余建军在 2012 年提出了"智慧位置"的概念，即预先设立一系列具有特定意义的地理"热点"，利用智能手机 GPS 定位及无线通信功能，结合高速公路行车的具体需求，针对每个驾乘人员的当前位置，提出主动和被动相结合的、点对点的高速公路路况诱导服务，但驾驶员群体对项目的认可程度和参与程度制约着系统的发展。针对可变信息标志普遍存在的信息化、智能化程度不够等缺点，任延风等基于智慧情报板的诱导信息管理与服务平台整体架构设计了智慧情报板诱导信息管控平台，该平台对缓解交通拥堵、实现便捷交通具有重要的作用。除此之外，还有学者探讨了基于层次分析的停车诱导系统的必要性和可行性。

8.2 互通标志设置研究

8.2.1 交通标志与驾驶安全的关系

交通标志是用文字或符号传递引导、限制、警告或指示信息的道路设施。交通标志分为主标志和辅助标志两大类。主标志又分为警告标志、禁令标志、指示标志、指路标志、旅游区标志和道路施工安全标志六种。其中，指路标志起指路作用。

但是，有时各类交通标志设置得过于集中，驾驶员担负的驾驶任务远远超过人的处理能力极限。有交通事故分析统计结果表明，部分事故是由公路和人的因素共同作用产生的 (图 8-1)，所以交通标志的设置、效果的评价应充分考虑驾驶员的视觉特征。

据研究，驾驶员在驾驶车辆时所需要的信息中，约 90% 为视觉信息。视野的深度和宽度、眼睛的移动、色彩的识别、亮度和眩光的影响、速度的判断等，是交通标志设置的基本考虑要素。视野是指人的头部和眼球固定不动的情况下，眼睛观看正前方物体时所能看得见的空间范围 (图 8-2)。在确定交通标志的位置时，必须考虑人的视野。此外，还要考虑色弱、年长驾驶员等群体的视觉敏感性大大降低等因素。

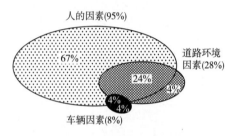

图 8-1 交通事故分析统计结果

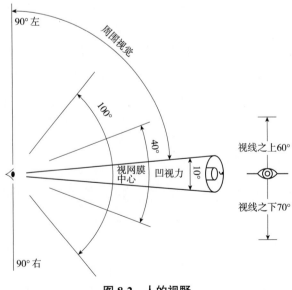

图 8-2 人的视野

驾驶员主要通过视觉接收信息，因此下面几个方面应引起注意：

①显著性。交通标志应在其背景下很容易被发现。交通标志的尺寸、亮度、字体粗细、轮廓、轮廓清晰度、与背景的对比度均将影响其显著性。设置交通标志时，应考虑到路侧植物生长的因素和各设施之间的协调性，以免互相遮挡使交通标志失去应有的作用(图 8-3)。

图 8-3　交通标志被遮挡示例

②易理解性。交通标志所表达的信息一定要能很快被驾驶员所理解。需要强调，一些抽象的符号并不容易被理解。

③可信性。标志所传达的信息一定要真实可靠，应严格遵守国家标准的规定或者通过有关部门的认可。

④定位性。交通标志所传达的信息应有助于驾驶员的定位。

驾驶员的驾驶任务包括下面几个基本部分：获取信息、处理信息、选择行动方案、实施行动方案并通过重复这一过程来观察决策的结果。由于人的行为的局限性以及驾驶员、车辆和道路环境之间的关系，使得上述过程非常复杂，如：

①未及时提醒前方危险状况，如小半径曲线而视距不足。

②标志提供的信息过多，或互相矛盾，或者处理起来太烦琐，而影响安全有效地驾驶时，驾驶员可能会选择不当的信息。

③当驾驶员所获取的信息、需要作出的决策过多时，他们有可能忽视一些对安全操作非常重要的信息。

④驾驶员处于疲劳、重压状态或经验不足时，可能对一些危急情况判断失误或反应迟钝。

⑤一些驾驶员，尤其是经验不足的驾驶员，在处理特殊事件或紧急情况时有一定的困难。因此从公路使用者的角度出发，交通标志的设置应允许所有的公路使用者在其能力范围内能及时采取必要的行动，可通过下列措施来实现：在可能的地点，提供预告信息，帮助驾驶员预测前方状况；允许驾驶员做出一系列简单的决策，而不是一个复杂的决策；为驾驶员提供定量而非定性的信息；控制要求驾驶员进行决策的速度；控制驾驶员获取信息的速度。

8.2.2　指路标志的内容

高速公路的指路标志包括路径指引、地点指引、沿线设施和旅游区(点)指引及安全行车指引等标志。指路标志应使公路使用者了解和确认前方公路的路线名称信息、编号信息、目的地信息、地理方位信息、距离信息，公路沿线行政区划、著名地点、主要地点的信息，安全行车的信息等。它的作用是帮助道路使用者快速、畅通、准确地到达目的地，是一种正确引导交通的信息载体，是保证道路交通畅通的安全设施。

8.2.3 交通标志设置位置的研究

在选择交通标志的设置位置时，首先应保证交通标志上的信息具有足够的可辨性、可识别性和易读性，以便顺利和完整地向公路使用者传递指路和行驶信息。交通标志的设置位置包括纵向和横向两个维度。

驾驶员在读取标志信息时要经过发现、认读、理解和行动等过程，在判读标志并采取相应行动的过程中需要花费一定时间，行驶一定的距离。因此，在确定标志的设置位置时，一般要考虑驾驶员的行动特性。

图 8-4 展示了标志的认读过程。

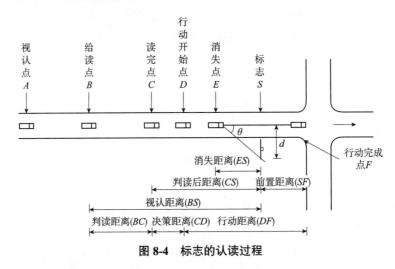

图 8-4 标志的认读过程

图中，S 为路侧安装的交通标志。一般情况下，驾驶员在行驶过程中，在视认点 A 处发现标志 S，在 B 点开始读取标志的信息，到 C 点时可以把标志内容完全读完，这段距离称为判读距离 (BC)。读完标志后，应做出行动决策，这时车辆已行驶到行动开始点 D，这段距离称为决策距离 (CD)。然后，开始行动。从行动开始点 D 到行动完成点 F (该点一般在出口匝道的分岔部、交叉路口或危险点等) 的距离称为行动距离 (DF)。驾驶员在这段距离内必须安全顺畅地完成必要动作，如变换车道、改变方向、减速或停车等。从 B 点至标志 S 的距离，称为视认距离 (BS)，从 C 点到标志 S 的距离称为判读后距离 (CS)。如果 CS 比消失距离 (ES) 短，则驾驶员不能从容读完标志。

综上所述，确定交通标志位置需要如下步骤：

①根据运行速度和文字高度等计算出判读后距离 CS。

②根据运行速度和决策时间计算决策距离 CD。

③计算用于改变车道、减速等所需的行动距离 DF。

④根据 $SF=CD+DF-CS$ 计算出前置 SF 的最小值。

⑤比较判读后距离 CS 与消失距离 ES，应满足 $CS \geqslant ES$ 的要求。

⑥对计算确定的标志位置进行视认性检查，确认有无遮挡标志的障碍物、是否具备

实施条件。如标志所在位置不足，而标志的重要性又高，应通过设置预告标志来加以改善。

根据上述原理，现行《道路交通标志和标线》(GB 5768)已对大多数标志的设置位置作出了规定，因而不必对每个标志的设置位置进行计算。如因受现场条件限制，可根据相关原理与现场实际进行计算。

对于读取信息后不要求采取相应行动的标志，可直接把标志设置在需要告示地点的附近，不必预留采取相应行动的前置距离。禁令标志和指示标志是禁止、限制或指示车辆、行人交通行为的标志，大多设置在交叉路口或公路的入口处。由于该类标志要求驾驶员严格遵照执行，因此应把该类标志设置在路口或路段附近醒目的位置。

此外，标志设置不能太密，标志间不能相互遮挡。标志的最小间隔距离应不影响第二个标志的视认距离，见图 8-5。

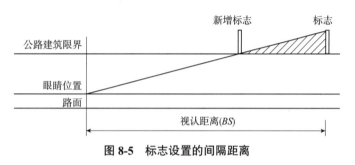

图 8-5　标志设置的间隔距离

8.2.4　应用案例

8.2.4.1　太成互通交通流量现状

太成互通立交主要涉及 3 条道路，交通流量情况如下：

① G106 国道：为区域性主干道，主要作为花都、人和、龙归片区的联络道，并承担区域内交通集散、进出高速路网的功能。现状为双向六车道，现状交通流量比较大 (图 8-6)。

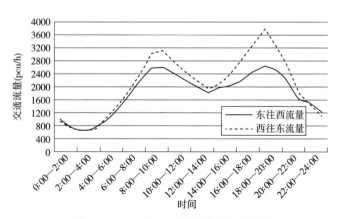

图 8-6　G106 国道断面全天交通流量图

②机场高速公路：双向八车道，运行情况较为稳定（图8-7）。

③大广高速公路：双向六车道，运行情况较为稳定（图8-8）。

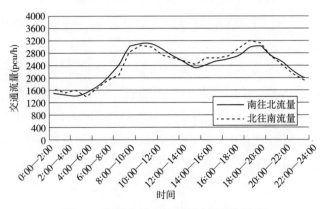

图 8-7　机场高速公路断面全天交通流量

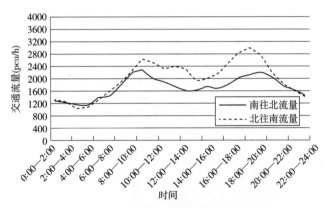

图 8-8　大广高速公路断面全天交通流量

8.2.4.2　大广高速公路南行转花莞高速公路标志、标线设置

大广高速公路南行方向，D匝道接驳大广高速公路，以分流鼻为起点，之前3km、2km、1km处的道路右侧采用单悬方式设立标志，此处地面标线无变化。D匝道分流端开始设置门架式标志，并结合地面标线，指示方向，见图8-9、图8-10。

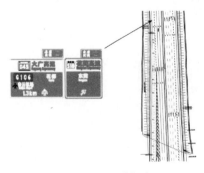

图 8-9　D匝道标志

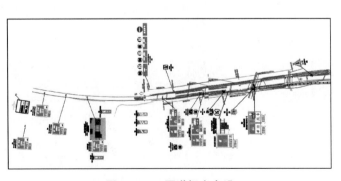

图 8-10　D匝道标志布设

D 匝道和 F 匝道连接处，标线、标志设置如图 8-11 所示。

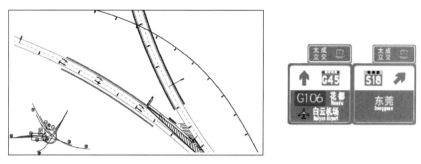

图 8-11　D 匝道和 F 匝道连接处的标线、标志

8.2.4.3　机场高速公路南行转花莞高速公路标志、标线设置

太成互通 F 匝道标志布设如图 8-12 所示。机场高速公路前往花莞高速公路东莞方向车辆，需要沿右侧车道驶入收费站，因此提前 2km 设置标志牌，引导车辆进入。

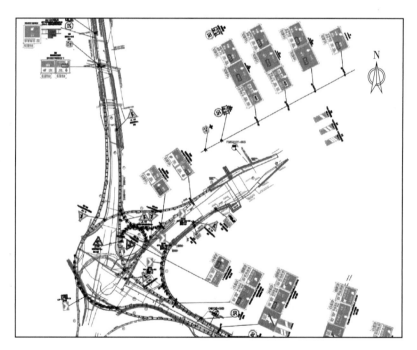

图 8-12　F 匝道标志沿线布置图

F 匝道与 J 匝道分流端悬挂设置标志牌，对去往花都方向和去往东莞方向的车辆进行分流；在 F 匝道和 L 匝道分流端设置标志牌，对去往花都方向和去往赣州方向的车辆进行分流。

8.2.4.4　花莞高速公路西行转机场高速公路标志、标线设置

沿花莞高速公路西行至太成互通，可以通过 I 匝道转机场高速公路，通过 G 匝道转大广高速公路，通过 M 匝道转 G106 国道往花都方向，比较复杂。因此，在主线上提前设置标志牌对过往车辆进行指引，如图 8-13 所示。

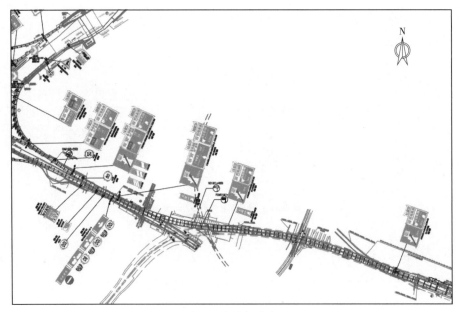

图 8-13 主线标志布设

太成互通 I 匝道和 G 匝道分别通往机场高速公路和花都方向。为了方便驾驶员分辨，在主线设置标志、标线，见图 8-14。

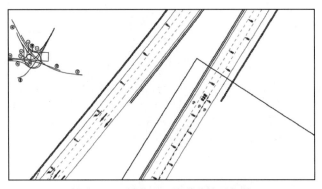

图 8-14 I 匝道、G 匝道分流端标线

8.3 多肢复杂立交圈高精度地图制作

本节以为导航软件三维导航服务为主线，开展花莞高速公路太成互通立交建筑物、设施、设备三维高精度、精细化、快速建模技术研究，实现太成互通立交三维模型展示、太成互通立交基础设施三维展示、交通运行状态监测设备三维展示。

8.3.1 道路三维数据采集与处理

采集主要道路的高精度激光点云数据，进行数据内业处理，建立道路高精度三维彩色点云数据库。

8.3.1.1 技术要求

1) 空间参考

平面坐标系统采用国家坐标系，高程系统采用 1985 国家高程基准。

2) 精度指标

输出激光点云间距优于 1cm，任意 200m 范围内点云精度为 ±2cm，满足 1∶500 成图比例尺。

3) 坐标精度

平面绝对定位精度优于 ±5m。

4) 轨迹数据

轨迹数据正确完整，不偏离底图道路范围。

5) 拍摄要素及方式

按系统管理应用需求选定目标对象，并根据对象的特点选择合适的全景照片拍摄方式，拍摄过程中同步采集全景点的空间及属性信息。

6) 热点信息设置

在全景影像内部设置热点。通过链接数据库，加入文字注释、图片、语音视频等交互应用，可以直接查看相关属性信息。

7) 拍摄范围要求

每个要素全景影像的拍摄范围在 10~50m 之间，对于部分大于 50m 的特殊要素应增加拍摄次数，以保证整个要素区域全覆盖。

8) 浏览要求

实现全景影像漫游。

9) 其他

车辆采集速度为 30~50km/h。

8.3.1.2 采集技术

车载移动测量是在运动载体上装配三维激光扫描仪、定姿定位系统、影像采集系统等传感器，以快速采集地理信息的信息采集技术。车载移动测量技术在三维空间信息的实时获取方面是一项重大突破，为获取高时空分辨率地球空间信息提供了一种全新的技术手段。它具有自动化程度高、受天气影响小、数据生产周期短、精度高等特点，具有传统摄影测量和地面常规测量技术无法取代的优越性。

8.3.1.3 道路实景数据影像采集

1) 资料收集

组织有作业经验的技术人员，搜集测区的资料。

2) 作业规划

作业规划的目的是在满足测区全覆盖的前提下，结合已有的资料，设计合理的行车路径和时间，避免设备长时间高负荷工作，避免交通拥挤，实现精确、高效、经济地采集测区全景影像数据。

3) 作业准备

(1) 设备准备和系统检查

准备全景相机系统设备硬件,确认系统处于良好工作状态。整理存储设备,确认有充足的存储空间。

(2) 系统性能检查

根据相关规范要求,定期对全景相机系统设备实施系统检校。当发现系统异常时,及时进行检校。

(3) GPS 信号要求

根据数据采集规划,驾驶装载全景采集设备的采集车行驶到采集区域的起点附近,打开设备开关,选取卫星数不少于 6 颗的一处区域,初始化 5min。初始化完成之后,沿道路开始采集,在所采道路完成之后,找一个卫星数不少于 6 颗的地点收敛 GPS 信号 3min,结束工作。

拍摄中,随时检查 GPS 信号,若出现问题,及时采取措施解决。

4) 外业作业操作流程

通过配备的磁力吸盘安装全景相机,确保 GPS 信号稳定和全景相机拍摄视线范围合适。也可使用专业支架将相机固定在采集车上,使影像视野更广、幅面更大(图 8-15)。采集道路的连续实景影像数据。分辨率不低于 3000 万;采样间距低于 5m。

图 8-15 采集内容示意图

外业作业操作流程如下:

①检查相机安装状况,确认相机没有松动。

②开启硬件系统,通过遥控平板电脑开启硬件设备,查看硬件的状态,确认 GPS 接收状态良好,确定相机拍摄照片正常。

③在硬件系统全部正常启动后,对相关参数进行设置,拍照间隔一般设置为 5m 触发。

④每个工程应设定起点和终点。一般情况下,一个工程的终点与下一个工程的起点应该重合。

⑤驾驶测量车进入测区，按照计划路线和作业组长要求行驶，作业人员按照规定项目内容进行数据采集并保存影像。

⑥在采集作业中，及时记录影响数据质量、数据完整性等问题，并填写"需外业补采路段记录"。

⑦采集作业完成后，将采集数据拷贝至外挂移动硬盘，关闭硬件设备，最后关闭系统电源。

5) 内业数据处理流程

使用后处理软件对采集的数据进行全自动的解算处理，最终得到解算后的轨迹和校准后的全景影像数据库。根据具体情况，还需要进行轨迹编辑。

如果需要互联网发布，还需要对照片进行隐私处理。隐私处理主要包括人脸模糊、车牌模糊。

6) 内业数据审核

(1) 坐标位置质检

检查轨迹数据坐标位置是否正常，坐标位置不能偏离道路范围。

叠加开放街道地图数据检查位置精度情况。对于与开放街道地图之间存在较大偏差的，需要重新解算或外业重测。

(2) 图像质量质检

检查线路数据采集是否完整准确，拍照质量是否过关。针对有问题的数据，及时重新采集、补采。对部分重要数据，还要进行二次抽样检查，以保证数据的准确性。

8.3.2 道路三维模型建设

多肢复杂立交圈三维可视化快速建模技术以三维激光扫描、花莞高速公路设计图纸资料、遥感影像图作为素材和基础数据，针对多种数据源、不同分辨率影像，在作业前根据测区范围及影像分布情况，通过合理规划与划分区域网、现场激光扫描采集数据、后期实验室制作、修正和贴片等流程，形成正三维矢量数据。利用平差后的有理多项式系数改正值、初始参数及历史数字高程模型成果进行正射校正重采样。重采样采用双线性内插或立方卷积的方式。纠正过程中不对影像的灰度和反差进行拉伸，不进行降位。以纠正好的全色影像为控制源，进行多光谱影像与全色影像的配准纠正。为了保证融合效果，配准纠正的控制点残差中误差应不超过 1 个像素。纠正后应进行多光谱影像和全色波段影像的套合检查，典型地物和地形特征不能有重影。在 PCI Geomatica 2013 中使用 PanSharp 算法进行融合，所有多光谱波段均参与。应保持影像光谱信息和纹理信息达到较好平衡，融合影像的色彩自然、层次丰富、反差适中，影像纹理清晰，无影像发虚和重影现象。

高速公路工程三维模型内容主要包括路基、路面、桥梁、互通立交、涵洞、设备、标志、标牌、收费站、服务区等施工图范围内的建(构)筑物。

按照 LOD[1]300 等级创建路基、路面、桥梁、立交、涵洞、设备、标志、标牌、收费站、服务区等(构)筑物所有工序、零件构件的三维模型。

8.3.2.1 路线模型

创建参数化路线模型，包含了平曲线、竖曲线参数以及断链、超高、加宽等属性，对平、纵曲线参数的修改可以实时、精确地反映到路线模型(图 8-16)上。

图 8-16 路线模型示意图

8.3.2.2 桥涵模型

通过参数化建模的手段建立桥涵梁板、墩柱、盖梁、桩基、盖板、八字墙等结构的模型，包含坐标、材料、尺寸、体积、数量、质量等属性。最终生成的桥涵模型与线路动态关联，任何对于线路平、纵断面的修改，都可以实时、精确地反映到三维模型上。

8.3.2.3 车道级路基、路面模型

利用 BIM[2] 软件的智能横断面模板创建参数化组件，最终装配成路基横断面模板。横断面模板可以很容易地应对横断面的变化。在软件内可自动生成相应桩号区间范围内的工程量。最终生成的路基模型与线路及横断面模板动态关联。任何对线路平、纵断面和路基模板的修改，都可以实时、精确地反映到三维模型上(图 8-17)。

8.3.2.4 互通立交整体模型

针对花莞高速公路沿线所有的互通立交，利用设计阶段的 BIM 数据或移动测量所获取的激光点云数据，构建精细化的三维模型(图 8-18)。

图 8-17 边坡模型示意图

图 8-18 互通立交模型示意图

---

[1] LOD：Level Of Development，译为"细度等级"。
[2] BIM：Building Information Model，译为"建筑信息模型"。

8.3.2.5　机电工程模型

使用 BIM 软件对所需模型进行建模，实现电气、暖通系统以及机电设备等多专业之间的协同。

8.3.2.6　建筑工程模型

Revit 软件以样板文件为基础，导入图纸作为参考并建模，所有建筑、结构、机械专业的构件均用族模型来拼装。Revit 软件会自动计算和分析模型之间的关系。族是 Revit 软件的核心，它使模型能够实现参数化设计，使构件呈现多样性。通过参数化控制，保存了数字化构件的所有信息。当对象或文档有任何改动，都可以自动在其他相关联的对象或文档里反映出来。

8.3.2.7　交通安全设施模型

利用 BIM 软件创建防撞护栏、标志标牌、路面标志、防撞桶、防眩板等通用模型库(图 8-19)，通过桩号、径向偏移量等参数实现交安模型的自动布设。

图 8-19　指引路牌模拟示意图

8.3.3　三维地理信息系统建立

集成道路三维模型数据、地面道路全景影像数据，构建花莞高速公路高精度地图三维空间数据管理平台，并提供多源三维空间数据接口服务，使其能够满足高精度导航数据和三维空间数据访问扩展的需求，构建天地一体化的全息三维地理信息系统。

8.3.3.1　高精度地图数据管理

高精度地图数据管理实现对各类数据的入库、更新、管理和配置，实现对基础地理信息数据、三维模型数据、实景影像数据、三维点云数据等的一体化集成管理。提供对空间数据、属性数据的备份、恢复机制。提供自动、手工两种数据管理方式。针对空间数据，可以采取备份、数据库备份两种方式。针对属性数据，可以采取数据库备份、表备份等不同方式。提供导出元数据、数据字典的功能，并提供关联空间数据、属性数据的导出。

8.3.3.2　三维地图基本操作

通过系统，可以浏览三维景观。系统具备放大、缩小、全图、漫游、旋转视图、倾斜视图、前一视图、后一视图、左移、右移、上移、下移、定位到指定位置、调整视图倾角等功能，且浏览画面流畅。

提供行走、驾驶、飞行等多种浏览模式，并能进行相关参数设置。驾驶或飞行时可改变多种视角。支持设置三维模型(例如建筑物、交通工具、树等)在导航浏览时是否可以穿越。穿越三维模型内部时，要在真实方位上显示方向。

支持在三维场景中保存用户感兴趣的位置，并能快速定位到这些兴趣点。

支持在三维场景中自定义飞行路径，能在三维场景中进行飞行穿越。能够预先设置飞行路径中的各段飞行速度和观测视角，并能录制飞行穿越的动画视频。

8.3.3.3 多源数据联动

通过集成实景三维数据，可以实现高速公路三维场景、航空正射影像图、地面道路全景影像数据、高精度彩色点云数据库、道路三维模型数据等多源数据、多窗口实时联动。

8.3.3.4 实景影像浏览

实现三维地图上兴趣点注记与对应实景影像的匹配，可以相互查找。可以直接在影像上点击，查看部件属性。提供了影像的缩放和漫游、以幻灯片的方式分幅浏览或以不同速度连续浏览，方便充分对道路街景目标进行细致观察。

当鼠标指向建筑物等兴趣点的影像时，自动链接后台数据库，在出现的浮动框中显示该兴趣点的名称等信息。

8.3.3.5 信息搜索

在对道路、兴趣点、部件和事件等进行搜索时，能迅速调出与兴趣点位置对应的实景影像，以供观察。

当鼠标指向建筑物等兴趣点的影像时，自动链接后台数据库，在出现的浮动框中显示该兴趣点的名称等信息。

8.3.3.6 信息关联

可以将道路三维模型与采集的实景影像进行基于坐标位置的关联挂接，制定科学的数据作业流程规范，符合相关行业应用标准。将道路两侧的可视化部件数据标识在实景三维影像上，以符合图例的图标进行标注，使部件数据在二维的基础地图与实景三维影像上实现联动和互查，部件有了真实的实景三维影像环境，实现数据管理和应用的可视化。实景三维影像上的可见部件，在地理位置上与部件普查成果实现一一对应、互为关联，保持一致。

8.3.3.7 部件、事件信息标注

允许用户直接在影像上标注部件、事件信息，所标注的信息可直接被保存到关系型数据库中，通过标注便可链接至部件或事件数据库。

8.3.3.8 综合应用

提供数据共享服务，实现二维/三维数据、实景影像数据等资源的共享，促进信息资源共享和集约化建设利用，为当地的信息化建设、地理信息相关的综合应用提供良好的基础和支持。

8.3.3.9 应用接口服务

平台提供良好的应用接口，以满足不同用户的个性化需求。通过调用应用接口，可以充分展示各类数据资源，并充分预留相应功能接口，保障今后各类系统接入而不影响平台性能。

8.4 基于导航软件的多肢复杂立交圈智慧诱导服务

8.4.1 依托自动化建模技术的三维实景诱导体系

对于以花莞高速公路为代表的多肢复杂立交场景，传统的二维图像诱导方式难以完整展示用户当前行驶的道路形态、诱导信息，因此二维导航难以满足在以上复杂区域的图像诱导需求。为实现"所见即所得"的图像诱导理念，研究团队构造了一套完整的三维实景诱导体系，通过自研的三维建模技术，能够实现对桥区复杂场景的完整复刻；在三维模型基础之上，适配了一系列数据生产、挂接、展现的策略，进而实现了三维图像实景诱导。其技术框架主要包含以下部分：

①数据采集。通过外业采集车上的采集设备测绘导航地图，连续获取GNSS[❶]定位点、全景照片，并给每张全景照片打上位置标签，作为之后数据生产的原始资料，经加密、生产、发布等一系列业务流程，确保外业采集数据的可用性。

② 3D建模。依托SketchUp软件，自研了一套三维实景建模平台，以供内部实现自动化的三维建模生产。业务流程方面，分解生产流程，实现流水线工艺，并对经验模板进行工具化处理，有别于商品化的三维建模工具，提升建模平台的专注性。数据方面，全面采用经严格加密处理的实景真实数据，通过建立参考坐标系和生成基准线，实现整个实景道路框架的搭建，以道路元素为骨架，强调对道路相关的核心诱导要素的表达，强化三维模型的导航诱导能力。场景要素方面，对场景内物体进行抽象分类，参数化场景物体，开发自动化生成工具，采用基准线+参数定义简化编辑，提升效率的同时实现对场景元素的完整表达。

③时机控制与精准诱导。在完成三维实景模型对路网的挂接匹配后，通过定位技术，对导航用户在路口处的位置、驾驶行为进行精准识别，并通过一系列的策略适配保证在路口前的最优位置，对三维模型进行合理展现与消隐，贯彻"在最优的位置给予最好的诱导信息"的原则，给予导航用户最为精准的图像诱导。

在立交、多分肢等连续路口场景，用户在短时间内面临多次驾驶抉择，且场景复杂、判断成本高，业内现有的产品形态难以实现在复刻真实世界的同时给予连贯的图像诱导指引。为解决这一"痛点"场景的诱导问题，本技术首创了"动态实景图"这一创新产

[❶] GNSS：Global Navigation Satellite System，译为"全球导航卫星系统"。

品形态，利用三维建模技术对复杂路口路段进行仿真建模，结合"蛙跳"动画效果实现连续路口区间内的沉浸式引导，实现连续路口场景的体验升级。利用这一产品对花莞高速公路的连续复杂分肢路口进行赋能，实现沉浸式的精准引导(图 8-20)。

图 8-20　动态实景图

结合动、静态三维实景诱导产品，预期实现太成立交所有目标区域分肢路口(16 个)的全覆盖。

8.4.2　多级路口语音诱导体系

驾车导航的核心目标是确保用户按照规划路线行驶，并顺利到达目的地。对于行驶中出现干扰或需要转变道路的易偏航场景，需要通过合理的诱导方式进行指引。因此，以"确保用户不偏航、成功到达目的地"为宗旨，开发了以语音提示为载体的诱导播报体系(图 8-21)。

图 8-21　多级路口语音诱导体系

传统的导航语音诱导方式主要基于单独路口的车道指引。本研究基于车道级数据，通过策略逻辑推导，计算用户行驶最佳车道，为用户提供车道线建议和适时提醒，在普适场景下提供车道级引导，引导用户顺利到达。其业务框架主要有如下四个部分：

①车道线建议。针对连续近距离路口且可能存在并道困难的场景，在第一个路口前给出车道线建议。

②汇入场景车道线提醒。针对汇流口+近距离内有转向且有变道成本的场景，提示"过汇入口后驶入××车道"。

③车道线连播提醒。针对间距较短的两个路口，在第一个路口时提示下一个路口的车道信息，如"右转，右转后进入左侧两车道"。

④复合路口车信引导。针对路口前有多组车信的场景，如同时有路口、掉头口车信，通过计算车道交集、过渡模糊车信等手段，为用户在路口前提供更细粒度的车道指引。

除此之外，结合定位与基础数据，对用户驾驶车速与当前道路属性进行感知，对播报措辞与播报时机进行动态化调整，实现语音信息的精准播报。语音播报支持定制化输出。

8.4.3 车道级诱导体系

随着定位技术的升级与高精定位设备的普及，通过车道级的定位，可实现车道级的诱导播报。在分歧路口前，可以基于用户当前所在的车道，提前在100m、50m发出两级提醒，动态播报(图8-22)，告知用户进行精准化诱导准备。

导航通过对车道级定位点的处理，实现车道级绑路，并平滑处理，提升其可用性，进而判断用户"行驶在最佳车道""可行车道""需要变道"和"无法变道"等行驶状态，通过语音播报、图像进行合理指引，将导航诱导从路口级进化到车道级，对多肢复杂立交等复杂驾驶场景具有重要意义。

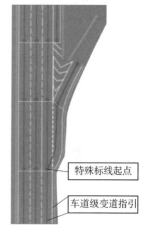

图 8-22　车道级诱导示意图

8.5　实时区域交通引导方案

8.5.1　实时交通信息发布能力建设

面向交通管理者，提供便捷、高效的交通信息发布能力，将交通管制措施的开始时间、结束时间、管制道路(坐标表达)、管制详情描述等信息发布至导航软件，在图区展示事件详细信息，并标注信息来源，为公众出行提供权威、准确、及时的出行信息。

地图展示效果图见图8-23。

此外，可投放至路面诱导屏(图8-24)，使公众了解前方道路拥堵情况，引导合理选择出行线路。

图 8-23 地图展示效果　　　　　图 8-24 投放效果示意图

8.5.2 高峰期导航路线干预能力建设

在节假日、拥堵等大流量场景下，为交通管理者提供导航路线诱导干预能力。由交通管理者发布交通绕行信息提示，由地图导航综合考虑绕行线路的用户体验，最终为用户提供合理的出行线路，从而减轻大流量路段交通压力，以交通诱导分流实现路网的均衡状态。

地图展示效果见图 8-25。

图　8-25

第 8 章　多肢复杂立交圈交通出行智慧引导技术研究

图 8-25

图 8-25　大流量路段路网均衡能力

8.5.3　多肢复杂立交圈智慧引导系统数据安全设计

8.5.3.1　车道级引导数据流程概述

通过外业采集车上的采集设备进行测绘，连续获取当时的 GNSS 定位点、全景照片，并给每张全景照片打上位置标签，作为之后进行数据生产的原始资料。在采集过程中，当获取到定位点后，第一时间基于保密插件进行偏转。这一前置的坐标加密措施，可从理论上确保之后的数据生产、数据发布、数据传输、数据使用流程中均使用偏转后的定位点，有效增强了路网信息的安全性。

在导航地图数据生产环节，基于前述已偏转的位置信息，在与外网物理隔离的环境中进行自动化要素识别与人工编辑，并输出普通(无车道信息)导航路网数据和精准导航路网数据。上述数据通过 HTTPS[1] 加密传输协议传输到手机上，并被地图导航软件客户端使用 (图 8-26)。

地图导航软件客户端主要涉及两类数据：第一类是动态的实时定位数据，每秒 1 个定位点；第二类是静态的精准路网数据，包括每条车道的形状点坐标和必要的属性。导航地图通过系统标准接口，获取偏转后的实时定位坐标点，而后判断定位点精度与当前区域覆盖，据此有 3 种可能的导航逻辑：

①情形 1——在实时定位点精度不合格的情况下，使用普通(无车道信息)导航路网数据进行导航。

---

[1] HTTPS：Hypertext Transfer Protocol Secure，译为"超文本传输安全协议"。

第 8 章 多肢复杂立交圈交通出行智慧引导技术研究

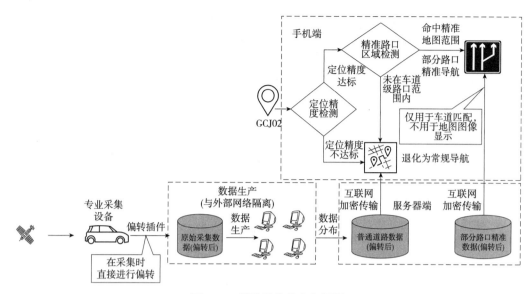

图 8-26 精准导航的业务逻辑

②情形 2——在精度合格而当前位置无精准数据覆盖的情况下，仍然使用普通(无车道信息)导航路网数据进行导航。

③情形 3——在精度合格且当前位置有精准数据覆盖的情况下，使用精准导航路网数据进行精准导航，提供精准引导功能。

据上述流程可知，无论是动态的定位点还是静态路网数据，均为基于保密插件偏转后的坐标，由于两者的偏转算法是一致的，因此针对同一物理位置，相对误差较小，可以基本保证导航过程中的用户体验。

8.5.3.2 高精度数据的安全保护措施

当客户端进入导航状态，会向服务端请求下载精准导航路网数据。常规互联网应用基本使用是 HTTP[①] 请求。如果 HTTP 请求被拦截，那么相关信息会被直接获取，精准路网数据就会泄漏。而在导航地图中，普遍使用 HTTPS 协议，HTTPS 可以将数据加密传输，即便在传输过程中拦截到数据，也只是密文，在没有密钥的情况下，无法破译，更无法篡改或劫持，从而保证了数据传输完整与网络通信安全 (图 8-27)。

8.5.3.3 精准路网数据在客户端的使用

导航地图通过如下几个措施保证了精准数据在使用过程中的安全。

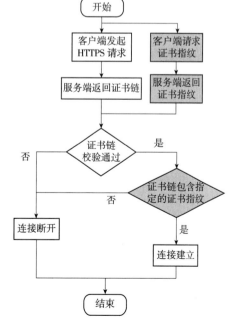

图 8-27 HTTPS 传输的流程

[①] HTTP：Hypertext Transfer Protocol，译为"超文本传输协议"。

①在数据应用逻辑层面，精准路网数据仅限于车道匹配(即将偏转后的定位点与偏转后的车道边界线进行比对，确定当前在第几车道)，不会用于其他用途，在路口放大图中显示的车道仅为按车道数的示意性均分，其位置并非真实车道线位置。

②在数据生存周期层面，当精准数据通过 HTTPS 下发到客户端后，仅存在于内存中(关闭软件后，占用的内存即全部被系统回收)，不会有任何持久化(写入手机闪存或存储卡)的操作。在地图导航引擎的内存数据调度实现中，设置的内存可保存的最大路口数为1。基于这样的逻辑，程序内存中如果加载了一个新的路口，就会直接删除过去的路口。由此可知，精准数据在手机上的生存周期非常短暂，没有被复制、窃取的可能性。

③在导航产品形态层面，在导航过程中，主要涉及的图形界面包括设置导航起/终点页、导航行驶中页和导航结束页，这些界面均不会以数字显示和播报任何坐标。

8.5.3.4 客户端通用安全措施

为防止导航地图客户端被非法篡改给数据安全带来风险，研发团队从通用防护的角度，设计了签名校验、引擎虚拟机校验、安全校验等多重安全机制，最大限度确保地图导航软件客户端安装包、应用程序包的安全、完整，进而保证了前文所述诸多安全措施的可靠性。

8.6 应用效果

在科学设置标志标线、电子路牌预告和指引的基础上，以太成互通立交智慧诱导为示范点，开展"多肢复杂立交圈交通出行智慧引导技术"研究，通过智慧化手段进行精准诱导，与百度合作，开展太成互通立交精细化三维展示，并采用三级提醒，形成更具针对性的智慧诱导服务，解决一次提醒或者延迟提醒引起驾驶员信息误判的问题，提升精准诱导服务品质。具体效果如下：

①通过基于北斗的多肢复杂立交圈智慧诱导技术提供更高精度、更加实时的定位数据。

②在覆盖范围内，提供高精度地图，服务智慧高速项目、车路协同基站、自动驾驶测试等。

③在车辆通过该互通立交遮挡路段的过程中，地图导航软件可以通过高精度的位置数据发出实时正确的导航提示，不会因为环境遮挡出现中断或者延迟的现象。

④系统安全性良好，能够有效抵御天气等外界因素对系统正常运行的影响，同时防止非授权用户干扰授权用户的正常使用。

⑤重点观察车辆可以通过网络向专用管理平台上传实时的高精度定位数据和行驶轨迹，便于监管部门进行针对性管理。

后期还可以进一步结合车路协同技术(V2X 技术)开展面向未来自动驾驶车辆和智能网联车辆的车道级精准诱导。通过开展本示范工程建设，不仅能进一步验证复杂立交智慧交通诱导指引技术的合理性，而且推进北斗高精度导航技术的示范应用，提升多肢复杂立交圈交通安全性，对广东省乃至全国开展此项工作有重要示范推广意义。

第 9 章
经济、社会、环境效益及推广应用前景

9.1 经济、社会、环境效益

本书研究成果为花莞高速公路绿色公路示范工程创建、高品质建造、环境低影响建设等提供了重要的技术保障，同时节约了大量工程建设投资，创造了可观的经济效益、社会效益和生态环境效益。

开展复杂地质高边坡施工安全风险管理与动态调控技术研究，为花莞高速提供了最优的高边坡治理方案。自主研发了具有自检测、自恢复能力的公路边坡施工安全监控装备及预警系统，解决了复杂环境下边坡隐患预测评估及边坡安全施工等问题。对全线 16 处高度风险 (等级Ⅲ类) 的边坡开展了专项风险评估和自动化监测，并对施工进行动态调控，有效防止了边坡失稳坍塌等的发生，确保了边坡施工安全，节约工程造价约 1120 万元。

开展管线密集区平衡与保护技术研究，研究成果应用于广州市天然气利用工程三期 (西气东输项目) 管线工程花莞高速金盆立交段高压燃气管线迁改，管线长度约 2.11km。采用不停输 (带压) "四封四堵" 带气接驳技术，实现了城市天然气主干线局部改线后新旧管道的不停输带气碰接，避免了建设长距离旁通管线，极大节省了项目投资。同时，减少了临时旁通管的运行风险，避免了因大面积停气造成的大量余气放散而造成的环境污染和经济损失，又避免由于停气而造成的经济损失和社会影响。经测算，仅避免长距离旁通管线的购置和安装，就节省工程造价约 4600 万元。

开展城镇化地区高速公路噪声综合治理优化技术研究，从路面降噪吸声结构优化、声屏障设置优化和有源主动降噪提升等方面，形成了集低噪声路面铺装-声屏障优化-主动有源降噪的综合噪声防控技术体系。对沿线声屏障的设置位置和高度进行了综合分析，经优化后，花莞高速声屏障规模减小约 21%，节省工程造价 22% 左右，约 1360 万元。有源降噪声屏障提供的附加降噪量达到 3.2dB，结合低噪声路面和声屏障优化，按替代全封闭声屏障设置，综合噪声防控技术能节约工程投资约 9000 万元/km，经济效益和社会环境效益显著。

开展城镇化地区高品质服务区建设技术研究，通过建设基于碳汇指标的森林主题服务区，永宁服务区绿地覆盖率提升至41.5%，高于全国服务区绿地覆盖率平均水平近一倍。根据二氧化碳的回收成本和工业制氧的制造成本，经测算，永宁服务区的植被绿化碳吸收、释放氧气价值约为50万元/年，预计运营期价值提升约为1500万元(按运营期30年计算)。

9.2 推广应用前景

本项目以花莞高速创建绿色公路示范工程为依托，围绕城镇化地区公路建设中的公共基础设施保护、噪声综合治理、绿色智能融合服务等方面开展技术攻关，取得一系列城镇化地区绿色公路低影响建设技术成果，研究成果具有科学探索和工程应用的双重价值。

完善花莞高速的工程设计，在确保施工质量、降低安全风险、节约施工工期、节省工程造价、减少环境影响、提升服务品质等方面具有直接作用。

所形成的城镇化地区绿色公路低影响建设技术成果，将进一步支撑推进城镇化地区公路实现绿色、高品质、低影响建设。

支撑编制5部标准指南，进一步补充和完善了公路基础设施绿色、安全、低影响建设的标准体系，具有很好的全行业指导作用。

研究成果能为珠三角、京津冀及长三角等高度城镇化地区及国内其他省市的城镇化地区的公路建设提供良好的技术借鉴和参考。

研发的公路边坡施工安全监控装备及预警系统、主动有源降噪设备，填补了国内市场空白，具有广泛的推广应用前景。

参 考 文 献

[1] 赵明华,单联君,曹文贵. 基于岩石统计损伤理论的嵌岩桩竖向承载力计算 [J]. 中南公路工程, 2004, 29(4):6-9.

[2] 蒋冲,赵明华,胡柏学,等. 路基溶洞顶板稳定性影响因素分析 [J]. 公路工程, 2009, 34(1):5-9.

[3] 江学良,曹平,杨慧. 水平应力与裂隙密度对顶板安全厚度的影响 [J]. 中南大学学报(自然科学版), 2009, 40(1):211-216.

[4] 江学良,曹平,杨慧. 地下空区顶板改进梁模型的弹塑性分析 [J]. 中南大学学报(自然科学版), 2012, 43(9):3659-3664.

[5] 汪华斌,刘志峰,赵文锋. 桥梁桩基荷载下溶洞顶板稳定性研究 [J]. 岩石力学与工程学报, 2013, 3(2):3650-3657.

[6] 赵明华,陈昌富,曹文贵,等. 嵌岩桩桩端岩层抗冲切安全厚度研究 [J]. 湘潭矿业学院学报, 2003, 18(4):41-45.

[7] 赵明华,曹文贵,何鹏祥,等. 岩溶及采空区桥梁桩基桩端岩层安全厚度研究 [J]. 岩土力学, 2004, 25(1):64-68.

[8] 赵明华,曹文贵. 溶区嵌岩桩承载力及其下伏溶洞顶板安全厚度的研究 [J]. 岩土工程学报, 2007, 29(11):1618-1622.

[9] 龚先兵,赵明华,杨明辉,等. 岩溶区桥梁基桩极限承载力的突变求解方法 [J]. 公路交通科技, 2012, 29(11):53-57.

[10] 蒋冲,赵明华,曹文贵,等. 基于模糊和突变理论的岩溶区桩端溶洞顶板稳定性分析方法研究 [J]. 公路交通科技, 2008, 25(12):49-53.

[11] 王滨,贺可强. 岩溶塌陷临界土洞的极限平衡高度公式 [J]. 岩土力学, 2006, 27(3):458-462.

[12] 曹文贵,程晔,赵明华. 公路路基岩溶顶板安全厚度确定的数值流形方法研究 [J]. 岩土工程学报, 2005, 27(6):621-625.

[13] 程晔,曹文贵,赵明华. 高速公路下伏岩溶顶板稳定性二级模糊综合评判 [J]. 中国公路学报, 2003, 16(4):22-25.

[14] 袁腾方,曹文贵,赵明华,等. 岩溶区高速公路路基下岩溶顶板稳定性的模糊评价方法 [J]. 中南公路工程, 2003, 28(1):8-11.

[15] 张永杰,曹文贵,赵明华,等. 岩溶区公路路基稳定性的区间模糊评判分析方法 [J]. 岩土工程学报, 2011, 33(1):38-44.

[16] 曹文贵，李媛，翟友成．基于Info-Gap理论的基桩下伏岩溶顶板稳定性的主动分析方法[J]．岩石力学与工程学报，2013,32(2):393-400.

[17] 赵明华，蒋冲，曹文贵，等．基于岩石损伤统计强度理论的桩端溶洞顶板稳定性分析方法研究[J]．矿冶工程，2007,27(5):1-4.

[18] 曹文贵，颜艳芬，张永杰．基桩桩端岩溶顶板稳定性模糊能度可靠性分析方法[J]．岩石力学与工程学报，2009,28(1):88-94.

[19] 程晔，赵明华，曹文贵．路基下岩溶稳定性评价的模糊多层次多属性决策方法研究[J]．岩土力学，2007,28(9):1914-1918.

[20] 汪稔，孟庆山，罗强，等．桥基岩溶洞穴顶板稳定性综合评价[J]．公路交通科技，2005(S1):76-80.

[21] 刘铁雄，曹华先，彭振斌．岩溶地区嵌岩桩物理模型设计[J]．广东土木与建筑，2005(8):3-5.

[22] 刘铁雄，曹华先，彭振斌．相似原理在桩基模拟试验中的应用[J]．广东土木与建筑，2005(2):3-5.

[23] 黄生根，梅世龙，龚维明．南盘江特大桥岩溶桩基承载特性的试验研究[J]．岩石力学与工程学报，2004,23(5):809-813.

[24] 张慧乐，张智浩，王述红，等．岩溶区嵌岩桩的试验研究与分析[J]．土木工程学报，2013,46(1):92-103.

[25] 张慧乐，马凛，张智浩，等．岩溶区嵌岩桩承载特性影响因素试验研究[J]．岩土力学，2013,34(1):92-99.

[26] 张智浩，张慧乐，韩晓猛．岩溶区嵌岩桩室内模型试验方案的优化分析[J]．工业建筑，2012,42(9):84-89.

[27] 冯明伟．岩溶区桥梁桩基承载机理及试验研究[D]．长沙：湖南大学，2014:13-15.

[28] 刘卡伟，刘岳明．桩侧阻力与抗剪强度的关系及其随深度的变化[J]．勘察科学技术，2018(1):5-8.

[29] 杨博铭，赵明华，肖尧，等．基桩下伏矩形溶洞稳定性分析[J]．地下空间与工程学报，2020,16(4):1265-1272.

[30] 汪婧．基于上限分析原理的岩溶桩基破坏模式与极限承载力计算[J]．铁道科学与工程学报，2019,16(9):2207-2214.

[31] 袁维，刘尚各，聂庆科，等．基于冲切破坏模式的嵌岩桩桩端溶洞顶板临界厚度确定方法研究[J]．岩土力学，2019,40(7):2789-2798.

[32] 刘洋，郑俊杰，曾彦．基于极限分析下限法的溶洞顶板承载力研究[J]．岩土工程学报，2019,41(S2):181-184.

[33] 董芸秀，冯忠居，郝宇萌，等．岩溶区桥梁桩基承载力试验与合理嵌岩深度[J]．交通运输工程学报，2018,18(6):27-36.

[34] 雷勇, 刘一新, 邓加政, 等. 冲切破坏模式下溶洞顶板极限承载力计算 [J]. 岩石力学与工程学报, 2018, 37(9):2162-2169.

[35] 赵明华, 朱志仁, 黄明华, 等. 考虑基桩嵌岩段侧阻的岩溶区顶板安全厚度计算 [J]. 岩土力学, 2018, 39(11):4201-4209.

[36] 王伟, 聂庆科, 袁维, 等. 溶洞顶板破坏对穿越溶洞型基桩极限承载力的影响规律研究 [J]. 土木工程学报, 2017, 50(S1):88-93.

[37] 柏华军. 考虑溶洞顶板自重时桩端持力岩层安全厚度计算方法 [J]. 岩土力学, 2016, 37(10):2945-2952.

[38] 白杨. 灌浆与张拉力对预应力混凝土梁的性能影响分析 [D]. 大连: 大连海事大学, 2009.

[39] YUYAMA S, YOKOYAMA K, NIITANI K, et al. Detection and evaluation of failures in high-strength tendon of prestressed concrete bridges by acoustic emission[J]. Construction and Building Materials, 2007, 21:491-500.

[40] 张东风, 柳建新, 谢维. 基于支持向量机的预应力 T 梁压浆质量无损检测 [J]. 中南大学学报 (自然科学版), 2010, 41(4):1568-1573.

[41] 杨宗, 梁俊辉, 张升彪, 等. 超声成像法在桥梁预应力管道注浆质量检测中的应用 [J]. 公路工程, 2012, 37(5):168-173.

[42] 杨春东. 时频分析技术在桥梁预应力管道注浆质量检测中的应用 [J]. 四川建筑科学研究, 2012, 38(4):329-335.

[43] CARINO N J. Laboratory study of flaw detection in concrete by the pulse echo method[M]. Farmington Hills, MI:American Concrete Institute, 1984:557-579.

[44] CHENG C, SANSALONE M. The impact-echo response of concrete plates containing cracks in concrete structures[J]. Materials Journal of the American Concrete Institute, 1993(26):274-285.

[45] 傅翔, 宋人心, 王五平, 等. 冲击回波法检测预应力预留孔灌浆质量 [J]. 施工技术, 2003, 32(11):37-38.

[46] MULDOON R, CHALKER A, FORDE M C, et al. Identifying voids in plastic ducts in post-tensioning prestressed concrete members by resonant frequency of impact-echo, SIBIE and tomography[J]. Construction and Building Materials, 2007, 21:527-537.

[47] 姚华. 扫描式冲击回波法检测后张预应力管道内缺陷的模型试验研究 [D]. 重庆: 重庆交通大学, 2008.

[48] OHTSUM, YAMADAM, NAKAIY. Identification of ungrouped tendon duct in piesstressed concrete by SIBIE[J]. Doboku Gakkai Ronbunshuu, 1996, 65(2):208-215.

[49] 邹春江, 陈征宙, 董平, 等. 箱梁中冲击波主频影响因素研究及应用 [J]. 振动和冲击, 2010, 29(7):126-131.

[50] 周先雁, 栾健, 王智丰. 桥梁箱梁孔道灌浆质量检测中冲击回波法的应用[J]. 中南林业大学学报, 2010, 30(10):79-82.

[51] 刘俊起, 刘浩, 赵永贵, 等. 声波散射法在桥梁波纹管注浆质量检测中的应用[J]. 公路科技, 2009(11):139-140.

[52] ZHAN H, BELLI K, WADIA S, et al. Effectiveness of 2D FDTD ground penetrating radar modeling for bridge deck deterioration evaluated by 3D FDTD[C]//IEEE International Geoscience & Remote Sensing Symposium, 2008.

[53] HAMROUCHER, KLYSZG, BALAYSSAC J-P. Numerical modeling of ground-penetrating radar(GPB)for the investigation of jointing defects in brick masonry structures[C]//Non-Destructive Testing in Civil Engineering, Nantes, France, June 30th-July 3rd, 2009.

[54] 徐敬森, 艾建强. 青岛海湾大桥60m预应力混凝土箱梁整体预制施工质量控制要点[J]. 公路, 2009(9):136-141.

[55] 刘静, 何玉珊. 探地雷达在预应力筋检测中的应用[C]// 第十届全国建设工程无损检测技术学术会议论文集. 2008.

[56] 刘正兴, 李富裕, 何文明, 等. 应用地质雷达进行桥梁预应力管道注浆质量检测的研究[J]. 湖南交通科技, 2011, 37(4):106-111.

[57] 安琳, 郑亚明. 后张预应力混凝土结构灌浆空洞X射线无损检测的试验研究[J]. 公路交通科技, 2008, 25(1):92-97.

[58] CHAI H K, AGGELIS D G, MOLOKAI S, et al. Single-side access tomography for evaluating interior defect of concrete[J]. Construction and Building Materials, 2010(24):2411-2418.

[59] 梅林, 陈自强, 王裕文, 等. 脉冲加热红外热成像无损检测的有限元模拟及分析[J]. 西安交通大学学报, 2000, 34(1):66-70.

[60] 徐维超. 超声红外热波无损检测技术应用于裂纹检测的研究[D]. 北京:首都师范大学, 2008.

[61] POLLOCK D, DUPUIS K J, LACOUR B, et al. Detection of voids in prestressed concrete bridges using thermal imaging and ground-penetrating radar[R]. Olympia, Wash:Washington State Department of Transportation, 2008.

[62] 雷宛, 肖宏跃, 邓一谦. 工程与环境物探教程[M]. 北京:地质出版社, 2006.

[63] 王运生. 浅层地震反射与散射联合成像研究[D]. 武汉:中国地质大学, 2005.

[64] 宋伟. 基于Chirp信号锚杆锚固质量检测仪器研发与应用[D]. 武汉:长江大学, 2013.

[65] 云南省公路开发投资有限责任公司. 声波散射法检测桥梁预应力管道注浆质量技术指南[Z]. 昆明:云南省公路开发投资有限责任公司, 2010.

[66] 李杰. 边坡支护技术在土木工程施工中的应用论述[J]. 城市建设理论研究, 2014(14):1-14.

[67] 雷光. 边坡支护技术在土木工程施工中的应用分析 [J]. 建筑·建材·装饰, 2013(11):63.

[68] 穆英伟, 曹永恒. 边坡支护技术在土木工程施工中的应用分析 [J]. 企业文化 (中旬刊), 2013(11):110.

[69] 万代雄. 高边坡锚杆 (索) 支护技术的应用研究 [D]. 福州: 华侨大学, 2009.

[70] 刘静. 浅谈土木工程中的边坡支护技术 [J]. 城市建设理论研究 (电子版), 2014(17):100.

[71] 孙大伟. 土木工程中的边坡支护技术解析 [J]. 商品与质量·建筑与发展, 2014(2):470.

[72] 朱文斌. 浅谈土木工程中的边坡支护技术 [J]. 城市建设理论研究, 2014(10):304-305.

[73] 高俊强, 严伟标. 工程监测技术及其应用 [M]. 北京: 国防工业出版社, 2005.

[74] 伍法权. 复杂岩质高陡边坡变形与稳定性研究: 以雅砻江锦屏一级水电站为例 [M]. 北京: 科学出版社, 2008.

[75] 陈晓鹏, 强勇, 刘大文, 等. 边坡安全监测网络及在锦屏一级工程中的应用 [J]. 地下空间与工程学报, 2008, 8(4):772-775.

[76] 金海元, 徐卫亚, 孟永东, 等. 锦屏一级水电站左岸边坡稳定综合预报研究 [J]. 岩石力学与工程学报, 2008, 27(10):58-63.

[77] 尚文涛, 郭国和. 土质高边坡安全监测及稳定性分析 [J]. 重庆交通大学学报, 2008, 27(11):956-959.

[78] 余伟健, 高谦. 综合监测技术在高陡边坡中的应用 [J]. 北京科技大学学报, 2010, 32(1):14-19.

[79] 李啸啸, 蒋敏, 吴震宇, 等. 大坝安全监测数据粗差识别方法的比较与改进 [J]. 中国农村水利水电, 2011(3):102-105.

[80] 张金龙, 徐卫亚. 岩石高边坡施工期稳定性综合评价 [J]. 长江科学院院报, 2009, 26(12):66-70.

[81] 张登项. 锦屏一级水电站坝址区左岸高边坡稳定性分析及失稳破坏预警研究 [D]. 成都: 成都理工大学, 2008.

[82] LI X. Finite element analysis of slope stability using a nonlinear failure criterion[J]. Computers and Geotechnics, 2007(34):127-136.

[83] MEISINA C, SCARABELLI S. A comparative analysis of terrain stability models for predicting shallow landslides in colluvialsoils[J]. Geomorphology, 2007, 87:207-223.

[84] YIN K. A computer-assisted mapping of landslide hazard evalution[C]//6th IAEG Congress, 1994, Lisbon.

[85] PHILLIPS J D. Nonlinear dynamical system in geomorphology:revolution or evolution[J]. Geomorphology, 1992(5):219-229.

[86] PHILLIPS J D. Nonlinear dynamics and the evolution of relief[J]. Geomorphology, 1995(14):57-64.

[87] SAH N K, SHEOREY P R, UPADHYAYA L N. Makimum likelihood estimation of slope stability[J]. International Journal of Rock Mechanics and Mining Sciences, 1994, 31(1):47-53.

[88] IVERSON R M, REID M E. Acute sensitivity of landslide rates to initial soil porosity[J]. Science, 2000, 290(5491):513-521.

[89] 陈益峰，吕金虎，周创兵. 基于 Lyapunov 指数改进算法的边坡位移预测 [J]. 岩石力学与工程学报，2001, 20(5):671-675.

[90] 黄志全，张长存，姜彤，等. 滑坡预报的协同分岔模型及其应用 [J]. 岩石力学与工程学报，2002, 21(4):498-501.

[91] 陈志坚，李筱艳，孙英学，等. 基于剪切位移的层状岩质边坡稳定性预测预报模型 [J]. 岩石力学与工程学报，2003, 22(8):1315-1319.

[92] 杨治林. 地下水作用下复合介质边坡岩体的位移判据研究 [J]. 岩石力学与工程学报，2003, 22(5):820-823.

[93] 黄志全，崔江利，刘汉东. 边坡稳定性预测的混沌神经网络方法 [J]. 岩石力学与工程学报，2004, 23(22):3808-3812.

[94] 唐璐，齐欢. 混沌和神经网络结合的滑坡预测方法 [J]. 岩石力学与工程学报，2003, 22(12):1984-1987.

[95] 李邵军，冯夏庭，杨成祥，等. 基于三维地理信息的滑坡监测及变形预测智能分析 [J]. 岩石力学与工程学报，2004, 23(21):3673-3678.

[96] 孙星亮，汪稔. 自适应时序模型在地下工程位移预报中的应用 [J]. 岩石力学与工程学报，2004, 23(9):1465-1469.

[97] 刘先珊，周创兵. 改进的边坡岩体稳定性预测模型研究 [J]. 岩石力学与工程学报，2005, 24(19):3492-3498.

[98] 梁桂兰，徐卫亚. 模糊马尔科夫链状模型在斜坡稳定性预测中的应用 [J]. 中国地质灾害与防治学报，2006, 17(4):64-67.

[99] 谈小龙. GIS 支持下的大型高边坡安全监测预警模型研究 [J]. 水利学报，2007(S1):701-705.

[100] 刘勇健，张伯友. 混沌时间序列在边坡位移预测中的应用 [J]. 辽宁工程技术大学学报，2007, 26(1):74-76.

[101] 周翠英，陈恒，朱凤贤. 基于渐进演化的高边坡非线性动力学预警研究 [J]. 岩石力学与工程学报，2008, 27(4):818-824.

[102] 王纯祥，蒋宇静，谢谟文，等. 基于 GIS 区域边坡失稳灾害预测与评价 [J]. 岩石力学与工程学报，2008, 27(12):2449-2454.

[103] 贺可强，王荣鲁，李新志，等. 堆积层滑坡的地下水加卸载动力作用规律及其位移动力学预测——以三峡库区八字门滑坡分析为例 [J]. 岩石力学与工程学报，2008,

27(8):1644-1651.

[104] RICHARDS S H, DUDEK C L. Field evaluation of traffic management strategies for maintenance operations in freeway middle lanes[J]. Transportation Research Record, 1979, 703:31-36.

[105] PESTI G, WILES P, CHEU R L. Traffic control strategies for congested freeways and work zones[R]. Washington, D.C.:Transportation Research Board, 2008.

[106] LEE H Y. Optimizing schedule for improving the traffic impact of work zone on roads[J]. Automation in Construction, 2009, 18(8):1034-1044.

[107] HARB R, RADWAN E, DIXIT V V. Comparing three lane merging schemes for short-term work zones:a simulation study[R]. Washington, D.C.:Transportation Research Board, 2010.

[108] 段娟. 基于路网的高速公路改造期间交通组织方法研究 [D]. 长沙：长沙理工大学, 2013.

[109] 赵志成. 高速公路互通式立交改扩建交通组织研究 [D]. 长沙：长沙理工大学, 2014.

[110] 张圣. 高速公路改扩建施工作业区夜间临时交通安全设施设置研究 [D]. 西安：长安大学, 2015.

[111] 王泽能. 高速公路改扩建施工方案对交通运行影响及仿真研究 [D]. 西安：长安大学, 2016.

[112] AASHTO. A policy on the accommodating of utilities within freeway right-of-way[Z]. Washington, D.C.:American Association of State Highway and Transportation Officials, 2005.

[113] AASHTO.Guidance on sharing freeway and highway right-of-way for tele-communications [Z]. Washington, D.C.:American Association of State Highway and Transportation Officials, 1996.

[114] MAK K K, SICKING D L. Roadside Safety Analysis Program(RSAP) — engineer's manual[R]. Washington, D.C.:The Federal Highway Administration, 2003.

[115] Committee of Access Management. Access management manual[M]. Washington, D.C.:Transportation Research Board of the National Academies, 2003:3-5.

[116] KARNDACHARUK A, HILLIER P. Guide to road safety:road safety audit[R]. Sydney:Austroads, 2009.

[117] 冀永生. 公路平面交叉的安全设计 [J]. 交通世界, 2011(5):128-129.

[118] LU J, XIANG Q J.The ways to improve way safety[J].Advance in Transportation Studies, 2004, 11(2):1-8.

[119] 屠书荣, 吴敏刚, 程永华. 基于道路和环境条件的干线公路安全性评价方法 [J]. 重庆交通大学学报(自然科学版), 2010, 29(3):425-429.

[120] 王媛媛. 山区公路事故成因分析研究[D]. 北京：北京工业大学, 2008.

[121] 唐国利. 山区公路道路条件与事故作用机理及事故对策研究[D]. 成都：西南交通大学, 2004.

[122] 孙璐, 李颜平, 钱军, 等. 基于交通冲突技术的交织区交通安全评价[J]. 中国安全科学学报, 2013, 23(1):55-60.

[123] 毛林峰, 陆键, 项乔君. 平面交叉口间距对道路交通的影响[J]. 交通科技, 2006(5):71-73.

[124] 刘浩学. 公路交叉口交通标志设置的功效学分析[J]. 交通运输工程学报, 2001, 1(3):100-103.

[125] 冯超铭. 高速公路施工作业区的安全管理[J]. 广东交通职业技术学院学报, 2004(1):40-42.

[126] 熊烈强, 李杰, 商蕾, 等. 路段通行能力及其服务水平指标的研究[J]. 武汉理工大学学报(交通科学与工程版), 2004(4):511-514.

[127] 杨佩昆, 吴兵. 交通管理与控制[M]. 北京：人民交通出版社, 2003:153-157.

[128] 李永义. 高速公路施工路段交通组织方案设计与评价研究[D]. 南京：东南大学, 2006.

[129] 徐吉谦. 交通工程总论[M]. 北京：人民交通出版社, 2003:35-40, 85-100.

[130] LI Z H, ZHAN G Q, FENG C, et al. Construction concept and strategy of national forest city cluster in Pearl River Delta[J]. Forest Inventory and Planning, 2019, 44(1):194-199.